Wissenschaftliche Beiträge aus dem Tectum Verlag

Reihe Religionswissenschaft

Wissenschaftliche Beiträge
aus dem Tectum Verlag

Reihe Religionswissenschaft
Band 13

Mirjam Iseli

Entstehung und Auflösung der Schweizer Jaina-Gemeinschaft

Gemeinschaftsbildung in der Diaspora

Tectum Verlag

Mirjam Iseli
Entstehung und Auflösung der Schweizer Jaina-Gemeinschaft
Gemeinschaftsbildung in der Diaspora

Wissenschaftliche Beiträge aus dem Tectum Verlag
Reihe: Religionswissenschaft; Bd. 13

Zugl. Diss. Universität Bern 2020

Für den Reise- und Druckkostenzuschuss gebührt der Schweizerischen Gesellschaft für Religionswissenschaft (SGR-SSSR) ein großer Dank.

ISBN 978-3-8288-4593-0
ePDF 978-3-8288-7658-3
ISSN 1867-7711

Gesamtverantwortung für Druck und Herstellung:
Nomos Verlagsgesellschaft mbH & Co. KG
Printed in Germany

Besuchen Sie uns im Internet
www.tectum-verlag.de

Bibliografische Informationen der Deutschen Nationalbibliothek
Die Deutsche Nationalbibliothek verzeichnet diese Publikation in der Deutschen Nationalbibliografie; detaillierte bibliografische Angaben sind im Internet über http://dnb.d-nb.de abrufbar.

Vorwort

An erster Stelle möchte ich mich bei meinem Doktorvater PD Dr. Frank Neubert bedanken, der mein Interesse am Thema Jainismus weckte und mich während der Doktoratszeit stets unterstützte. Auch meinem Zweitgutachter, Prof. Dr. Martin Baumann, danke ich für die hilfreichen Inputs und seine wertschätzenden Tipps, die ich während des Verfassens der vorliegenden Arbeit entgegennehmen durfte.

Des Weiteren möchte ich mich bei meinem Ehemann, Christoph Baumgartner, für seine bedingungslose Unterstützung und sein sorgfältiges Lektorat bedanken. Ein großes Dankeschön geht auch an meine Eltern, Kurt und Agnes Iseli, an meine Großeltern, an Aline Tobler, Marisa Tanasoontrarat, Andreas Braun, Jacqueline Kühne, André Walder sowie an meine Kollegen/innen der Sek Feld und der KMSU. Sie alle haben mich unterstützt und inspiriert. Mein besonderer Dank geht an Tabea Schaffner und Yeshe Sotrug für ihr fundiertes Lektorat. Herzlichen Dank auch an Christian Balzer und Fabian Iseli für ihre Hilfe bei der Formatierung und Gestaltung.

Zudem möchte ich mich bei den Schweizer Jainas bedanken, die bereit waren, Interviews mit mir zu führen, mich zu ihren Veranstaltungen einluden und mich an ihrem Austausch teilhaben ließen. Dadurch gewährten sie mir einen umfangreichen Einblick in ihre Gemeinschaft, was nicht selbstverständlich ist und dazu führte, dass das vorliegende Buch in dieser Form zustande kommen konnte.

Inhaltsverzeichnis

Abbildungsverzeichnis .... **XIV**

Tabellenverzeichnis .... **XV**

Abkürzungsverzeichnis .... **XVI**

1 Einleitung **1**

1.1 Ziele und Inhalte 1

1.2 Transliteration 3

2 Grundlegende Konzepte des Jainismus **5**

2.1 Begriffsdefinitionen 5

2.1.1 Verwendung des Begriffs ›Jainismus‹ 6

2.1.2 Verwendung des Begriffs ›Religion‹ in Zusammenhang mit dem Jainismus 7

2.2 Historischer Abriss 8

2.2.1 Entstehung der Strömungen 9

2.2.2 Unterteilungen der *Śvetāmbaras* und *Digambaras* 11

2.3 Lehre 15

2.3.1 Das richtige Wissen 16

2.3.1.1 Kosmologie 17

2.3.1.2 *Jīva* 18

2.3.1.3 Karma 19

2.3.2 Das richtige Verhalten (innerhalb der Jaina-Gemeinschaft) 20
2.3.2.1 Die fünf großen (*mahāvratas*) und kleinen (*anuvratas*) Gelübde 21
2.3.2.2 Essensvorschriften 24
2.3.2.3 *Anekāntavāda* 24
2.4 Feiertage 25
2.4.1 *Paryuṣaṇa* und *Daśalakṣaṇa parvan* 25
2.4.2 *Dīvālī* 27
2.4.3 *Mahāvīra-Jayantī* 27
3 Forschungsgeschichte und aktueller Forschungsstand 29
3.1 Forschungsgeschichte 29
3.1.1 Frühe Jaina-Forschung im englischsprachigen Raum 34
3.1.2 Aktuelle Jaina-Forschung in Indien 35
3.1.3 Aktuelle Jaina-Forschung außerhalb Asiens 35
3.2 Aktueller Forschungsstand 36
3.2.1 Forschungen über Jainas in Indien 37
3.2.2 Forschungen über Jainas in der Diaspora 39
3.2.2.1 Afrika 39
3.2.2.2 Naher Osten 41
3.2.2.3 Nordamerika 42
3.2.2.4 Europa 46
3.2.2.4.1 England 47
3.2.2.4.2 Belgien 53
3.2.2.4.3 Deutschland 54
3.2.2.4.4 Italien 55
3.2.2.5 Süd- und Südostasien 55
3.2.3 Aktuelle Tendenzen 55
3.2.3.1 Jainismus und Wissenschaft 56

3.2.3.2 Jainismus und Ökologie ... 57
3.2.3.3 Jainismus und neue Medien ... 60
3.2.3.4 Religionsausübung in der Diaspora ... 61

4 Gemeinschaftsbildung in der Diaspora ... 63

4.1 Begriffsdefinition von ›Diaspora‹ – Ein Versuch ... 65
4.2 Gemeinschaften ... 69
4.2.1 Jaina-Gemeinschaften ... 70
4.2.2 Gemeinschaften und Transnationalismus ... 71
4.2.3 Gemeinschaftsbildung ... 72
4.2.4 Aushandlungsprozesse und (religiöse) Transformationen im Rahmen der Gemeinschaftsbildung ... 74
4.2.4.1 Identitäten in der Diaspora ... 76
4.2.4.2 Kollektive Identitäten ... 77
4.2.4.3 Individuelle Identitäten ... 79
4.2.4.4 Jaina-Identitäten ... 80

5 Methodologische Grundentscheidungen ... 81

5.1 Grounded-Theory-Methodologie als Forschungsdesign ... 82
5.2 Historische Hintergründe ... 83
5.2.1 Verschiedene Ansätze der GTM ... 85
5.2.2 Pragmatistische Grounded-Theory-Methodologie ... 87
5.2.2.1 Erkenntnistheoretische Annahmen ... 88
5.2.2.2 Rolle der Forschenden ... 90
5.2.2.3 Kodierverfahren ... 91
5.2.2.4 Umgang mit Literatur ... 93
5.2.2.5 Nuancen der pragmatistischen Grounded-Theory-Methodologie ... 94
5.2.3 Wahl der pragmatistischen Grounded-Theory-Methodologie ... 95

6 Qualitative Untersuchung – Methode 97

6.1 Datenerhebung 97

6.1.1 Qualitative Interviews 98

6.1.1.1 Episodisches Interview 99

6.1.1.2 Leitfaden 100

6.1.1.3 Fragen 102

6.1.1.4 Umgebung 103

6.1.1.5 Rolle der Interviewenden 104

6.1.2 Teilnehmende Beobachtung 106

6.1.3 Online-Umfrage 109

6.1.4 Schriftliche Quellen 110

6.2 Übertragen der Daten in eine schriftliche Form 111

6.3 Datenbeschreibung 114

6.3.1 Episodische Interviews 114

6.3.1.1 Ablauf der Interviews 115

6.3.1.2 Interviewpartner/innen 116

6.3.2 Besuchte Veranstaltungen 123

6.3.3 Online-Umfrage 126

6.3.4 Google-Gruppe 128

6.3.5 Facebook-Gruppe 133

6.3.6 Protokolle 135

6.3.7 Broschüren und Flyer 135

6.4 Datenanalyse 137

6.4.1 Offenes Kodieren 137

6.4.2 Axiales Kodieren 141

6.4.3 Selektives Kodieren 145

6.4.4 Verfassen von Memos 146

6.4.5 Theoretisches Sampling 148

6.4.5.1 Theoretisches Sampling im Rahmen des offenen Kodierens 149

6.4.5.2 Theoretisches Sampling im Rahmen des axialen Kodierens ... 150
6.4.5.3 Theoretisches Sampling im Rahmen des selektiven Kodierens ... 151

7 Schweizer Jaina-Diaspora ... 155

7.1 Schweizer Jainas als Diaspora-Gemeinschaft ... 155
7.2 Phase 1: Ankunft und Reorganisation des sozialen und kulturellen Lebens ... 157
7.3 Phase 2: Verstärkung der Beziehungen ... 161
7.3.1 Regionale Treffen – *Pāṭhśālās* ... 166
7.3.1.1 *Paryuṣaṇa/Daśalakṣaṇa parvan* ... 170
7.3.1.2 *Akṣaya-tṛtīyā* ... 172
7.3.1.3 Interreligiöse Veranstaltungen ... 173
7.3.2 Aushandlungsprozesse auf regionaler Ebene ... 174
7.3.3 Das Ende des Gemeinschaftsbildungsprozesses auf regionaler Ebene ... 179
7.4 Phase 3: Etablierung von Identifikationsmerkmalen auf nationaler Ebene ... 181
7.4.1 Außenwahrnehmung ... 185
7.4.2 Kontaktaufnahme ... 186
7.4.3 Zusammenkünfte auf nationaler Ebene ... 187
7.4.3.1 Besuche der *Samaṇīs* ... 188
7.4.3.2 Die Rolle der *Samaṇīs* ... 191
7.4.3.3 Die Rolle von Himal in Bezug auf die *Samaṇīs* ... 192
7.4.3.4 *Mahāvīra Jayantī* ... 194
7.4.3.5 *Dīvālī* ... 195
7.4.3.6 Interreligiöse Veranstaltungen ... 197
7.4.4 Einbezug der nächsten Generation ... 197
7.4.5 Einfluss der *Pāṭhśālā*-Gruppe auf die Gemeinschaftsbildung und umgekehrt ... 198

7.4.6 Aushandlungsprozesse und (religiöse) Transformationen auf nationaler Ebene 199
7.4.6.1 Vom strömungsübergreifenden zum universellen Jainismus 203
7.4.6.2 ›Jaina-Sein‹ – Kollektive Jaina-Identitäten 207
7.4.6.3 Individuelle Jaina-Identitäten 208
7.4.6.4 Individualisierung der Religionsausübung in Bezug auf die individuellen Identitäten 217
7.4.6.5 Strategien des Wissenserwerbs in der Diaspora 219
7.4.7 Intervenierende Bedingungen – Verschiedene Autoritäten 222
7.4.8 Transnationale Beziehungen der Schweizer Jainas 224
7.5 Phase 4: Auflösung der nationalen Jaina-Gemeinschaft 226
7.5.1 Adaption und Akkulturation der 2. Generation 227
7.5.2 Universeller Jainismus 228
7.5.3 Erschwerter Zugang zu Wissen 230
7.5.4 Fluktuation und Fehlen einer formalen Organisationsstruktur 231
8 Grounded Theory 233
8.1 Die Schweizer Jaina-Gemeinschaft im Vergleich 233
8.2 Faktoren der Gemeinschaftsauflösung 236
9 Fazit und Ausblick 239
10 Bibliographie 243
11 Glossar 271
12 Anhang 281
12.1 Leitfaden Deutsch 281

12.2 Leitfaden Englisch .282
12.3 Schriftlicher Fragebogen (Deutsch) für migrierte Personen. .283
12.4 Schriftlicher Fragebogen (Englisch) für migrierte Personen. .284
12.5 Schriftlicher Fragebogen (Deutsch) für in der Schweiz Aufgewachsene. .285
12.6 Schriftlicher Fragebogen (Englisch) für in der Schweiz Aufgewachsene. .286
12.7 Ausschnitt aus einer E-Mail von A. Zeugin (März 2012) .287
12.8 Wegleitung für Beherbergung der *Samaṇīs* .288
12.9 Ergebnisse der Online-Umfrage .289

Abbildungsverzeichnis

Abbildung 1: Untergruppen der Jaina-Traditionen nach Flügel (2012a). 11

Abbildung 2: Deutsche Jaina-Forschende 30

Abbildung 3: Darstellung des offenen Kodierens mit MAXQDA (Interviews I1-I4) 138

Abbildung 4: Angewandtes Kodierparadigma; erstellt mit MAXQDA 142

Abbildung 5: Memo aus dem Forschungstagebuch 147

Abbildung 6: Materiale Grounded Theory 153

Abbildung 7: Zugehörigkeit zu einer Strömung – Selbstbeschreibung 216

Tabellenverzeichnis

Tabelle 1: Teilnahme an Veranstaltungen ... 125

Tabelle 2: Anzahl veröffentlichter Beiträge in der Google-Gruppe ... 129

Tabelle 3: Aktivste Autoren/innen von Beiträgen ... 130

Tabelle 4: Protokollierte Feiern ... 136

Tabelle 5: Dimensionalisieren von Kategorien ... 140

Tabelle 6: Angewandtes Kodierparadigma ... 143

Tabelle 7: Regionale Treffen der Westschweizer Jainas 2008–2013 ... 163

Tabelle 8: *Pāṭhśālās* ... 164

Tabelle 9: Feiern zu *Paryuṣaṇa* ... 171

Tabelle 10: Feiern zu *Gaṇeśa-Catūrthi* ... 173

Tabelle 11: Übersicht der Treffen der Schweizer Jainas 2008–2019 ... 182

Tabelle 12: Besuche der *Samaṇīs* ... 190

Tabelle 13: Feiern zu *Mahāvīra Jayantī* ... 195

Tabelle 14: Feiern zu *Dīvālī* ... 196

Tabelle 15: Interreligiöse Veranstaltungen ... 197

Abkürzungsverzeichnis

B (Zahl)	Befragte/r
COJS	Centre of Jaina Studies
D-CH	Deutschschweiz
D-CH J.	Deutschschweizer Jainas
FIU	Florida International University
GG	Google-Gruppe
GTM	Grounded-Theory-Methodologie
I	Interviewerin
I (Zahl)	Interviewnummer
Interrelg.	interreligiös
IoJ	Institute of Jainology
JAINA	Federation of Jain Associations in North America
JVB	Jain Vishva Bharati
SOAS	School of Oriental and African Studies
T (Zahl)	Transkript-Nummer
v. u. Z	vor unserer Zeit
W-CH	Westschweiz
W-CH J.	Westschweizer Jainas
YJUK	Young Jains United Kingdom

1 Einleitung

Der Jainismus entstand Ende des 6. Jahrhunderts v. u. Z. im Gebiet der heutigen indischen Bundesstaaten Bihar und Uttar Pradesh, so von Rospatt (1998, 506). Ausgelöst durch eine Hungersnot fand gemäß Long (2009, 20) ab dem 5. Jahrhundert v. u. Z. eine erste geografische Ausbreitung des Jainismus in den Süden und Nordwesten Indiens statt. Ab Ende des 19. Jahrhunderts u. Z. migrierten Jainas laut Jain (2011, 88) als Arbeitskräfte in andere Länder innerhalb des britischen Herrschaftsgebiets, insbesondere aber nach Ostafrika. Durch die Unabhängigkeitsbestrebungen afrikanischer Länder wie Uganda, Tansania und Kenia und die damit zusammenhängende anti-britische Stimmung begann gemäß Banks (1991, 242) nach dem Zweiten Weltkrieg eine Auswanderungswelle von Jainas in die USA und nach Großbritannien. Heute leben nach Vekemans (2015, 110) rund 250'000 Jainas in der Diaspora.

Seit den 1970er Jahren wohnen Jainas nachweislich auch in der Schweiz. Es ist davon auszugehen, dass heute ungefähr 25 bis 30 Jaina-Familien, also rund 120 Jainas, in der Schweiz wohnhaft sind.

Während es Publikationen über die Jaina-Diaspora in Nordamerika, England oder Belgien gibt, standen die Schweizer Jainas bis jetzt noch nicht im Zentrum einer umfassenden wissenschaftlichen Arbeit.

1.1 Ziele und Inhalte

Mit dieser Forschungsarbeit soll ein unbekanntes und nicht untersuchtes Feld erschlossen werden. Dabei werden einerseits Gemeinschaftsbildungsprozesses (der Schweizer Jainas) beschrieben und andererseits bereits bestehende Diaspora-Theorien in Bezug auf Möglichkeiten des Scheiterns von Gemeinschaftsbildungsbemühungen präzisiert.

Im Zentrum der vorliegenden Arbeit steht eine qualitative Datenerhebung über Schweizer Jainas, welche von 2012 bis Anfang 2020 durchgeführt wurde. Zu Beginn der Untersuchung standen die Bildung einer Schweizer Jaina-Gemeinschaft und die damit verbundenen religiösen Aushandlungen und Transformationen im Vordergrund. Ab 2014 wurde der Fokus der qualitativen Studie auf die Auflösung der Schweizer Jaina-Gemeinschaft gelegt. So änderte sich die anfangs offene Forschungsfrage ›Wie leben Jainas in der Schweiz ihre Religion aus?‹ über ›Wie läuft die Formierung einer Schweizer Jaina-Gemeinschaft ab?‹ hin zu ›Was führte zur Auflösung der schweizerischen Jaina-Gemeinschaft?‹.

Am Ende dieses Buches (Kapitel 8) werden Faktoren benannt, die zur Auflösung einer (religiösen) Gemeinschaft führen können, indem die im Hauptteil dargelegten Erkenntnisse über die Entstehung und Auflösung der Schweizer Jaina-Gemeinschaft (Kapitel 7) mit derjenigen anderer Diaspora-Gemeinschaften verglichen werden. In Kapitel 6 werden die im Hauptteil verwendeten Daten, welche u. a. durch qualitative Leitfadeninterviews, teilnehmende Beobachtungen und durch die Auswertung von Online-Plattformen erhoben wurden, beschrieben und analysiert. Die Daten wurden anhand der pragmatistischen Grounded-Theory-Methodologie, wie sie Strauss und Corbin (2010) definieren, gesammelt und ausgewertet, weshalb die dieser Methode zugrunde liegenden erkenntnistheoretischen Annahmen im Kapitel 5 dargelegt werden. Da es sich bei den Schweizer Jainas um eine Diaspora-Gemeinschaft handelt, werden verschiedene Theorien der Diaspora-Forschung in Kapitel 4 diskutiert. Hierbei wird ein Hauptaugenmerk auf Theorien über die Gemeinschaftsbildungen in der Diaspora sowie auf die damit einhergehenden Entwicklungen gelegt. Des Weiteren werden der aktuelle Forschungsstand sowie die Forschungsgeschichte des Jainismus (Kapitel 3) beschrieben. Da sich die Schweizer Jainas in den Interviews und den Treffen immer wieder auf jainistische Theorien bezogen, werden diese im Kapitel 2 besprochen. Dabei wird auf die jainistische Lehre, Feiertage und die geschichtlichen Hintergründe, welche zur Entstehung unterschiedlicher Strömungen geführt haben, eingegangen.

1.2 Transliteration

Die ältesten jainistischen Schriften wurden laut Pániker (2010, 17) in verschiedenen Dialekten des Prakrits (*prākṛta*) verfasst, wie z. B. in semi-Magadhi (*ardha-māgadhī*) oder später in Shauraseni (*śaūrasenī*) und Maharashtri-Jaina (*mahāraṣṭrī-jaina*). Ab dem 6. und 7. Jh. u. Z. wurden die Schriften Pániker zufolge hauptsächlich in Sanskrit geschrieben. Modernen Sprachen wie Gujarati (*gujarātī*), Hindi (*hindī*), Maharashtri (*mahārāṣṭrī*), Tamil (*tamil*) oder Kannada (*kannaḍa*) sei man offen gegenübergestanden, weshalb spätere Texte in diesen Sprachen verfasst wurden. Im Folgenden wird zugunsten der Einheitlichkeit eine Sanskrit-Nomenklatur verwendet, wie dies Pániker (2010, 17f.) vorschlägt, und Sanskrit-Begriffe kursiv gehalten.[1] Eine Ausnahme bilden Begriffe, welche über gängige deutsche Entsprechungen verfügen, wie z. B. ›Hindi‹ oder ›Prakrit‹. Bei diesen eingedeutschten Wörtern wird nur bei der ersten Verwendung die Transliteration des Sanskrits angegeben und danach ausschließlich die deutsche Schreibweise verwendet. Eine weitere Ausnahme bilden Personennamen, Feste, Namen von Zusammenkünften, (religiöse) Titel, Ordensnamen oder auch Strömungen, welche, entgegen dem Gebrauch im Sanskrit und zugunsten der deutschen Sprache, mit großen Anfangsbuchstaben geschrieben werden. Zudem werden eingetragene Markennamen übernommen und nicht mit der Sanskrit-Umschrift versehen.

Wie es im angelsächsischen Raum üblich ist, wird bei Sanskrit-Pluralformen ein *-s* angehängt, obwohl dies im Sanskrit grammatikalisch falsch ist. Diese Pluralform wird auch in dieser Arbeit verwendet. Stehen Sanskrit-Wörter im Deutschen in einem Genitiv, dann wird auch ein *-s* angehängt, obwohl dies nicht dem Sanskrit entspricht.

Im gesprochenen Sanskrit (oder auch bei bestimmten indischen Dialekten wie Gujarati) bleibt der kurze Inlaut *-a-* oder die Endsilbe *-a* eines Begriffs laut Long (2009, X) oft stumm. So wird aus *Mahāvīra* z. B. *Mahāvīr*. Da auf eine phonetische Schriftweise verzichtet wird, werden die *-a* in der Sanskrit-Umschrift ausgeschrieben, so wie es Long vorschlägt. Begriffe indischer Herkunft werden kur-

1 Sanskrit-Begriffe sind im Kapitel 11 aufgeführt.

siv gehalten und sind im Glossar mit ihrer entsprechenden deutschen Bedeutung aufgeführt.

2 Grundlegende Konzepte des Jainismus

Zu Beginn dieses Kapitels wird der Begriff ›Jainismus‹, wie er in der vorliegenden Arbeit verwendet wird, hergeleitet, um danach auf die historischen Hintergründe sowie die Lehre des Jainismus einzugehen. Eine Auswahl an Aspekten und Konzepten, welche sich im Rahmen der qualitativen Untersuchung als relevant für die in der Schweiz lebenden Jainas herausgestellt haben, werden erläutert. Dabei wird jedoch nicht der Anspruch erhoben, einen vollständigen Einblick in den Jainismus zu gewähren. Dafür empfehlen sich u. a. die Standardwerke von Dundas (2002a), Long (2009)[1] und Pániker (2010).

2.1 Begriffsdefinitionen

Die etymologische Herleitung des Begriffs ›Jaina‹ oder ›Jainismus‹ führt zum Sanskrit-Begriff *›jiṇa‹*. Unter *›jiṇas‹* versteht man Menschen, welche es geschafft haben, sämtliche Gefühle wie Anhaftung, Neid, Gier etc. zu überwinden und die Befreiung aus dem Wiedergeburtenkreislauf zu erreichen, so Dundas (2002a, 3). Das Wort *›jiṇa‹* kann laut Nyāyavijaya (1998, 1) wiederum auf die Sanskrit-Begriffswurzel *›ji‹* zurückgeführt werden, was so viel wie ›besiegen‹ bedeutet. Das Besiegen bezieht sich dabei auf Gefühle oder Anhaftungen. Ein/e Jaina ist demzufolge eine Person, die denen folgt, welche die Anhaf-

1 Bei Long (2009, xiv) ist eine kritische Lektüre unabdingbar, da er es als seine Aufgabe ansieht, »die wahre und heutzutage überaus relevante Jaina-Lehre weiterzuverbreiten und zu verteidigen«. Gleichwohl bietet das Buch einen umfassenden Einblick in den Jainismus.

tungen besiegt und deshalb die Befreiung aus dem Wiedergeburtenkreislauf erreicht haben.

Aufgrund der Wortwurzel ›*ji*‹, welche dem Begriff ›Jainismus‹ zugrunde liegt, müsste in der deutschen Sprache eigentlich von ›Jinismus‹ und ›Jina‹ anstatt von ›Jainismus‹ und ›Jaina‹ gesprochen werden, was in älteren deutschen Quellen laut Schubring (1995, 3) auch der Fall war. Da sich aber die Begrifflichkeiten ›Jaina‹ und ›Jainismus‹ in der Literatur durchgesetzt haben, werden im Folgenden diese Begriffe verwendet.

Es lässt sich nicht klar eruieren, ab wann der Begriff ›Jaina‹ benutzt wurde, um einen spezifischen religiösen Weg zu beschreiben. Laut Dundas (2000b, 3) geschah dies wohl in den ersten Jahrhunderten u. Z. Der Begriff ›Jaina‹ war viele Jahrhunderte ausschließlich eine Fremdbeschreibung. So wurde er bspw. in der europäischen Literatur laut Flügel (2005, 3–5) von portugiesischen und deutschen Reisenden und Missionaren im späten 17. und frühen 18. Jahrhundert verwendet. Der Gebrauch von ›Jaina‹ als Selbstdefinition ist laut ihm eine Entwicklung der jüngeren Zeit und ungefähr seit dem 19. Jahrhundert gebräuchlich.

2.1.1 Verwendung des Begriffs ›Jainismus‹

Unter Jainismus werden, analog zu Dundas (2002a, 7), die unterschiedlichen Ebenen verstanden, welche im Sanskrit-Begriff ›*saṃskṛti*‹ enthalten sind, so z. B. Kultur, Zivilisation oder eine eigenständige Jaina-Lebensweise. Eine Jaina-Lebensweise ist gemäß ihm unabhängig, kohärent und in sich geschlossen. Dennoch könne sie zuweilen mit der konzeptuellen Welt, von der sie umgeben ist, interagieren und sich überschneiden. Dabei biete sie ein unverwechselbares, moralisches Universum, in dem Individuen funktionieren und sich entwickeln können. Zudem umfasse dieses Universum diverse miteinander verbundene Bereiche, wie z. B. das Studium von heiligen Texten, das Mönchsleben der asketischen Gemeinschaft, die unterschiedlichen Strömungen, das Fasten und die Geschäftstätigkeiten der Laien[2],

2 Da ›Laie‹ als geschlechtsabstrakte Personenbezeichnung gilt und männliche und weibliche Laien umfasst, wird im Folgenden jeweils nicht explizit von

Rituale, Feste und religiöse Hingabe. Des Weiteren wird im Folgenden unter dem Begriff ›Jainismus‹ die Summe aller Praktiken und religiösen Überzeugungen der Menschen verstanden, welche sich selbst über die Jahrhunderte als Jainas bezeichnet haben, wie dies Cort (2002c, 65) vorschlägt. Dabei wird laut Cort (2000b, 166) nicht von einem statischen Konstrukt ausgegangen, sondern von einer dynamischen Auffassung von Jainismus, nämlich so wie der Begriff durch Jaina-Gemeinschaften und -Individuen im Laufe der Zeit verkörpert und definiert wurde.

2.1.2 Verwendung des Begriffs ›Religion‹ in Zusammenhang mit dem Jainismus

Aufgrund des Diskurses, was ›Religion‹ ist und inwiefern man dieses Konzept in einem außereuropäischen Kontext verwenden kann,[3] wird in dieser Arbeit unter dem Begriff ›Religion‹ der emische Sanskrit-Begriff ›*samaya*‹ verstanden, so wie ihn der Jaina-Mönch Somadeva Suri laut Lath (1991a, 23) im 10. Jahrhundert verwendet hat. Somadeva Suri hat *samaya* sowohl als Synonym von *dharma*[4] als auch von ›wahrer Religion‹ benutzt und den Begriff ›*samaya*‹ als Glaube definiert, wie Lath (1991a, 23) ausführt. Unter *samaya* versteht dieser eine spezifische Auffassung von Überzeugungen, Lehren, Praktiken, Ritualen, Pflichten und Verhaltensnormen. Laut Somadeva Suri sei der einzig wahre Weg zum *mokṣa* (Befreiung) der Jaina-Weg, welchen dieser auch Jaina-*samaya* nennt. Alle, die dem Jaina-*samaya* folgen, seien *samayis,* was sowohl die Laien als auch die Asketen/innen umfasst. In diesem Sinne wird in der vorliegenden Arbeit der Begriff ›Religion‹ verstanden, ohne aber die wertende emische Konnotation, dass der Jainismus die ›wahre Religion‹ sei, zu übernehmen. Davon ausgenommen sind aber die Aussagen von Interviewpartner/innen. So sprach beispielsweise ein Interviewpartner im Zusammenhang mit dem Jainis-

männlichen und weiblichen Laien gesprochen.

3 Vgl. dazu Neubert (2016) und Schlieter (2010).

4 Über den Begriff ›*dharma*‹ im Jainismus vgl. auch Qvarnström (2004).

mus von »religion«.[5] Bei der Auswertung von Interviewsequenzen soll aus diesem Grund nicht die oben dargelegte Religionsdefinition übernommen werden, sondern vielmehr die Frage im Zentrum stehen, wie die in der Schweiz lebenden Jainas ›Religion‹ definieren.

2.2 Historischer Abriss

Die genaue Datierung von Ereignissen aus der Jaina-Geschichte ist laut Wiley (2004, xxix) vor dem 8. Jahrhundert v. u. Z. schwierig. So habe z. B. *Pārśvanātha*, der 23. *Tīrthaṅkara*[6], 250 Jahre vor *Mahāvīra*[7] gelebt, also ungefähr um 950–850 v. u. Z. Jedoch gibt es bereits Uneinigkeit darüber, wann genau *Mahāvīra* gelebt haben soll. Laut den *Śvetāmbaras* habe *Mahāvīra*, der 24. *Tīrthaṅkara*, von 599–527 v. u. Z. gelebt, während die *Digambaras* dessen Lebenszeit auf 582–510 v. u. Z. datieren. Fest stehe, dass es gesicherte historische Belege für seine Existenz und (vereinzelte) für diejenige von *Pārśvanātha* gibt und dass *Mahāvīra* als Zeitgenosse von Siddhārtha Gautama, dem historischen Buddha und Begründer des Buddhismus, verortet werden kann.[8]

Mahāvīra wurde laut Folkert (1993, 4) im Nordosten Indiens geboren und verließ mit dreißig Jahren die *kṣatriya varṇa*[9], um Asket zu

5 Er sagte: »Jainism is just not a religion, but it's a way of living life.« (GG 09.06.2012.) Vgl. dazu Kapitel 7.4.6.1.

6 Ein *Tīrthaṅkara* ist eine Person, die die Allwissenheit erreicht und die jainistische Lehre gelehrt hat.

7 *Mahāvīra* bedeutet ›der große Held‹, vgl. dazu auch von Glasenapp (1984, 23).

8 Zwischen dem Jainismus und dem Buddhismus gibt es einige Gemeinsamkeiten: So lehnen laut Granoff (2000, 158f.) beide Religionen die Autorität der Veden ebenso wie die Vormachtstellung des Sanskrits bei der Verfassung religiöser Texte ab. Beide hätten des Weiteren über ihre eigenen religiösen Texte verfügt, welche in einer Umgangssprache verfasst waren und deren Autorität durch die Verfasser, welche allwissend gewesen sein sollen, bestätigt wurden. Zudem hätten sich beide Religionen gegen das vedische Ritual der Tieropferungen und gegen die hierarchischen Strukturen der brahmanischen Gesellschaft gewehrt.

9 ›Farbe‹; oft als ›Kaste‹ übersetzt. Es gibt vier *varṇas*: die *brāhmaṇa, kṣatriya, vaiśya* und *śūdrā varṇa*. Zur *kṣatriya varṇa* gehören klassischerweise Krieger, Fürsten und Könige.

werden. Für mehr als zwölf Jahre habe er der Welt entsagt. Am Ende dieser Zeit habe er die Allwissenheit erreicht und begonnen, sein Wissen zu lehren. *Mahāvīra* ging u. a. aufgrund der Idee der Besitzlosigkeit nackt umher. Nach jainistischer Auffassung hat *Mahāvīra* zum Zeitpunkt seines Todes (und seines Eintritts ins *mokṣa,* wie Jainas glauben) eine um die 100'000 Menschen starke Gefolgschaft gehabt. Nach dem Tod von *Mahāvīra* hätten die engsten en und ältesten Schüler die Lehre weiterverbreitet. Laut Dundas (2002a, 19) wird *Mahāvīra* außerhalb von Indien oft als der Gründer des Jainismus angesehen. Aus Sicht der Jainas sei *Mahāvīra* aber vielmehr ein Lehrer in einer Reihe von vielen, die dieselbe Wahrheit verkündet haben. Einige Jahrhunderte nach dem Tod von *Mahāvīra* kam es zur Spaltung der Jaina-Gemeinschaft.

2.2.1 Entstehung der Strömungen

Im Jainismus gibt es zwei Hauptströmungen, die *Digambaras* und *Śvetāmbaras,* welche sich wiederum in Untergruppen teilen. 80 % der Jainas gehören heute den *Śvetāmbaras* an, so Long (2009, 20). Er führt aus, dass sich laut der *Digambara*-Auffassung die Trennung zwischen den beiden Gruppen ungefähr zweihundert Jahre nach dem Tod von *Mahāvīra* ereignet habe. Zum damaligen Zeitpunkt sei die Jaina-Gemeinschaft im nordöstlichen Gebiet des heutigen Indiens zentriert gewesen, da *Mahāvīra* dort gelebt und gelehrt hat. Aufgrund einer Hungersnot habe sich die Gemeinschaft gespalten, wobei eine Gruppe nach Nordosten (*Śvetāmbara*) und eine andere (*Digambaras*) in den Süden des heutigen Indiens geflohen sei. Erst nach vielen Jahren der örtlichen Isolation seien die beiden Gruppen wieder zusammengekommen, wobei sich unterschiedliche Entwicklungen bemerkbar machten. So sei der südlichen Gruppe (*Digambaras*) z. B. aufgefallen, dass die Asketen/innen der andere Gemeinschaft (*Śvetāmbaras*) neu Kleider tragen, wie Long (2009, 19) ausführt. Diese Aussagen stehen in einer *Digambara*-Tradition, da versucht wird, die Praxis des asketischen Kleidertragens als eine neue und dadurch aus ihrer Sicht verfälschte Praxis zu diffamieren. Es ist jedoch auffällig, dass laut den *Digambaras* die Trennung nicht aufgrund von inhaltlichen Streitigkeiten stattfand, sondern aufgrund einer Hungersnot und der damit einhergehenden örtlichen Trennung. Bis heute sind die *Digambaras* gemäß Long (2009, 19) eher im Süden und die *Śvetāmbaras* im Nordwesten des heutigen Indiens verbreitet. Laut Flügel (2016, 28) kann die Trennung der beiden Strömungen auf ca. 466 v. u. Z. datiert werden, als in *Valabhī* ein Konzil abgehalten wurde, an welchem ausschließlich Mönche der *Śvetāmbara*-Tradition teilgenommen haben und der *Śvetāmbara*-Kanon festgelegt wurde. Dieses Konzil gilt in der Forschung als offizielle Trennung zwischen den *Śvetāmbaras* und den *Digambaras*, da eine klare Separation zwischen den Anwesenden (*Śvetāmbaras*) und den Nichtanwesenden (*Digambaras*) stattgefunden hat.

Die Unterschiede der beiden Gruppen können anhand konkreter Aspekte aufgezeigt werden. So werden die *Śvetāmbaras* ›Weißgekleidete‹ und die *Digambaras* ›Himmels-gekleidete‹ genannt. Dies geht laut Cort (1991, 657) auf die jeweiligen Asketen/innen zurück. *Śvetāmbara*-Mönche und -Nonnen tragen weiße Kleidung, während die *Digambara*-Asketen nackt umherziehen. Am Erscheinungsbild der religiösen Spezialisten/innen zeigt sich einer der Hauptstreitpunkte der beiden Traditionen: Laut den *Digambara*-Asketen/innen ist die Besitzlosigkeit eine Voraussetzung, um die Erlösung zu erlangen, weshalb sie gänzlich auf Kleidung verzichten, wie dies *Mahāvīra* auch tat, so Dundas (2002a, 45–51). Die *Śvetāmbara*-Asketen/innen würden Kleidung hingegen nicht als Besitz sehen. Laut ihnen müsse die Nacktheit vielmehr metaphorisch verstanden werden. Ihrer Meinung nach seien Asketen/innen nämlich dann nackt, wenn sie einen reinen Geist haben. Die *Digambaras* kritisieren einen weiteren Aspekt des Besitzes bei den *Śvetāmbara*-Asketen/innen, da diese über eine Essensschale für das Sammeln von Nahrungsspenden verfügen, wie Dundas (2002a, 45–51) ausführt. Im Gegensatz dazu würden die *Digambara*-Asketen/innen ihre Nahrung bei der Anhängerschaft mit den bloßen Händen einsammeln. Während die *Digambaras* den *Śvetāmbaras* vorwerfen, dadurch das Gelübde der Besitzlosigkeit zu verletzen, verteidigen sich *Śvetāmbaras* folgendermaßen: Das Einsammeln der Nahrung ohne Schale verursache laut ihnen die schlimmste Eventualität, nämlich *hiṃsā*, indem durch die Finger Essensreste auf den Boden fallen, wodurch Insekten angelockt und getötet werden können. Ein weiterer Unterschied zwischen den *Digambaras* und den *Śvetāmbaras* liegt laut Jaini (1991a, 1f.) in der Stel-

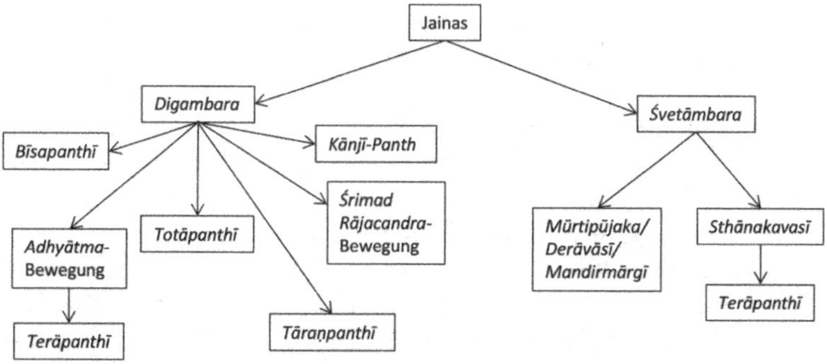

Abbildung 1: Untergruppen der Jaina-Traditionen nach Flügel (2012a).

lung der Frauen. So sei es innerhalb der *Digambaras* als Frau nicht möglich, das *mokṣa* zu erreichen, da Frauen (und somit auch Asketinnen) bedeckt sein müssen und die Nacktheit, respektive die Besitzlosigkeit, bei den *Digambaras* eine Voraussetzung für die Befreiung ist. Die unterschiedliche Auffassung bzgl. der Befreiung von Frauen zeigt sich auch am Beispiel von *Mallinātha*, dem 19. *Tīrthaṅkara.*[10] Während die *Digambaras* gemäß Dundas (2002a, 21, 56) überzeugt sind, dass es sich dabei um einen Mann handeln muss, da er die Erweckung erreicht habe, sind die *Śvetāmbaras* der Meinung, *Mallinātha* sei eine Frau namens Mallī gewesen. Aus den beiden Strömungen (*Śvetāmbaras* und *Digambaras*) haben sich im Laufe der Zeit weitere Untergruppen gebildet.[11]

2.2.2 Unterteilungen der *Śvetāmbaras* und *Digambaras*

Die *Śvetāmbaras* kann man laut Long (2009, 20) in drei Untergruppen einteilen, die *Mūrtipūjaka* (auch *Derāvāsī* oder *Mandirmārgī* genannt), *Sthānakvasī* und die *Terāpanthī*, wobei die Hälfte der *Śvetāmbaras* auf

10 Laut dem Jainismus erscheinen pro Zeitperiode 24 *Tīrthaṅkaras*. Vgl. dazu Kapitel 2.3.1.

11 Vgl. dazu Abbildung 1.

die *Mūrtipūjāka* entfällt.[12] Die *Sthānakvasī-* und *Terāpanthī-* Jainas, welche innerhalb der *Śvetāmbaras* eher jüngeren Datums sind, unterscheiden sich sowohl von den *Mūrtipūjākas* als auch von den *Digambaras* in Bezug auf die Statuenverehrung. So würden *Mūrtipūjaka*-Laien Bilder oder *mūrtis* von den *Tīrthaṅkaras* in *pūjas* verwenden und verehren, was sich bereits in ihrem Namen zeigt.[13] Dies ist sowohl bei den *Sthānakavasīs* als auch bei den *Terāpanthīs* nicht der Fall.

Laut Long (2009, 20) ist sowohl die Strömung der *Sthānakavasī* als auch die der *Terāpanthī* durch Loṅkā inspiriert, einen *Śvetāmbara*-Mönch, der im 15. Jahrhundert lebte. Durch das Studium der ältesten Schriften sei dieser zum Schluss gekommen, dass die Bilder- und Statuenverehrung keine Praxis des Jainismus sei – genauso wie er gemäß Flügel (2000, 48) auch die Laxheit, Protzerei und Machtorientiertheit der damaligen Asketen/innen kritisierte. Laut Flügel hat *Loṅkā* die Verehrung von Statuen als eine Verletzung von *ahiṃsā* angesehen, da bei der Konstruktion von Tempeln, in denen die Statuen verehrt werden und *pūjās* stattfinden, Mikroorganismen getötet werden. Aus diesem Grund habe er die *Loṅkā gaccha* gegründet. Es ist nach Dundas (2000b, 20) davon auszugehen, dass aus der *Loṅkā gaccha* im 17. Jahrhundert die *Sthānakavāsīs* entstanden sind, wobei der Name *Sthānakavāsī* vom Sanskrit-Begriff ›*sthānaka*‹ abstammt, was so viel wie ›Halle‹ bedeutet, da die Asketen/innen ihre temporären Lager jeweils in Hallen statt in Tempeln aufschlagen.[14] Aus den *Sthānakavāsīs* sind wiederum die *Terāpanthīs* hervorgegangen.

Ācārya Bhikṣu, geboren 1726 in Rajasthan, ist der Gründer des *Terāpanthī*-Ordens, so Long (2009, 21). Er wurde gemäß Dundas (2002a, 255) durch den *Sthānakavāsī Ācārya* Raghunāthjī initiiert und war für acht Jahre dessen Schüler. Da *Ācārya* Bhikṣu aber mit der laschen Ordenspraxis der *Sthānakavāsī* unzufrieden gewesen

12 Die einzelnen Traditionen lassen sich wiederum in Untergruppen einteilen. So umfasst z. B. die *Sthānakavāsī*-Tradition 21 Orden, welche in drei Gruppen zusammengefasst werden können. Vgl. dazu Flügel (2012b, 49–141).

13 *Mūrtipūjāka* bedeutet ›Bilder-Verehrende‹, *Derāvāsī* ›Tempel-Besuchende‹ und *Mandirmārgī*, ›diejenigen, die den Tempel-Weg verfolgen‹. Alle drei Namen beschreiben dieselbe Strömung.

14 Zur Geschichte des *Sthānakavāsī*-Ordens vgl. auch Flügel (2003b; 2007; 2012a).

sei, habe er 1757 den *Terāpanthī*-Orden gegründet.[15] Über 200 Jahre später war es *Ācārya* Tulsī, der 1980 eine Neuerung innerhalb des *Terāpanthī*-Ordens einführte: Er gründete eine neue Kategorie von Asketen/innen, wie Flügel (2003a, 7) ausführt, die *Samaṇa* (Mönche) und *Samaṇī* (Nonnen) genannt werden. Die *Samaṇa* und *Samaṇī* seien keine vollordinierten Asketen/innen, da sie weniger Gelübde ablegten. Aus diesem Grund können sie gemäß Flügel (2003a, 7) Essen annehmen, das extra für sie gekocht wurde, Geld nutzen, Transport- und Kommunikationsmittel benutzen, Schuhe verwenden, die Toiletten spülen, nachts die Wohnstätte verlassen und während längerer Zeit an einem Ort verweilen. Flügel (2012b, 976) spricht gar von einer *Samaṇī*-Revolution, weil diese Neuerungen bahnbrechend waren und auch zu heftigen Kontroversen innerhalb des *Terāpanthī*-Ordens führten. Da die *Samaṇas* und *Samaṇīs* reisen dürfen, sind es die einzigen Asketen/innen, welche Jainas in der Diaspora erreichen können. Heute gibt es *Samaṇīs,* die u. a. am Jain Vishva Bharati (JVB) in London und New Jersey sowie an der Florida International University als Lehrerinnen tätig sind.

Obwohl es weniger *Digambaras* als *Śvetāmbaras* gibt, sind auch sie in mehrere Strömungen unterteilt. Die beiden Hauptgruppen der *Digambaras* sind laut Long (2009, 22) die *Bīsapanthīs* und die *Terāpanthīs*, wobei letztere nicht mit den *Śvetāmbara-Terāpanthīs* zu verwechseln sind. Die *Digambara-Terāpanthīs* seien im 17. Jahrhundert u. Z. aus der *Adhyātma*-Bewegung entstanden. Die Blütezeit dieser Bewegung lag in der Mitte des 17. Jahrhunderts bis Mitte des 18. Jahrhunderts, als sich verschiedene Diskussionskreise von Laien mit mystischen *Digambara*-Texten auseinandergesetzt haben, so Wiley (2004, 24f.). Diese Diskussionskreise seien sowohl von *Digambara*- als auch von *Śvetāmbara*-Laien besucht worden, was sehr unüblich war. Dabei hätten sie einen Fokus auf innere spirituelle Transformationen anstelle von Ritualen gelegt. Wiley (2004, 25) führt Cort zitierend aus, dass die *Adhyātma*-Bewegung vielmehr ein strömungsübergreifender Kreis von geistig Suchenden als eine eigenständige Tradition ist, da das Ziel dieser Bewegung die philosophische Kontempla-

15 *Ācārya* Bhikṣu kritisierte, dass viele Asketen/innen permanent in einem Haus leben, über Geld verfügen und täglich von denselben Familien Essensspenden erhalten. Vgl. dazu Dundas (2002a, 255).

tion und nicht die Etablierung einer klar ausgeprägten Ritualkultur war. Sowohl die *Adhyātma*-Bewegung als auch die *Terāpanthīs* haben die Autorität von *bhaṭṭārakas* angezweifelt, was laut Long (2009, 22) zur Trennung zwischen den *Bīsapanthīs* und *Terāpanthīs* führte, da es innerhalb der *Bīsapanthī*-Tradition *bhaṭṭārakas* gibt. *Bhaṭṭārakas* sind Asketen/innen, welche in Klöstern leben und die vollständige Nacktheit aufgeben, da sie administrative Funktionen übernehmen und dadurch intensiv mit der Laiengemeinschaft in Kontakt stehen, so Wiley (2004, 54f.). Die *Terāpanthīs* hingegen sehen gemäß Long (2009, 22) die *bhaṭṭārakas* nicht als ›richtige‹ Mönche an.

Bei den *Totāpanthīs* handelt es sich laut Flügel (2012b, 134f.) um eine Mischform zwischen den *Terāpanthīs* und den *Bīsapanthīs*. Jedoch ist über diese Strömung in der zugänglichen Literatur keine weiteren Informationen zu finden.

Zu den neueren nordindischen *Digambara*-Bewegungen gehören laut Long (2009, 22) die *Tāraṇpanthīs*, der *Kavi-Panth* (*Śrīmad Rājacandra*-Bewegung) und der *Kānjī-Panth*. Die *Tāraṇpanthīs* seien von Tāraṇ *Svāmin*, einem *Digambara*-Mönch, der von 1448 bis 1515 lebte, gegründet worden. Dieser habe die Statuenverehrung (*mūrtipūjā*) abgelehnt und die Institution der *bhaṭṭārakas* kritisiert. In dieser Tradition werden laut Wiley (2004, 211) in mystischen Ritualen heilige Bücher verehrt. Besonders an dieser Strömung ist laut ihr auch, dass Tāraṇ *Svāmin* Personen aus unterschiedlichen Schichten sowie Religionen (z. B. Muslime) ansprechen konnte.

Śrīmad Rājacandra lebte von 1867 bis 1901 und war ein Mystiker und Reformer, so Wiley (2004, 176f.). Er gelte als Begründer des *Kavi-Panth*. Er habe kein asketisches Leben gelebt, sondern sei verheiratet und Vater von drei Kindern gewesen. Rājacandra habe die Statuenverehrung nicht abgelehnt, da diese seiner Meinung nach eine Hilfe für Personen darstellen kann, welche noch in einem frühen Stadium der spirituellen Entwicklung stehen. Er habe aber die verschiedenen Strömungen des Jainismus und die Betonung von Ritualen kritisiert. Laut seiner Anhängerschaft erlangte er nach seinem Tod die Befreiung aus dem Wiedergeburtenkreislauf.[16] Nach dem Tod von Śrīmad Rājacandra hat sich laut Helmer (2009, 140, 165f.) eine Vielzahl von Gemeinschaften innerhalb und außerhalb Indiens

16 Vgl. dazu Shrimad Rajchandra Mission Dharampur (ohne Jahr).

gebildet, welche seinen Lehren folgen. Durch die *Śrīmad Rājacandra*-Bewegung wird versucht, Menschen aus allen Jaina-Traditionen anzusprechen und zusammenzubringen. Dabei werde der Schüler-Lehrer-Beziehung eine große Bedeutung beigemessen. Eine ähnliche Entwicklung sieht man laut Flügel (2012b, 136) beim später entstandenen *Kānjī-Panth*.

Der Kānjī-*Panth* wurde 1930 durch einen *Śvetāmbara*-Mönch namens Kānjī gegründet, der sich selbst als *Digambara*-Laie definierte und sich nach Laidlaw (1995, 49f.) durch einen stark missionarischen Aspekt auszeichnete. Im Kānjī-*Panth* gebe es keine religiösen Spezialisten/innen, weshalb diese Strömung durch Laien geführt wird.

Im Laufe der Zeit haben sich unterschiedliche Traditionen und Strömungen entwickelt, welche einzelne Aspekte der jainistischen Praxis betonen oder ablehnen. Dies zeigt, dass es nicht einen bzw. ›den‹ Jainismus gibt, sondern eine Vielzahl von Möglichkeiten, diese Religion zu praktizieren. Aus diesem Grund wird in der vorliegenden Arbeit, wie dies Cort (2000b, 166) vorschlägt, eine grobmaschige Definition von Jainismus verwendet. An dieser Stelle wird die Definition gemäß Kapitel 2.1.1 in Erinnerung gerufen, wonach unter ›Jainismus‹ einerseits eine eigenständige Jaina-Lebensweise und andererseits die Summe aller Praktiken und religiösen Überzeugungen der Menschen, welche sich selbst über die Jahrhunderte als Jainas bezeichnet haben, verstanden wird.

2.3 Lehre

Die Jaina-Lehre kann laut Dundas (2002a, 87) in den drei sogenannten Juwelen zusammengefasst werden: die richtige Sicht, das richtige Wissen und das richtige Verhalten. Alle drei Juwelen zusammen würden zur Befreiung aus dem Wiedergeburtenkreislauf führen. Die richtige Sicht stellt die Grundlage der drei Juwelen dar, da ohne sie die anderen zwei Juwelen nur schwer umsetzbar sind, so Pániker (2010, 467). Laut ihm enthält das erste Juwel den Glauben, dass die jainistischen Lehren wahr sind. Beim zweiten Juwel, dem richtigen Wissen, stehe das Begreifen und Verstehen der Realität im Zentrum, was das Verständnis über die Anhaftung an diese Welt und die Befreiung davon beinhaltet. Das richtige Verhalten umfasst nach Dundas (2002a,

87) das Leben und Agieren im Einklang mit den zwei anderen Juwelen. Das zweite und dritte Juwel werden im Folgenden genauer erläutert.

2.3.1 Das richtige Wissen

Die Basis des zweiten Juwels (richtiges Wissen) bilden im Jainismus die Lehre der *Tīrthaṅkaras* und die auf ihren Ausführungen beruhenden heiligen Schriften. Ein *Tīrthaṅkara* ist eine Person, die die Allwissenheit erreicht hat (*kevalin*)[17] und sich deshalb aus dem Wiedergeburtenkreislauf befreien konnte (*jiṇa*), wie Babb (1996, 5) ausführt. *Tīrthaṅkaras* hätten zusätzlich zu Lebzeiten die jainistische Lehre verkündet, weshalb sie eine *tīrth* (Furt) etablierten. Sie würden aus diesem Grund ›Furtbereiter‹ genannt. Der Begriff ›*tīrth*‹ beschreibe einerseits den Weg, wie man dem Daseinskreislauf entkommen kann, und andererseits die Bildung einer Gemeinschaft. Es kann also gesagt werden, dass laut der Jaina-Lehre *Tīrthaṅkaras* den Weg aus dem Daseinskreislauf kennen, diesen im Gegensatz zu einem *kevalin* lehren und so Gemeinschaften gründen, denen sie ihr Wissen weitergeben. Da es im Moment keine befreiten religiösen Lehrpersonen auf der Welt gibt, spielen laut Cort (1995a, 77) die Jaina-Schriften eine umso wichtigere Rolle bei der Vermittlung des zweiten Juwels.

Die Jaina-Schriften[18] verfügen aus emischer Sicht weder über einen heiligen Ursprung noch über übermenschliche Autoren, so Pániker (2010, 329). Im Jainismus werde vielmehr betont, dass die Texte (und als Erweiterung davon der Jainismus) komplett menschlichen Ursprungs sind, da die Lehren des Jainismus auf dem Wissen derjenigen Menschen beruhen, die die Befreiung aus dem Wiedergeburtenkreislauf erreicht und dieses Wissen vermittelt haben. Da die Schriften die Erfahrungen und Lehren der *jiṇas* beinhalten, werden sie von Jainas

17 Laut den *Digambaras* kann man heutzutage nur durch den Tod zu einem *kevalin* werden, während dies bei den *Śvetāmbaras* bereits zu Lebzeiten möglich ist. Vgl. dazu Dundas (2000b, 104).

18 Das Sanskrit-Wort, welches dem Begriff ›Schriften‹ am nächsten kommt, ist laut Dundas (2002a, 60) *āgama*. Für die unterschiedliche Auffassung darüber, was aus westlicher und jainistischer Sicht unter ›Schriften‹ verstanden wird, vgl. Dundas (2002a, 61).

oftmals als fehlerlos und wahr (*satya*) angesehen. Die heiligen Schriften können laut Wiley (2004, xiv) in zwei Gruppen eingeteilt werden: Die *aṅgas*[19] und die *aṅgabāhya*[20]. Der Kanon der beiden Hauptströmungen des Jainismus, der *Śvetāmbaras* und der *Digambaras*, unterscheide sich aber.[21] So umfasse der *Śvetāmbara*-Kanon 45 Texte und sei am Konzil von Valabhī, ca. im 5. Jahrhundert u. Z., festgelegt worden, wobei die *Mūrtipūjakas* alle 45 und die *Sthānakavāsīs* und die *Terāpanthīs* 32 der Schriften anerkennen.[22] Die *Digambaras* hingegen lehnen den *Śvetāmbara*-Kanon ab, so Dundas (2002a, 79), jedoch seien bis heute die Umstände, die zu dieser Ablehnung führten, nicht weiter beleuchtet worden. Laut den *Digambaras* sind nämlich sämtliche *aṅgas, aṅgabāhyas* und *pūrvas* (alte Schriften) im 2. Jahrhundert u. Z. verloren gegangen, wie Wiley (2004, xxv) ausführt. Die *Digambaras* seien aber der Überzeugung, dass einige ihrer Asketen sich an Teile der Schriften erinnern konnten und diese gelehrt haben, bis sie später von ihren Schülern aufgeschrieben wurden.

2.3.1.1 Kosmologie

Nach jainistischer Auffassung hat das Universum mit all seinen Komponenten keinen Anfang und kein Ende, es besteht von jeher, wird für immer existieren und wurde von niemandem erschaffen, so Jain (2010, 9f.). Unter anderem aus diesem Grund wird der Jainismus oft als atheistische Religion bezeichnet.

Das Universum wird im Jainismus nach Babb (1996, 38–40.) in drei Welten (*loka*) eingeteilt: eine Welt der göttlichen Wesen, die sich oben, und eine Hölle, die sich unten befinde. Dazwischen gebe es eine irdische Welt. Die irdische Welt wird von den Menschen und Tieren besiedelt und nur aus diesem Bereich kann der Wiedergeburtenkreislauf überwunden werden, wie Dundas (2002a,

19 Texte, die auf den Lehren der *Tīrthaṅkaras* beruhen und von ihrer engsten asketischen Anhängerschaft in den zwölf *aṅgas* systematisiert wurden.

20 Texte, die durch spätere Asketen verfasst wurden.

21 Über die Entstehung und Unterschiede der verschiedenen Strömungen siehe Kapitel 2.2.1.

22 Für eine ausführliche Liste der verschiedenen Schriften der *Śvetāmbaras* und der *Digambaras* vgl. Wiley (2004, xx–xxvi).

91) ausführt. Grundsätzlich würden alle *jīvas* das gleiche Potenzial zur Erkenntnis und zur spirituellen Befreiung in sich tragen, jedoch können laut der Jaina-Lehre, so Luithle-Hardenberg (2011, 52f.), ausschließlich Menschen die Befreiung (*mokṣa*) erreichen, da sie einen höheren Bewusstseinsgrad erreichen als andere Lebewesen. Ganz zuoberst befindet sich laut Dundas (2002a, 91f.) ein weiterer Bereich (*īṣatprāgbhāra*), der etwas nach innen gekrümmt ist. In diesem Teil halten sich die befreiten *jīvas* auf, wie Carrithers (1989, 220) ausführt. Die befreiten *jīvas* sollen dort in Allwissenheit und völliger Befreiung vom Leiden existieren.

Die kosmische Zeit (*kalpa*) ist gemäß von Glasenapp (1984, 244–246) im Jainismus in zwei Zeitphasen eingeteilt: In eine aufsteigende (*utsarpiṇī*) - sie beginnt beim schlechtmöglichen Zustand der Welt und endet beim bestmöglichen - und eine absteigende (*avasarpiṇī*), die beim bestmöglichsten Zustand beginnt und beim schlechtesten endet. Die beiden Zeitphasen würden sich gegenseitig ablösen und seien wiederum in sechs weitere Einheiten untereilt. Im Moment befänden wir uns im *avasarpiṇī*, und zwar kurz vor dem allerschlechtesten Zustand der Welt. Pro Zeitphase würden laut der Jaina-Lehre 24 *Tīrthaṅkaras* erscheinen, wobei der letzte *Tīrthaṅkara* unserer Zeitphase *Mahāvīra* gewesen ist.

2.3.1.2 *Jīva*

Gemäß dem Jainismus gibt es fünf fundamentale Entitäten (*astikāya*), welche die *loka* durchdringen und als Bausteine für das Aufrechterhalten des Lebens gelten, wie Dundas (2002a, 93f.) erläutert. Die wichtigste Entität sei *jīva* (Lebenszelle), nebst Bewegung (*dharma*), Stillstand (*adharma*), Atomen (*pudgala*) und Raum (*ākāśa*). Jedes Lebewesen verfügt über einen *jīva*, wobei in der Jaina-Philosophie *jīva* als farblos, formlos, geruchlos, rein, ohne Bezug zu Karma (*karma*) und ohne Anhaftung an Freude oder Schmerz definiert wird, so Durbin (1970, 337). Ursprünglich befanden sich laut Dundas (2002a, 94f.) sämtliche *jīvas* in diesem Zustand, erst durch verschiedene Handlungen hafte ihnen Karma an. *Jīvas* könne man grundsätzlich in zwei Kategorien einteilen: in ortsgebundene (u. a. Pflanzen) und in bewegliche (z. B. Götter, Höllenwesen, Menschen und Tiere). Unter den *jīvas* gibt es gemäß Dundas (2002a,

94f.) eine Hierarchie bezüglich der Sinne: Mikroskopische und basale Formen des Lebens (*nigodas*), wie Erde, Luft, Wasser, Feuer oder Pflanzen, verfügen über einen Sinn, zu den Lebewesen mit zwei Sinnen zählen Würmer, unter solche mit drei Sinnen fallen Insekten, bspw. Ameisen, über vier Sinne verfügen Fliegen und über fünf Sinne Menschen, Tiere, Götter und Höllenwesen. Wenn man ein Lebewesen mit mehreren Sinnen tötet, dann verursache dies mehr negatives Karma als wenn ein Lebewesen mit einem Sinn zu Schaden kommt. Wie andere südasiatische Religionen lehrt der Jainismus, dass die *jīvas* in sich wiederholenden Zyklen von Geburt und Wiedergeburt gefangen sind, so Babb (1996, 7). Die Befreiung aus dem Wiedergeburtenkreislauf erreicht man laut Singh (2010, 8) durch die vollständige Befreiung der *jīvas* vom Karma.

2.3.1.3 Karma

Jainas glauben an die Wiedergeburt und dass diese durch ihr Karma beeinflusst wird, wie Nahar und Ghosh (1996, 303) ausführen. Karma wird im Jainismus als eine physische Substanz angesehen, die an dem *jīva* anhaftet, so Munzer (2001, 51), wobei es unterschiedliche Arten von Karma gibt: schädliches (*ghātiyā*) und nicht schädliches (*aghātiyā*). Sowohl schädliches als auch nichtschädliches Karma verhindere das Erreichen der Befreiung (*mokṣa*) und habe negative Auswirkungen auf die Wiedergeburt. Karma kann nach Dundas (2002a, 97) durch den falschen Glauben, das Fehlen von Disziplin, durch Achtlosigkeit, Leidenschaft sowie durch mentale, physische und verbale Handlungen angehäuft werden. Angesammeltes Karma wird durch Entbehrungen, Fasten[23], Askese oder Selbstdisziplin verbrannt, indem eine körperliche

23 Im Jainismus gibt es laut Cort (2001, 134–136.) verschiedene Arten des Fastens (*upvās*): So könne man einerseits auf Wasser und Essen (*caũvihār*) oder andererseits nur auf Essen (*tivihār*) verzichten, aber gekochtes Wasser von 48 Minuten nach dem Sonnenaufgang bis zum Sonnenuntergang trinken. Weitere Fasteneinheiten können laut Cort *ekāsan* (einmal am Tag essen) oder *beāsan* (zweimal am Tag essen) sein. Zudem gebe es zwei weitere Fastenarten: *āyambil* und *nivi*. Bei *āyambil* dürfe Essen, welches im indischen Kulturraum als sauer bezeichnet werde– so z. B. ungesalzener, gekochter Reis, Haferschleim und Gerste – konsumiert werden. *Nīvi* würde selten von den

Hitze entsteht (*tapas*), welche das Karma eliminiert, so Laidlaw (2000, 618). Nach einiger Zeit, wenn sämtliches Karma verbrannt ist, erreiche man die Allwissenheit und könne sich aus dem Wiedergeburtenkreislauf befreien. Dann steigt gemäß Babb (1996, 8) der *jīva* an den obersten Punkt des Kosmos (*īṣatprāgbhāra*) auf. Dort gebe es eine unbegrenzte Anzahl von befreiten *jīvas*. Unter diesen befänden sich sowohl die *jīvas* der *Tīrthaṅkaras*, als auch die der befreiten Menschen.

2.3.2 Das richtige Verhalten (innerhalb der Jaina-Gemeinschaft)

Das dritte Juwel (richtiges Verhalten) variiert im Jainismus je nach Rolle in der Gemeinschaft. So können die Pflichten und Aufgaben von Personen unterschiedlich sein. Eine klassische Jaina-Gemeinschaft (*tīrtha*) besteht seit *Pārśvanātha* aus vier Säulen, wie Pániker (2010, 168) ausführt: den *sādhus* (Asketen), *sādhvīs* (Asketinnen), *śrāvakas* (männliche Laien) und *śrāvikas* (weibliche Laien). Das erwünschte Verhalten von religiösen Spezialisten/innen unterscheidet sich grundlegend von demjenigen der Laien. Die religiösen Spezialisten/innen folgen einer asketischen Lebensweise, weshalb sie gemäß Pániker (2010, 168) eine besondere Stellung im Jainismus innenhaben, denn nur durch die asketische Lebensweise kann die Befreiung aus dem Wiedergeburtenkreislauf erreicht werden. Die Asketen/innen sind laut Jaini (2000a, 3) die Verkörperung von *ahiṃsā* (Gewaltlosigkeit) und stellen dadurch ein Ideal für die Laien dar. Passend dazu führt Vallely (2002b, 38) aus: »In the eyes of the Jain laity, the ascetic is a window through which they can glimpse their own potential, and is the giver of truths needed to attain liberation.« Laien können laut ihr erst in einem zukünftigen Leben auf die Befreiung aus dem Wiedergeburtenkreislauf hoffen, sofern sie dann einen asketischen Weg einschlagen.

Die traditionelle Jaina-Laiengemeinschaft kann nach Banks (1986, 448–450) analog zur indischen Gesellschaft zusätzlich in vier *varṇas* sowie *jātis* und *gacchas* eingeteilt werden. Laut ihm haben Jainas zu Beginn die *varṇas* wohl abgelehnt, wurden aber zur Übernah-

Laien praktiziert, da man folgende zehn Nahrungsmittel nicht essen dürfe: Milch, Quark, Butter, Ghee, Öl, gehärtete Melasse, Alkohol, Fleisch, Honig und Essen, das in Öl gekocht wurde, das mehr als dreimal verwendet wurde.

me dieses Systems durch die vorherrschende indische Gesellschaft gezwungen. Des Weiteren seien die *varṇas* in *jātis* (Familie, Clan) unterteilt, welche früher die beruflichen Tätigkeiten bestimmten. Während bei *jātis* die Berufe im Vordergrund stehen, handle es sich bei *gacchas* um bestimmte asketische Linien, in welche die Gemeinschaft ebenfalls eingeteilt sei – abhängig davon, welchem Guru man folgt. Laut Banks (1984, 39) spielt die *gaccha* bei der Identität der Laien eine weniger wichtige Rolle als die *jāti* oder *varṇa*.

2.3.2.1 Die fünf großen (*mahāvratas*) und kleinen (*anuvratas*) Gelübde

Asketen/innen legen bei ihrer Initiation (*dīkṣā*) ›die fünf großen Gelübde‹ (*mahāvratas*) ab, welche ihr Verhalten regeln. Diese sind laut Cort (2001, 24–28) *ahimsā* (keine Gewalt verursachen), *satya* (nur die Wahrheit sprechen), *asteya* (nicht das nehmen, was nicht frei gegeben wurde), *brahmacarya* (Ehelosigkeit) und *aparigraha* (nichts besitzen). Während die fünf großen Gelübde für Asketen/innen gedacht sind, können auch Laien Gelübde ablegen, die sogenannten ›fünf kleinen Gelübde‹ (*anuvratas*). Grundsätzlich handelt es sich bei den *anuvratas* um dieselben Gelübde wie die der Asketen/innen, jedoch unterscheiden sie sich hinsichtlich des Ausübungsgrades, so Cort (2001, 24–28). Zudem sei es für die Laien möglich, nicht alle Gelübde auf einmal, sondern eines nach dem anderen abzulegen. Wenn Laien sämtliche *anuvratas* ablegen und diese streng einhalten, sind sie gemäß Jaini (1979, 185) bereit »for the exalted practices of the mendicant path, a path which may at last carry [their] soul to the brink of liberation«.

Mönche und Nonnen dürfen in Bezug auf *ahimsā* keinerlei Gewalt an allen sechs lebenden Organismen (Erde, Wasser, Feuer, Wind, Pflanzen oder bewegliche Wesen) verüben, so Cort (2001, 24–28). Dies beinhaltet gemäß Pániker (2010, 200) u. a. die Regel, dass Asketen/innen keine Transportmittel benutzen und sich nur zu Fuß fortbewegen dürfen. Durch das Benutzen von Autos, Flugzeugen etc. würden laut dem Jainismus Mikroorganismen getötet, was gegen das Gebot von *ahimsā* verstößt. Aus demselben Grund gebe es *Śvetāmbara*-Asketen/innen, die den Mund mit einem Mundschutz bedecken, sodass keine Mikroorganismen beim Sprechen getötet werden. Aufgrund des Gebots von *ahimsā* müssen Mönche und Nonnen während der Monsunzeit für vier Monate an einem Ort verweilen und dürfen im Gegensatz zum restlichen Jahr nicht umherwandern.[24] Während dieser Monate ist gemäß dem Jainismus die Gefahr, Lebewesen zu töten, nämlich größer als während des restlichen Jahres, so Dundas (2002a, 173). Des Weiteren dürfen Asketen/innen nur abgekochtes Wasser trinken, kein Feuer löschen, nicht über Gras gehen, nicht schwimmen und nicht im Regen spazieren und sie müssen den Boden mit einem Besen aus Pfauenfedern reinigen, bevor sie einen Schritt tätigen oder sich hinsetzen, wie Pániker (2010, 200) ausführt. Die Asketen/innen sind ständig darauf bedacht, *ahimsā* einzuhalten und nicht zu hassen, nicht zu schaden, nicht zu verletzen, nicht anzugreifen etc. *Ahimsā* ist laut Chakravarti (1957, 76f.) das wichtigste der fünf Gelübde. Es gelte von sämtlicher Gewalt (*himsā*) abzusehen – sei dies in Gedanken, Worten oder Taten, was auch Drittpersonen beinhalte, die man mit einer Tat beauftragt.[25] Für die Laien würde dieses Gebot in einem viel geringeren Maße gelten. So ist es für sie z. B. schwierig, sich immer nur zu Fuß fortzubewegen. Ihr Ziel muss es aber sein, keine groben Verstöße gegen Lebewesen zu begehen und z. B. Lebewesen nicht zu fesseln, zu schlagen, zu verletzen, zu überladen oder zu misshandeln, so Bhattacharyya (1976, 86).

Satya umfasst für die Mönche die Regel, dass sie nicht lügen dürfen und immer die Wahrheit sprechen müssen, so Pániker (2010, 200–202). Laien sollen gemäß Bhattacharyya (1976, 86) versuchen, keine groben Unaufrichtigkeiten zu äußern, so z. B. keine Falschaussagen zu machen, keine Urkunden zu fälschen und keine falschen Urteile zu fällen.

Asteya geht laut Pániker (2010, 200–202) über das Nicht-Stehlen hinaus und umfasst auch die Befreiung von sämtlichen Begehrlichkeiten und Begierden. Dies ende darin, dass man über keinerlei Besitz verfügen möchte und erkennt, dass es nichts gibt, was es wert ist, besessen zu werden. Für Laien beinhaltet dieses Versprechen gemäß Bhattacharyya (1976, 86), nicht unrechtmäßig Sachen in Besitz

24 Diese Zeitspanne wird *caturmāsa* genannt.

25 In dieser Aussage ist eine Kritik an Fleisch konsumierenden Buddhisten enthalten, welche dies mit der Begründung tun, sie hätten den Tötungsakt ja nicht selbst ausgeführt.

zu nehmen, so z. B. nicht mit gestohlenen oder illegal erworbenen Waren zu handeln, keine falschen Maßangaben zu verwenden etc.

Das vierte Gelübde, *brahmacarya*, verpflichtet Asketen/innen laut Bhattacharyya (1976, 86) einerseits zur Ehelosigkeit und andererseits dazu, sämtliche sexuellen Akte, das Hören von anzüglichen Aussagen, das Vorstellen des (weiblichen) Körpers wie ebenso das Tragen von Parfum oder Schmuck zu vermeiden. Für Laien bedeutet diese Regel, dass sie keine außerehelichen Beziehungen führen dürfen.

Das letzte der fünf Gelübde, *aparigraha*, führt dazu, dass Asketen/innen nur diejenigen Gegenstände besitzen dürfen, die sie am Tag ihrer Initiation erhalten haben, so Pániker (2010, 202f.). Diese würden sich je nach Strömung und Tradition unterscheiden. Das Gelübde der Besitzlosigkeit gehe aber noch weiter. So sollten Asketen/innen nicht ihrem Ich anhängen, sondern dieses überwinden – nur so könne die Befreiung erreicht werden. Für Laien bedeute dieses Gelübde gemäß Bhattacharyya (1976, 86), dass sie keine Gier empfinden und nicht materiellen Gütern anhaften dürfen.

Das ganze Verhalten der Jaina-Asketen/innen ist entweder darauf ausgerichtet, kein neues Karma zu generieren, oder darauf, schon angehäuftes zu zerstören, so Dundas (2002a, 163–176). Aus diesem Grund gibt es noch viele weitere Regeln (u. a. drei Schutzvorkehrungen und fünf vorsichtige Aktionen), die die Asketen/innen einhalten müssen, jedoch sind diese implizit auch in den fünf *mahāvratas* enthalten.

Zu den *aṇuvratas* können fortgeschrittene Laien weitere sieben Gelübde ablegen. Dadurch wird versucht, das Einströmen von Karma bestmöglich zu verhindern, so Pániker (2010, 479). Nebst den fünf *aṇuvratas* würden zu den zwölf Gelübden zusätzlich das Gebot der Beschränkung von Bewegung, von Aktivitäten und Schaden, die Begrenzung des Aktionsradius, das Gelübde der Meditation und des Fastens sowie der Großzügigkeit gehören. Manchmal werde als ein zusätzliches Gelübde das des selbstbestimmten Todes (*sallekhanā*) hinzugefügt. Es sei dabei sowohl möglich, die zusätzlichen Gelübde mit zeitlichen Abständen oder gleichzeitig auf sich zu nehmen, jedoch sei das Ablegen der Gelübde unumkehrbar. Durch die Übernahme der gesamten zwölf Gelübde werde von den Laien versucht, ein Leben ähnlich demjenigen der Asketen/innen zu führen.

2.3.2.2 Essensvorschriften

In der Jaina-Lehre gibt es zahlreiche Essensvorschriften, die immer in Zusammenhang mit *ahimsā* stehen. So darf Fleisch und Honig nicht konsumiert werden, da gemäß Cort (2001, 128–132) beides mit Gewalt einhergehe. Viele weitere Nahrungsmittel seien verboten, da (unsichtbare) Mikroorganismen in ihnen leben würden, so z. B. Auberginen oder andere Gemüse- und Früchtearten mit vielen Samen. Laut dem Jainismus beinhalte jeder Samen zudem einen *jīva,* der durch den Konsum getötet wird. Wurzelgemüse wie Knoblauch, Kartoffeln, Karotten, Zwiebeln, Ingwer etc. seien verboten, da sie das Potenzial enthalten, neue Pflanzen entstehen zu lassen. Wenn sie konsumiert werden, so würde eine Vielzahl von *jīvas* getötet. Gerade auch grünes Gemüse werde von strenggläubigen Jainas oft nicht verspeist, da sich laut den Jaina-Texten in den Blättern Insekten befinden. Um keine Mikroorganismen mit dem Wasser aufzunehmen, bietet sich das Abkochen von Wasser an, da die ausgeübte Gewalt im Rahmen des Kochvorgangs geringer ist, als wenn die Mikroorganismen durch das Wasser konsumiert werden, so Cort (2001, 128–132).

Eine weitere Essensregel, die mit dem Gebot von *ahimsā* einhergeht, ist der Verzicht auf Nahrung, wenn es dunkel ist. Laut Dundas (2002a, 159) ist dieses Gebot sowohl für Asketen/innen als auch für Laien bindend, wobei letztere dieses oft nur an Feiertagen befolgen würden. Die Regel sei entstanden, da beim Sammeln von Essensspenden durch die Mönche in der Nacht kleine Formen von Lebewesen aufgrund der Dunkelheit zertrampelt werden könnten. Beim abendlichen Kochen von Speisen durch die Laien könnten wiederum Insekten durch das Licht angezogen und dabei verbrannt werden. Ein weiterer Grund für diese Regel ist gemäß Dundas (2002a, 159) der verbreitete Glaube, dass eine korrekte Verdauung nur bei Sonnenlicht ablaufen können, dafür gebe es aber keine textwissenschaftlichen Belege.

2.3.2.3 *Anekāntavāda*

Oft wird in Zusammenhang mit dem Jainismus von den Drei A's gesprochen: *ahiṃsā*, *anekāntavāda* und *aparigraha,* wobei *ahiṃsā* und *apa-*

rigraha bereits erläutert wurden. Unter *anekāntavāda* versteht man laut der Jaina-Lehre die Vielfältigkeit von Ansichten und Wirklichkeiten, so Wiley (2004, 36). Diese Doktrin beruht auf den Lehren der *Tīrthaṅkaras,* welche laut der Jaina-Lehre durch das Erreichen der Allwissenheit die Fähigkeit erlangt haben, alle Aspekte eines Objektes simultan wahrnehmen zu können. *Anekāntavāda* kann als eine Art intellektuelles *ahiṃsā* verstanden werden, wie Pániker (2010, 263) erläutert, indem versucht werde, die Meinung des Gegenübers nachzuvollziehen und so keine Konfrontation entstehen zu lassen (und somit *hiṃsā* zu verhindern). Laut Wiley (2004, 36) interpretieren viele Jainas in der Diaspora das Konzept von *anekāntavāda* als eine generalisierte Haltung von Toleranz in Situationen des religiösen Pluralismus.

2.4 Feiertage

Wie in allen Religionen gibt es auch im Jainismus einen religiösen Kalender, der spezifische Perioden des Jahres als heilig definiert, so Dundas (2002a, 214). Der religiöse Kalender der Jainas könne durch kulturelle und regionale Feierlichkeiten beliebig erweitert werden. Jedoch sei die Teilnahme an solchen Festivitäten jeweils von den Präferenzen der einzelnen Jainas abhängig und werde nicht als religiöse Pflicht angesehen. Die Festivitäten, welche zu den religiösen Pflichten gehören, fänden hauptsächlich während *caturmāsa* statt. In diese Zeit (meist Juli bis Oktober) fallen wichtige Jaina-Feste wie *Paryuṣaṇa/ Daśalakṣaṇa parvan* oder *Dīvālī. Mahāvīra Jayantī* hingegen wird im März oder April gefeiert.

2.4.1 *Paryuṣaṇa* und *Daśalakṣaṇa parvan*

Als glückverheißendste Zeit im Jahr gelten gemäß Dundas (2002a, 216f.) die acht Tage während *caturmāsa*, die bei den *Śvetāmbara*-Jainas *Paryuṣaṇa* genannt werden.[26] Während dieser Zeit würde eine Vielzahl von *Śvetāmbaras* Rituale des Fastens und der Reue durchführen

26 Je nach Strömung innerhalb der *Śvetāmbaras* variiert der Beginn des Festes um einen Tag.

und einhalten, welche theoretisch während des ganzen Jahres stattfinden sollen. Eines der zentralen Elemente dieses Festes sei die Rezitation des *kalpa sūtra* durch Asketen/innen. Der letzte Tag von *Paryuṣaṇa* ist laut Dundas (2002a, 216f.) *saṃvatsarī*. An diesem Tag werden eine Zeremonie der gemeinschaftlichen Reue durchgeführt und alle Lebewesen um Vergebung ersucht, indem um *micchāmi dukkaḍaṃ* gebeten wird. So würden an diesem Tag jeweils Briefe und elektronische Nachrichten (u. a. E-Mails, Textnachrichten etc.) mit der Bitte um Vergebung an Freunde und Bekannte versandt.

Das Pendant zu *Paryuṣaṇa* ist das von den *Digambaras* gefeierte *Daśalakṣaṇa parvan*, welches gemäß Wiley (2004, 73) zeitlich im Anschluss an *Paryuṣaṇa* stattfindet, aber nicht acht, sondern zehn Tage dauert. Während dieser Zeit würden *Digambaras* auf verschiedene Arten fasten, so z. B. nur einmal am Tag essen oder am ersten und letzten Tag auf Nahrung verzichten. Es gebe auch *Digambaras*, die während dieser zehn Tage ausschließlich abgekochtes Wasser konsumieren und vollständig auf die Nahrungsaufnahme verzichten. Durch das Fasten würden die Laien während dieser Tage dem asketischen Leben näherkommen.[27] Während dieser Zeit werde des Weiteren aus dem *tattvārtha sūtra* gelesen. Der letzte Tag von *Daśalakṣaṇa parvan* ist der heiligste und man bittet an diesem Tag alle Bekannten um Vergebung, wie Wiley (2004, 184) ausführt.

Śvetāmbaras und *Digambaras* praktizieren während der glücksverheißenden Zeit auch *sāmāyika*. Dies ist ein Ritual, bei dem es laut Wiley (2004, 184) darum geht, für 48 Minuten einen Zustand der Gelassenheit und Ruhe zu erreichen, sich von seinem Körper und sämtlichen Anhaftungen loszulösen und sich ihres Selbst bewusst zu werden. Wenn Laien *sāmāyika* durchführen, würden sie für 48 Minuten zu Asketen/innen werden und aus diesem Grund eine noch größere Verpflichtung haben, keine Lebewesen zu schädigen. Aus diesem Grund würden Laien den Boden mit einem Besen aus Pfauenfedern wischen, bevor sie sich hinsetzen. Laien verbringen die 48 Minuten meist mit dem Rezitieren von Mantras, Meditation[28] oder dem Lauschen einer religiösen Unterweisung durch Asketen/innen.

27 Bei den *Śvetāmbaras* wird während *Paryuṣaṇa* in ähnlicher Weise gefastet.

28 Laut den Jaina-Schriften war die Meditation im indischen Mittelalter ausschließlich den Asketen/innen vorbehalten. Seit dem 20. Jahrhundert gibt

Zum *sāmāyika* gehört auch *pratikramaṇa,* ein Ritual, bei dem es darum geht, mittels Introspektion seine nicht verdienstvollen Taten, welche man bewusst oder unbewusst in Handlungen, Gedanken oder Rede begangen hat, zu reflektieren und um die Vergebung[29] dieser zu bitten, so Wiley (2004, 184).

2.4.2 *Dīvālī*

Zu den Festen, welche die Jainas mit den Hindus gemeinsam feiern, gehört gemäß von Glasenapp (1984, 435) *Dīvālī.* Die beiden Religionen würden das Fest aber aus unterschiedlichen Gründen auf andere Art und Weise feiern. So würden bei den Hindus die Straßen und Häuser zu Ehren der Gottheit *Lakṣmī* mit Lichtern geschmückt, während bei den Jainas *Mahāvīras* Eintritt ins *mokṣa* im Vordergrund steht. Obwohl das Fasten an *Dīvālī* mit großen religiösen Verdiensten verbunden ist, treffen sich viele Jainas an diesem Tag mit Freunden und Familie zu einem gemeinsamen Essen, so Wiley (2004, 81). Mit *Dīvālī* geht aus jainistischer Sicht auch der Jahreswechsel vonstatten, so gilt der Tag nach *Dīvālī* als der erste Tag des neuen jainistischen Jahres.

2.4.3 *Mahāvīra-Jayantī*

An *Mahāvīra-Jayantī,* das im März/April stattfindet, wird gemäß Wiley (2004, 135) die Geburt von *Mahāvīra* zelebriert. Laut Pániker (2010, 432) ist dies eines der wenigen Feste, das von allen Jaina-Strömungen exakt am gleichen Datum gefeiert wird. Zudem sei es der einzige jainistische Feiertag, der von der indischen Regierung anerkannt ist und in Indien als nationaler Feiertag gilt.

---

es aber bei den *Śvetāmbara-Terāpanthīs* und den *Sthānakavāsīs* Formen der Meditation, welche Laien praktizieren dürfen. Vgl. dazu Wiley (2004).

29 Wobei ›Vergebung‹ nicht in einem christlichen Sinn zu verstehen ist.

3 Forschungsgeschichte und aktueller Forschungsstand

3.1 Forschungsgeschichte

Europäer hatten seit dem Beginn des 16. Jahrhunderts Kenntnis über die Existenz von Jainas, die sie als *baniyā* (Händler) beschrieben, wie Banks Findly (1997) ausführt. Die Missionare und Reisenden waren gemäß Dundas (2002a, 7) an den äußerlichen Aspekten des Jaina-Lebens und am Erscheinungsbild der Jaina-Asketen/innen interessiert. Die religiöse Praxis, Weltanschauung oder Doktrin hätten sie hingegen vernachlässigt. Erst mit der Ankunft der Briten in Indien Anfang des 19. Jahrhunderts sei das Interesse gewachsen, die Jainas als historisches und soziales Phänomen zu beschreiben, jedoch hätten die britischen Vertreter über keine textwissenschaftlichen Kenntnisse verfügt.[1] Diese Lücke haben laut Dundas (2002a, 7) die deutschen Indologen und Sprachwissenschaftler geschlossen, welche ungefähr zur gleichen Zeit mit den ersten textwissenschaftlichen Studien über den Jainismus begannen[2] und die von der Mitte des 19. Jahrhunderts bis Anfang des 20. Jahrhunderts die Jaina-Forschung dominierten.

Das Interesse an jainistischen Texten begann laut Jaini (2000b, 24) mit der Übersetzung von Hemacandras[3] *Yogaśāstra*[4] durch Windisch (1844–1918). Gemäß Nölle (1963, 24) war es aber Weber (1825–

1 Vgl. dazu Bender (1976). Er veröffentlichte Alexander Walkers Beobachtungen über Jainas, die Walker während seiner Tätigkeit für die East India Company verfasste.

2 Vgl. dazu Abbildung 2.

3 Hemacandra ist ein jainistischer Gelehrter, welcher um das Jahr 1100 u. Z. gelebt hat.

4 In diesem Text führt er den jainistischen Weg zur Erlösung aus.

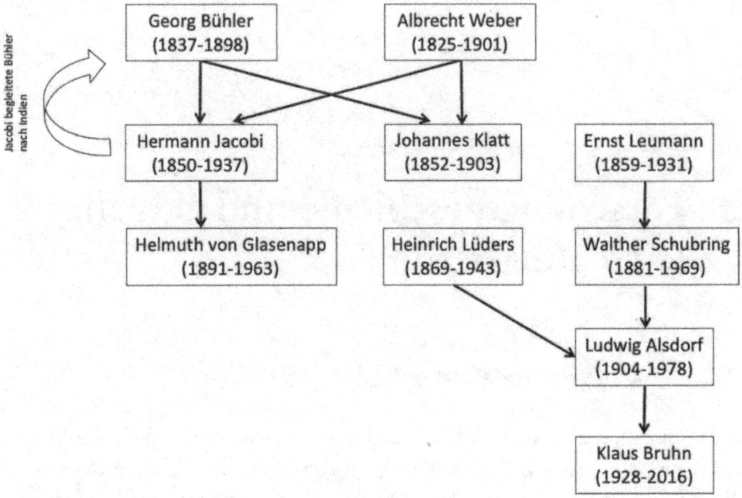

Abbildung 2: Deutsche Jaina-Forschende[5]

1901), Professor für Sanskrit an der Universität Berlin, der das kritische Studium über den Jainismus begründete. Er sei es auch gewesen, der seinen Schüler Jacobi (1850–1937) mit dem Jainismus bekannt machte. Jacobi habe sich mit der Übersetzung von Jaina-Texten ins Deutsche befasst und 1885 die heiligen Schriften *ācārāṅga sūtra* und *kalpa sūtra* übersetzt. Dies war laut Chapple (2000, 408) die wahrscheinlich erste wissenschaftliche Auseinandersetzung mit der Jaina-Philosophie außerhalb Indiens. Jacobi begleitete Bühler (1837–1898) auf einer Reise nach Indien, so Flügel (1999). Im Rahmen dieser Reise hätten sie in einer Bibliothek bis jetzt unbekannte Jaina-Manuskripte entdeckt. Anhand dieser Schriften konnte Jacobi herleiten, dass der Jainismus keine Abspaltung des Buddhismus ist, sondern eine eigenständige Religion, wie von Glasenapp (1938, 8) ausführt. Dies sei ein Meilenstein in der Jaina-Forschung gewesen. 1879 veröffentlichte Jacobi in der Einführung seines Buchs *Kalapasūtra of Bhadrabāhu* dieses Resultat, indem er textwissenschaftlich aufzeigte, dass historische hinduistische und buddhistische Schriften Jainas als häretische Grup-

5 Pfeile bedeuten in der Grafik, dass untenstehende Personen die Schüler von obenstehenden Personen waren.

pe (*tīrthyā*) genannt haben, wie Flügel (2005) darlegt. Jacobi, welcher vor seinem Indologiestudium Mathematik studierte, war auch an weiteren (jainistischen) Themen interessiert. So zeigte er bspw. eine große Begeisterung für die Sternenkunde, Zeitmessung und Chronologie, was in Veröffentlichungen wie *Einteilung des Tages und Zeitmessung im alten Indien* zu sehen ist. Er forschte des Weiteren über die Entstehung der *Digambara-* und *Śvetāmbara*-Strömungen.[6]

Von Glasenapp (1891–1963), der mit seiner Dissertation *Die Lehre vom Karman in der Philosophie der Jainas* bei Jacobi promovierte, verfasste mit *Der Jainismus* im Jahr 1925 das umfangreichste Gesamtwerk der damaligen Zeit über den Jainismus.[7] Obwohl das Werk mittlerweile etwas veraltet ist, gehört es zu den Standardwerken über den Jainismus. Nebst seinem wissenschaftlichen Vermächtnis hinterließ er des Weiteren eine bis heute aktive Stiftung,[8] welche Forschungen mit Bezug zu Indien unterstützt.

Ein weiterer Schüler von Weber war Klatt (1852–1903), welcher später ebenfalls Lehrer von Jacobi wurde. Nach seinem frühen Tod hinterließ Klatt, der als Bibliothekar an der Königlichen Bibliothek zu Berlin gearbeitet hatte, gemäß Flügel (2011) ein fast vollständiges Manuskript seines *Jaina-Onomasticon.* Das Manuskript habe ein kommentiertes Verzeichnis der Eigennamen von jainistischen Autoren, mythischen Persönlichkeiten, Textnamen und -orten mit erklärenden historischen Bemerkungen beinhaltet. Bis heute sind durch Weber und Leumann[9] 55 der vorhandenen 1'100 Seiten veröffentlicht worden. Es ist nicht davon auszugehen, dass das gesamte *Onomasticon* in Zukunft veröffentlicht wird, da die Inhalte mittlerweile als überholt gelten. Aus historischer Sicht wäre die Veröffentlichung aber ein Gewinn, ist es doch ein Zeitzeugnis einer vertieften und komplexen Auseinandersetzung mit dem Jainismus Ende des 19. Jahrhunderts.

---

6 Jacobi (1884; 1886; 1920).

7 Der Inder Jaini (1916) veröffentlichte mit *Outlines of Jainism* etwa zur selben Zeit wie von Glasenapp ein Gesamtwerk über den Jainismus.

8 Vgl. dazu Helmut von Glasenapp Stiftung (1994), Nölle (1964) und Numen (1964).

9 Leumann (1859–1931), ein gebürtiger Schweizer, war Jainologe und arbeitete u. a. am *Sanskrit-English Dictionary* in Oxford mit.

Schubring (1881–1969), ein Schüler von Leumann, der von 1920 bis 1950 den Lehrstuhl für Indologie in Hamburg bekleidete, spezialisierte sich laut Nölle (1963, 25) auf die Jaina-Forschung und katalogisierte eine Vielzahl von Jaina-Manuskripten. Zudem hat er auch ein Buch über die Lehre des Jainismus verfasst, wobei es sich um eine textwissenschaftliche Arbeit handelt.[10]

Ein weiterer Forschender, der sich zu jener Zeit intensiv mit dem Jainismus auseinandersetzte, war Alsdorf (1904–1978). Die Vernetzung der damaligen Forschenden im Bereich Jainismus erkennt man daran, dass er, als Schüler von Schubring, in Berlin die Idee für sein Habilitationsprojekt von Jacobi erhielt. Alsdorf hatte später den Lehrstuhl für indische Geschichte und Kultur an der Universität in Hamburg inne und forschte zu Jaina-Themen wie z. B. Vegetarismus im Jainismus, der jainistischen Kosmographie und Mythologie und Pali-Metrik.[11] Zu seinen Publikationen gehören u. a. ein Pali-Wörterbuch oder das von ihm überarbeitete Manuskript seines Lehrers, Lüders (1869–1943), namens *Varuṇa*, das laut Bruhn (1979) für Veda-Forschende noch heute grundlegend ist. In den 1920er Jahren forschten auch Charlotte Krause (1895–1980) und Johannes Hertel (1872–1955) gemeinsam an der Universität Leipzig zum Jainismus. Krause wanderte mit 30 Jahren nach Indien aus, um sich vertieft mit dem Jainismus zu befassen, und übernahm diesen Glauben. Hertel war von 1919 bis 1939 ordentlicher Professor für Indologie an der Universität Leipzig und setzte sich hauptsächlich sprachwissenschaftlich mit dem Jainismus und jainistischen Erzählungen auseinander.

Klaus Bruhn (1928–2016), ein Schüler von Schubring und Alsdorf, der über 65 Jahren Jaina-Forschung betrieb, gilt als einer der letzten, einflussreichen deutschen Jainismus-Forschenden. Er promovierte zur Jaina-Universalgeschichte, befasste sich vertieft mit der Struktur der Biographie von *Mahāvīra* und wurde laut Flügel (2017) als einer der größten Kenner der jainistischen Kunstgeschichte angesehen. Zusammen mit Bruhn arbeitete und lehrte Tripathi (1929–1996) an der Freien Universität in Berlin. Tripathi stammte ursprünglich aus Indien, lebte während seiner Forschungstätigkeit aber in Deutschland. Er befasste sich hauptsächlich mit textwissenschaft-

10 Schubring (1995).
11 Vgl. dazu Alsdorf (1938; 1961; 1966).

lichen Studien und leistete laut Bruhn (1997, 2–4) einen Beitrag zur Jaina-Literaturgeschichte, indem er die von Leumann aufgebaute Sammlung an Jaina-Handschriften katalogisierte. Zeitgleich forschte Adelheid Mette (* 1934), von 1988 bis 2000 Professorin des Indologischen Seminars an der Universität in Münster, schwerpunktmäßig zur Literatur des Jainismus.[12]

Als Zeitgenossen von Bruhn, die vereinzelt Veröffentlichungen über den Jainismus publizierten, sind Krause, Kohl (1908–1998), Roth (1916–2008), Hamm (1920–1973) und Nölle (* 1925) zu nennen. Zu den aktuellen Jaina-Forschenden in Deutschland gehören Bollée, Emeritus der Universität Heidelberg, Zydenbos, Professor für moderne Indologie an der Ludwig-Maximilian-Universität in München, sowie Krüger, wissenschaftlicher Mitarbeiter der Ruhr-Universität in Bochum oder auch Hegewald und Luithle-Hardenberg, die vereinzelt Veröffentlichungen über den Jainismus publizieren.[13]

Es ist zu erwähnen, dass die deutschen Forschenden immer auch auf indische Hilfe angewiesen waren. So versorgte der *Śvetāmbara*-Mönch Vijayadharmasūri laut Bhatt (1985, 87) mehrere deutsche Forschende mit frühen Jaina-Texten. Da in der frühen Zeit der Jaina-Forschung der Schwerpunkt auf textwissenschaftlichen Arbeiten lag, verleitete dies Jaini (2000b, 23) zur überspitzten Kritik, die damaligen Forschenden seien gar nicht am Jainismus interessiert gewesen,

12 Vgl. dazu Mette (1973; 1991; 2010).

13 Weitere aktuellere Publikationen aus Deutschland, welche aber nicht einem wissenschaftlichen Anspruch genügen, sind: Titzes anschaulicher Bildband über den Jainismus *Jainism. A Pictorical Guide to the Religion of Non-Violence*, Moessners Jain-Pfad Magazin das er 1987 gründete und nach kurzer Zeit einstellte, sowie Kuhns Übersetzungen von Teilen des *tattvārtha sūtras*. Jedoch ist bei diesen drei Autoren anzumerken, dass sie im Rahmen ihrer Auseinandersetzung mit dem Jainismus diesen zu praktizieren begonnen haben und aus diesem Grund oft eine emische Sicht einnehmen. Speziell zu erwähnen sind in diesem Fall auch Carla und Christian Geerders, die die Seite Herenow4u.net betreiben, welche keine wissenschaftlichen Standards erfüllt, aber u. a. von Schweizer Jainas für die Veröffentlichung von Beiträgen genutzt wird, so z. B., als ein Schweizer Jaina 2010 einen Nachruf zum Tod von *Ācārya* Mahāprajña veröffentlichte. Vgl. dazu Herenow4u. (2019). *HN4U Condolence/Orbituary Page for Gurudev Acharya* Mahaprajna. http://www.herenow4u.net/index.php?id=72310 (18.09.2019).

sondern hätten sich ausschließlich mit den linguistischen Besonderheiten des Prakrit und *apabhraṃśa* auseinandersetzen wollen.

Nebst Deutschland wurde auch in weiteren europäischen Ländern zum Jainismus geforscht, so z. B. in Frankreich durch Guérinot (1872-19??)[14] und später Caillat (1921–2007). Deutschland wurde als in der Jaina-Forschung führendes Land in jüngster Zeit durch England und die USA abgelöst.

3.1.1 Frühe Jaina-Forschung im englischsprachigen Raum

Laut von Glasenapp (1984, 78–80) wurde Ende des 19. Jahrhunderts das Interesse für den Jainismus im englischsprachigen Raum geweckt, als die indischen Anwälte V. R. Gāndhī, C. R. Jain und J. L. Jaini in Nordamerika und England Vorträge über den Jainismus hielten. So habe V. R. Gāndhī z. B. 1893 am Parlament der Weltreligionen in Chicago teilgenommen und dort den Jainismus vorgestellt. Dadurch sei nicht nur das Interesse für den Jainismus im Westen gefördert, sondern es seien auch neue Anhänger/innen gewonnen worden. In England lag der Fokus der Indologen gemäß Jaini (2000b, 25) zu jener Zeit entweder auf den Veden und dem Brahmanismus oder auf Pali und dem Buddhismus. Der erste englische Forschende, der einen Beitrag zur Jainismus-Forschung leistete, war laut ihm Ferguson (1808–1886) mit seinem Buch *History of Indian and Eastern Architecture*. In zwei Kapiteln habe er nord- und südindische Jaina-Tempel beschrieben. Nach ihm hat Burgess (1832–1916) einen Artikel über jainistische Ikonographien publiziert, während Barnett (1871–1960), Hoernle (1841–1918) und später auch Williams (1915–1975) Übersetzungen von Jaina-Texten veröffentlicht haben. Die Engländerin Stevenson (1915) brachte mit *The Heart of Jainism* gemäß Folkert und Cort (1993, 29) ein Gesamtwerk über den Jainismus heraus, wobei es sich aber bei ihrem Buch nicht um einen wissenschaftlichen Text handelt.

In den USA gibt es laut Jaini (2000b, 25) nur zwei prominente Forschende, die sich Anfang des 20. Jahrhunderts mit dem Jainismus auseinandergesetzt haben – nämlich Bloomfield (1855–1928) und

14 Armand Guérinot wurde 1872 geboren, in welchem Jahr er gestorben ist, konnte nicht ausfindig gemacht werden.

Brown (1892–1975), die sich hauptsächlich auf textwissenschaftliche Studien fokussierten. Erst ab 1967 haben sich gemäß Flügel (2005, 8) vermehrt Forschende im englischsprachigen Raum mit dem Jainismus befasst, nämlich als eine große Anzahl von Jainas aus Ostafrika nach England und in die USA migriert sind. Heute wird v. a. in den USA und in England über den Jainismus (in der Diaspora) geforscht.

3.1.2 Aktuelle Jaina-Forschung in Indien

Die heutige Jaina-Forschung in Asien beschränkt sich hauptsächlich auf Universitäten in Indien. So wird z. B. an der International School for Jain Studies (New Delhi), am JVB (Ladnun) oder an der Jain University (Bangalore) zu jainistischen Inhalten geforscht. Der JVB steht zudem in einem Studierendenaustausch mit der Florida International University (Miami).

Anhand der Kurse und Publikationen ist ersichtlich, dass die Veröffentlichungen und Übersetzungen von jainistischen Lehrtexten ins Englische im Vordergrund stehen, genauso wie die Vermittlung jainistischer Prinzipien. Es wird also vielmehr eine emische als eine etische Sicht vermittelt, die zudem jeweils in einer bestimmten Jaina-Tradition steht.

3.1.3 Aktuelle Jaina-Forschung außerhalb Asiens

Aktuell gibt es drei Universitäten außerhalb Asiens, die über ein eigenes Jaina-Institut verfügen: Die Ghent University (Belgien), die University of London (England) und die Florida International University (USA). An der Ghent University gibt es im Moment vier Doktorierende, die unter Prof. Dr. de Clercq über den Jainismus forschen. De Clercq selbst publiziert hauptsächlich sprachwissenschaftliche Forschungen über den Jainismus.

Am Centre of Jaina Studies (COJS) der School of Oriental and African Studies (SOAS) der Universität in London forscht Prof. Dr. Flügel. Seine Schwerpunkte liegen u. a. auf der Geschichte des *Sthānakavāsī*- und *Terāpanthī*-Ordens, der Geschichte der Jaina-Forschung und auf Jaina-Ritualen. Am COJS wird zudem eine jährliche

Konferenz organisiert, an der Jaina-Forschende aus der ganzen Welt teilnehmen. Das COJS ist eng mit dem *Terāpanthī*-Orden und dem JVB verknüpft, was man daran erkennt, dass die jährlichen Konferenzen des COJS jeweils mit einem Gebet durch zwei *Terāpanthī*-Nonnen eröffnet werden. Dies zeigt, dass am COJS vermehrt der emischen Sicht des Jainismus ein Platz eingeräumt wird. Sowohl *Samaṇī* Unnata Pragya als auch *Samaṇī* Pratibha Pragya haben am COJS promoviert und letztere arbeitet dort mittlerweile als wissenschaftliche Mitarbeiterin.

In den USA gibt es an der Florida International University (FIU) die Möglichkeit, den Studiengang Jain Studies zu absolvieren. Direktor dieses Studiengangs ist Steven Vose, welcher über die Religionsgeschichte der Jainas forscht und zudem die Bhagwan Mahavir Professur der FIU innehat. Dieser Lehrstuhl wurde u. a. durch eine Spende der Jain Education & Research Foundation geschaffen. Nebst der Professur werden zwei *Samaṇīs*, welche an der FIU lehren, durch diese Stiftung finanziert. Die Bhagwan Mahavir Professur hat zum Ziel, die Werte des Jainismus weiterzuverbreiten.[15] Sowohl am COJS als auch am Beispiel der FIU lässt sich der Wandel vom Studium über den Jainismus hin zur Vermittlung von jainistischen Inhalten beobachten – eine Tendenz, die sich in den letzten Jahren verstärkt hat.

Natürlich wird auch an anderen Universitäten über den Jainismus geforscht, jedoch handelt es sich dabei immer um einzelne Forschende, die sich mit der Thematik auseinandersetzen, so z. B. Banks (University of Oxford), Cort (Denison University, Ohio), Dundas (University of Edinburgh), Shah (University of Southampton) oder Kelting (Northeastern University, Boston).

3.2 Aktueller Forschungsstand

In der aktuellen Forschung sind textwissenschaftliche Studien über den Jainismus eher in den Hintergrund und ethnographische Studien in den Vordergrund gerückt. Bei der Forschung über Jainas in der

15 Als Werte des Jainismus werden auf der Website der Bhagwan Mahavir Professur *ahiṃsā*, *aparigraha*, Respekt für alle Lebewesen und *anekāntvāda* genannt.

Diaspora stehen Nordamerika und England im Zentrum. Der Grund dafür liegt darin, dass die größten Jaina-Diaspora-Gemeinschaften in diesen beiden Ländern leben. In den folgenden Kapiteln wird der aktuelle Forschungsstand dargelegt, wobei ein stärkerer Fokus auf Studien über Jainas in der Diaspora – im Gegensatz zu Forschungen über Jainas in Indien – gelegt wird, da erstere eine größere Relevanz für die vorliegende Forschung haben.

3.2.1 Forschungen über Jainas in Indien

Im Jahr 2011 lebten laut der indischen Bevölkerungsstatistik (Government of India 2011) ungefähr 4,5 Millionen Jainas in Indien.[16] Dies entspricht ca. 0,4 % der indischen Bevölkerung. Die größten Jaina-Gemeinschaften befinden sich laut der Erhebung in den indischen Bundesstaaten Maharashtra, Rajasthan, Madhya Pradesh, Gujarat, Karnataka, Uttar Pradesh und in Delhi. Trotz der geringen Anzahl von Jainas in Indien ist der Jainismus laut Wiley (2004, 1) seit 2'500 Jahren in Indien präsent und beeinflusst die indische Kultur.

Dundas (2002a) schaffte es, mit seinem Buch *The Jains* einen umfassenden Überblick über die religiösen Praktiken von Jainas in Indien zu verfassen. Dabei verband er textwissenschaftliche Resultate mit Feldforschungen und befasste sich mit historischen Gegebenheiten genauso wie mit modernen Tendenzen. Folkert (1993) verfolgte einen ähnlichen Ansatz. So wurde im posthum veröffentlichten Buch *Scripture and Community. Collected Essays on the Jains* versucht, die Lücke zwischen Feldforschung und textwissenschaftlichen Studien zu schließen und die von Folkert in Indien erhobenen Daten mit Originaltexten zu verbinden.

Flügel befasst sich schwerpunktmäßig mit den geschichtlichen Hintergründen des Jainismus – seien dies die Forschungsgeschichte (Flügel 1999; 2005; 2011; 2017) oder die Entstehung von Reformbewegungen wie bspw. des *Sthānakavāsī*-Ordens (Flügel 2000; 2003b; 2007; 2012a; 2016) oder der *Terāpanthī*-Tradition (Flügel 2012b).

16 Da in Indien alle zehn Jahre eine Volkszählung durchgeführt wird, handelt es sich hierbei um die aktuellsten Zahlen der indischen Regierung. Die nächste Bevölkerungserhebung findet im Jahr 2021 statt.

Auch Sangave (1991) fokussiert sich auf die Jaina-Reformbewegungen des späten 19. Jahrhunderts.

Die religiösen Praktiken von Jainas stehen bei Cort, Carrithers, Banks, Aukland und Babb im Zentrum. Cort (2001) veröffentlichte mit seinem Buch *Jains in the World* ein Gesamtwerk über die Religionsausübung von Jainas in Patan (Gujarat). Er setzte sich des Weiteren mit der emischen Geschichtsschreibung (Cort 1995b) und der Rolle der Askese im Jainismus (Cort 2002a) auseinander. In einem älteren von Cort (1998) publizierten Sammelband beleuchtete er Jaina-Gemeinschaften im Laufe der Zeit aus unterschiedlichen Blickwinkeln. Dabei ging er auch auf moderne Tendenzen innerhalb des Jainismus ein, wie z. B. die Ökologiebewegung (Cort 2002b). Carrithers (1989; 2000) verfasste mehrere Artikel über die religiösen Praktiken der *Digambara*-Jainas. Zudem befasste sie sich mit der Gemeinschaftsbildung der südindischen *Digambara*-Jainas (Carrithers 1991; 1996). Banks (1984; 1986) beschäftigte sich mit der Jaina-Gemeinschaft in Indien (hauptsächlich in Jamnagar, Gujarat) und deren Segmentierung im Speziellen. Später fokussierte sich Banks (1991; 1992) vermehrt auf die in Großbritannien lebenden Jainas. Aukland (2010; 2013) forschte im Rahmen seiner Masterarbeit über Jainas im Pilgerort Nakoda (Rajasthan), wobei er auf das Phänomen der Besessenheit durch Geister im Jainismus stieß. In seinen gegenwärtigen Forschungen befasst sich Aukland (2015; 2016) hauptsächlich mit der Auseinandersetzung von Wissenschaft und Jainismus. Der Fokus von Babb (1993; 1994; 1996) liegt auf der Erforschung von Jaina-Ritualen und -Symbolen.

Forschende wie Kelting, Reynell, Vallely oder Fohr befassen sich schwerpunktmäßig mit der Rolle von Laien-Frauen in Indien, die den Jainismus ausüben. Kelting (2001) forscht über Frauen, da diese ihrer Meinung nach viel zu selten im Fokus von wissenschaftlichen Arbeiten stehen. Dabei zeigt sie u. a. Unterschiede in der religiösen Praxis zwischen männlichen und weiblichen Laien auf. Kelting (2009; 2006) geht dabei einerseits auf die Aushandlung der weiblichen Identität als Ehefrau im Jainismus und andererseits auf die Verehrung von tugendhaften Frauen (*satīs*) ein. Reynell (1991; 2006) beschäftigt sich in ihrer Forschung mit Jaina-Frauen in Jaipur und ihrer Rolle bei religiösen Praktiken sowie der Weitergabe von religiösen Inhalten, die in einer spezifischen Tradition stehen, an die nächste Generation. Sie beschreibt, dass Frauen in dieser Hinsicht eine viel tragendere Rolle als Männer übernehmen, da deren Aufgabenbereich auf den Haushalt und die Erziehung beschränkt ist. Gender-Unterschiede stehen auch im Zentrum von Vallelys (2002b) Studie über *Terāpanthī*-Asketinnen des JVB in Ladnun (Rajasthan). Auch Fohr (2006) forscht zu Jaina-Nonnen. Sie geht dabei auf Regeln ein, welche lediglich für Nonnen gelten, nicht aber für Mönche.

3.2.2 Forschungen über Jainas in der Diaspora

Heute leben gemäß Vekemans (2015, 110) rund 250'000 Jainas in der Diaspora. Davon sind mehr als 100'000 Jainas in Nordamerika, 50'000 in Großbritannien, 21'000 in Afrika, 30'000 in Süd- und Südost-Asien und kleinere Gruppen bspw. im Nahen Osten oder im restlichen Europa ansässig.

Die frühste Jaina-Diaspora, über die es fundierte Daten gibt, lässt sich auf das Ende des 19. Jahrhunderts datieren, als Jainas innerhalb des britischen Herrschaftsgebiets nach Ostafrika migrierten. Jainas reisten gemäß Jain (2011, 88) im Laufe der Zeit nicht als einfache Arbeitskräfte aus Indien aus, sondern oft in Zusammenhang mit Handel oder Unternehmertum oder als Fachkräfte. Diese Tendenz zeigt sich bis heute, da es oft gut ausgebildete Jainas sind, welche im Ausland arbeiten und leben.[17]

3.2.2.1 Afrika

Das amerikanische Pluralismus-Projekt (Harvard University 2004) legt dar, dass im Jahr 2004 über 21'000 Jainas in Afrika lebten. Diese Zahl war jedoch Mitte des 20. Jahrhunderts um einiges höher. Ostafrika war ein beliebtes Einwanderungsgebiet – unterstand es doch, wie Indien, der britischen Krone. So schreibt Jain (2011, 88f.), dass die Anzahl der Jainas in Ostafrika ab 1899 kontinuierlich stieg. Schließlich hätten im Jahr 1963 ungefähr 32'000 Jainas in Ostafrika gelebt, die größten Gruppen in Kenia (ca. 25'000) und Tansania (1'700), kleinere

17 Vgl. dazu Jain (2011) und Debrunner (2019).

Gemeinschaften in Uganda und Südafrika.[18] Die Mehrheit der nach Ostafrika ausgereisten Jainas waren laut Bharati (1965, 17, 40) Gujarati sprechende Inder. Diese galten als reich und einflussreich und gehörten mehrheitlich der *visa osvāl*-Gemeinschaft an, welche später in Afrika über autonome und effiziente Bildungseinrichtungen verfügte.

Im Zentrum der Forschung standen oft Jainas in Kenia, da dort die größte Jaina-Gemeinschaft lebte. Die ersten Jainas (mehrheitlich *Derāvāsī*-Jainas der *osvāl varṇa*) sind laut Zarwan (1976) in den 1890er Jahren nach Kenia eingereist. 1948 sollen gemäß Mangat (1969, 142) bereits über 6'000 Jainas in Kenia gelebt haben. Die Auswanderung nach Kenia war schließlich so groß, dass im Jahr 1969 gemäß Twinker (1975, 16) die indischen Auswanderer 2,3 % der Gesamtbevölkerung Kenias ausmachten. Obwohl Jain (1990, 137–177) nicht explizit auf Jainas eingeht, erwähnt er, dass die indischen Migrierten in Kenia hauptsächlich Kaufleute und Händler waren, was zu den erwähnten Jaina-Gruppen passt. Jainas gehörten in Kenia zu den ökonomisch einflussreichsten Asiaten, wie Bharati (1965, 17) darlegt. Dies zeigt sich exemplarisch an der von Murray (1978) beschriebenen Jaina-Familie Chandaria, die 1915 nach Kenia einreiste. Zu Beginn sei P.P. Chandaria als Hausierer tätig gewesen, jedoch habe er sich bald vom Einzelhändler zum Großhändler entwickelt. Sein Geschäft sei im Laufe der Zeit zu einer multinational agierenden Firma expandiert, die noch heute existiert.

Religiöse Zeremonien wurden in Kenia laut Zarwan (1976, 137) um 1900 jeweils zu Hause durchgeführt, ab 1916 sei aber eine Jaina-Gemeinschaft in Mombasa gegründet worden, welche 1927 einen Tempel eröffnete. Dies ist laut Pániker (2010, 322f.) der erste Jaina-Tempel, der außerhalb Südasiens errichtet wurde. Wenig später ist in Nairobi ein Jaina-Tempel eröffnet worden, so Zarwan (1976, 137). Sobald an einem Ort eine genügend große Anzahl Jainas gelebt habe, seien Jaina-Zentren eröffnet worden, so z. B. in Kisumu und Nakuru. In einigen kenianischen Städten seien gar Jaina-Schulen gegründet worden. Mit der Zeit sei die Jaina-Gemeinschaft in Kenia so groß gewesen, dass Heiratspartner/innen innerhalb der Gemeinschaft gesucht werden konnten. Obwohl sich die in Afrika wohnhaf-

18 Vgl. dazu auch Jain (2010, xi).

ten Jainas damals zu Hause vegetarisch ernährten, begann laut Dundas (2002a, 272) die Mehrheit auswärts, Fleisch zu konsumieren.

Über Jainas in Südafrika schreibt ausschließlich Jain (1999, 8), der ausführt, dass Jainas nicht als Arbeitnehmende nach Südafrika einreisten, sondern als Händler oder Kaufleute. Die meisten Jainas hätten ihre Wurzeln in Gujarat gehabt.

Aufgrund der afrikanischen Unabhängigkeitsbewegungen in den 60er und 70er Jahren des vergangenen Jahrhunderts nahm gemäß Zarwan (1976, 140f.) die anti-britische Stimmung zu und die Briten wurden aus den ostafrikanischen Ländern ausgewiesen. Da Jainas oft als den Briten zugehörig angesehen wurden, weil diese während der britischen Kolonialherrschaft einwanderten, habe sich die Stimmung auch gegen sie gewandt. So hat sich laut Jain (2011, 89) eine Mehrheit der Indo-Afrikaner in den 1960er und 70er Jahren dazu entschlossen, nach Großbritannien zu emigrieren. Nebst Großbritannien seien viele ostafrikanische Jainas nach Indien, Pakistan, Kanada oder in die USA migriert. Heutzutage leben noch ca. 13'000 Jainas in Kenia, und obwohl sie verschiedenen Strömungen angehörten, würden die Unterschiede zwischen den Traditionen vernachlässigt. Als neue Entwicklung kann gemäß Jain (2011, 90) die Gründung des Vereins Young Jains Nairobi im Jahr 1996 genannt werden, der sich für einen strömungsübergreifenden Jainismus und für Umweltanliegen einsetzt.

3.2.2.2 Naher Osten

Es gibt nur einen Forscher, nämlich Jain (2007, 14), der Daten über Jainas im Nahen Osten veröffentlichte. Laut ihm gibt es bereits für das Jahr 1539 Dokumente, die besagen, dass Hindus und Jainas auf Hormus im Persischen Golf lebten. Seit der zweiten Hälfte des 19. Jahrhunderts gebe eine kleine Zahl von Jainas, welche in der Region um das Rote Meer / den Persischen Golf ansässig sind. Diese seien zu der Zeit eingereist, als die Region unter dem Einfluss oder der Verwaltung des Britischen Imperiums stand. Die Anzahl der Jainas in dieser Region sei aber eher klein, so würden laut Schätzungen in den Vereinigten Arabischen Emiraten ungefähr 500 und in Kuwait ca. 70 bis 80 Jainas leben. Vereinzelte Jainas seien auch in Bahrain, Katar, Jemen und Saudi-Arabien zu Hause. Eine kleine Gruppe von Jainas ist zudem in Israel ansässig, da der Handel mit Edelsteinen und Diamanten sie dahin geführt hat, genauso wie nach Belgien, Südafrika und Großbritannien, wie Jain (2011, 92) darlegt.

3.2.2.3 Nordamerika

Gemäß Shah (2017, 301) leben über 100'000 Jainas in Nordamerika[19] und es soll zudem über 70 Jaina-Zentren in den USA geben. Eine größere Anzahl von Jainas sei in den Bundesstaaten New Jersey, Kalifornien und New York und kleinere Gruppen seien in Maryland, Massachusetts, Pennsylvania, Michigan, Ohio und Texas beheimatet. Chapple (2006, 21f.) beschreibt Jainas, die in den USA leben, als gut integrierte Personen, welche über eine überdurchschnittliche Ausbildung verfügen und sich in der amerikanischen Gesellschaft zurechtfinden.

Die ersten Jainas reisten laut Jain (2011, 99–101.) 1944 in die USA ein, wobei in den darauffolgenden 30 Jahren nur eine kleine Zahl von Jainas immigrierte. Zwei *Śvetāmbara*-Mönche (Chitrabhanuji[20] und Sushil Kumar) hätten aber in Nordamerika konstant Werbung für den Jainismus gemacht und mehrere Meditationszentren in den USA eröffnet. Ab 1960 ist eine wachsende Zahl an Jainas

19 Das Harvard Pluralismus-Projekt (2004) beziffert die Anzahl von Jainas in den USA auf 75'000 während Mehta (2017, 1) von 140'000 Jainas ausgeht. Die große Differenz kann auf mehrere Gründe zurückgeführt werden, so bspw. auf die große zeitliche Spanne zwischen den beiden Arbeiten. Des Weiteren bezieht sich Mehta auf Schätzungen der Federation of Jain Associations in North America, die daran interessiert ist, von einer großen Jaina-Gemeinschaft ausgehen zu können. Aus historischer Sicht war es zudem oft so, dass sich Jainas bei Bevölkerungsumfragen mangels Alternativen als Hindus bezeichneten, was zu Verzerrungen der Erhebungen führte, vgl. dazu Flügel (2005, 5). In dieser Arbeit wurde die von Shah veröffentlichte Zahl präferiert, da sie einerseits aktuell ist und andererseits von mehreren Forschenden gestützt wird.

20 Chitrabhanu, ein ehemaliger *Śvetāmbara*-Asket, ist in Nordamerika ein sehr beliebter Lehrer. Er lebt sowohl in Indien als auch in den Vereinigten Staaten, wo er ein jainistisches Meditationszentrum führt. In Indien ist er nicht sehr angesehen, da er trotz seiner Mönchsgelübde verheiratet ist.

nach Nordamerika eingereist, wobei es sich meist um Professoren/innen, Studierende und Fachkräfte handelte, die aus Afrika ausreisen mussten, wie Kumar (1996c, 41) ausführt. Die vermehrte Einreise in den 1960er Jahren ist gemäß Shah (2017, 302) auf die Aufhebung des Hart-Celler Act zurückzuführen, da frühere Einwanderungsquoten aufgehoben und liberalisiert wurden. Sie führt aus, dass kleinere Gruppen von Jainas im Rahmen des Familiennachzuges in den 1990er Jahren eingewandert sind und diese meist einen sehr hohen Bildungsstand aufwiesen. Sowohl die Herkunft als auch die Sprache der in den USA lebenden Jainas sei divers, so gebe es Jainas aus Marwar oder Gujarat sowie Punjabi sprechende Jainas, wobei keine *jāti* überwiege.

In den 1980er Jahren waren die Jaina-Gemeinschaften in den urbanen Zentren so gut etabliert, dass sie laut Vallely (2004, 6) ihre eigenen Zentren und Tempel eröffneten. Zur gleichen Zeit wurden *Pāṭhśālās* gegründet, um jungen Jainas ihre Tradition näherzubringen, so Vallelly (2004, 6). Mit dem *Jain Study Circular*, das vierteljährlich publiziert wird, ist ein ähnliches Ziel verfolgt worden. Zeitgleich zur Initiierung der *Pāṭhśālās* habe die Gründung der Federation of Jain Associations in North America (JAINA) stattgefunden. Dies ist ein Dachverband, der sämtliche Jaina-Organisationen Nordamerikas umfasst und der jedes zweite Jahr einen Kongress organisiert, an dem mehrere Tausend Jainas teilnehmen.

1991 entstand laut Shah (2011, 12f.) aus JAINA die Gruppe Young Jain of America (YJA), um so einen Fokus auf die Vermittlung des Jainismus an eine jüngere Generation legen zu können. Das Ziel von YJA sei es, eine einheitliche Jaina-Identität zu etablieren, mit der sich Jainas aller *jātis*, Sprachen oder Regionen identifizieren können. Einen großen Einfluss auf die YJA, welche eine Unterorganisation von JAINA ist, habe der ehemalige Mönch Chitrabhanu gehabt. Dieser betone den Zusammenhang zwischen *ahimsā*, *anekāntvāda*, *aparigraha* und einem umweltfreundlichen Lebensstil. Der Fokus der YJA-Organisation liegt deshalb auf der Umsetzung der Jaina-Ethik im alltäglichen Leben, so z. B. mit einem umweltfreundlichen oder veganen Lebensstil. So werde in den USA eine einheitliche Jaina-Identität geschaffen, die progressiv ist. Diese Aussage wird von Vallely (2004, 6), Jain (1998, 295) und Kumar (1996a, 105) gestützt, die ausführen, dass nahezu alle Jaina-Gemeinschaften in Nordamerika Jainas beider Strömungen, *Śvetāmbaras* und *Digambaras,* einschließen. Sie betonen, dass die Mehrheit der Rituale, Tempel oder Publikationen in keiner spezifischen Tradition steht. Vallely (2002a, 195–205) erklärt den Rückgang der Zugehörigkeit zu einer bestimmten Tradition – insbesondere bei Jainas der zweiten Generation – mit dem Fehlen von Asketen/innen in Nordamerika. Dies führe zu einer universalistischen und modernen Interpretation des Jainismus. Dabei würden Werte wie Vegetarismus, Tierrechte, Umweltschutz, Meditation und die Notwendigkeit eines Jainismus ohne Strömungen betont, genauso wie religionsübergreifende Aktivitäten. Dadurch entstünde eine inklusive Jaina-Identität, die über *varṇa* und *jāti* sowie religiöse Strömungen hinausgehe. Für eine große Anzahl von Jainas in Nordamerika (im Gegensatz zu Jainas in England oder Indien) stellt laut Vallely die Strömung, *gaccha* oder *varṇa/jāti* keinen signifikanten Marker ihrer Identität dar. So gebe es auch Heiraten zwischen den Strömungen und mit streng vegetarischen Hindus. *Ahiṃsā* und im Speziellen die praktische Umsetzung davon – das vegetarische Leben – sei ein nicht verhandelbares Charakteristikum einer Jaina-Identität in Nordamerika geworden. Von der zweiten Generation nordamerikanischer Jainas werde gar ein veganer Lebensstil postuliert, der vom Gebrauch von Leder, Seide oder Milchprodukten absieht. Johnson (2000, 46) unterstützt die Aussage von Vallely, dass die Meditation für in der Diaspora lebende Jainas immer wichtiger werde, genauso wie die Verbindung des Jainismus mit Vegetarismus und Umweltanliegen. Laut ihm ist es heute so, dass diese drei Aspekte (Vegetarismus, Meditation und Umweltanliegen) den Jainismus im Westen repräsentieren. Die Betonung des Vegetarismus in der nordamerikanischen Diaspora zeigt sich auch bei Shah (2011, 8–10.). Sie führt aus, dass bei den befragten Jugendlichen in den Vereinigten Staaten ein Schlüsselaspekt ihrer Jaina-Identität im Vegetarismus liegt. So sei in den Vereinigten Staaten das vegetarische Leben zur religiösen Praxis geworden. Zudem würde der Vegetarismus explizit mit *ahimsā* verknüpft. Dadurch entstehe in der Diaspora eine Neuinterpretation davon, was Jaina-Sein bedeutet, da in klassischen Texten *ahimsā* mit der Karma-Lehre und nicht direkt mit dem Vegetarismus verbunden wird. Dies führe dazu, dass eine solch gesellschaftlich motivierte Definition von *ahimsā* nicht mehr die Befreiung aus dem Wiedergeburtenkreislauf zum Ziel habe, sondern eine gesellschaftliche Veränderung, so Shah (2011, 12f.).[21] Sie beobachtet bei Jainas in den USA zudem eine weitere Neuinterpretation des Jainismus, da die transnationale Philanthropie (so z. B. Spenden an religiöse Institutionen wie Veerayatan in Indien) als Akt der Religion und des Jaina-Seins verstanden wird (Shah 2019a). Die Philanthropie stelle so neuerdings einen zusätzlichen Weg aus dem Wiedergeburtenkreislauf dar, was bis jetzt nicht der Fall gewesen ist.

In jüngster Zeit zeigt sich in den USA, im Gegensatz zur Etablierung einer einheitlichen Jaina-Identität, vermehrt die Tendenz einer Segmentation zwischen den Strömungen. So wurde an der Konferenz der American Academy of Religion im November 2019 im Rahmen eines Panels[22] diskutiert, dass es in einigen US-Bundesstaaten Bestrebungen gibt, Tempel zu bauen, die in einer spezifischen Tradition stehen oder die über Räume verfügen, welche ausschließlich von einzelnen Strömungen genutzt werden. Zu diesem Thema gibt es im Moment noch keine Publikationen, jedoch sind erste Anzeichen davon in der Masterarbeit von Mehta (2017) ersichtlich. Sie befasste sich mit vier amerikanischen Jaina-Zentren in Florida, New York, Chicago und Phoenix. Obwohl diese vier Tempel von unterschiedlichen Strömungen gemeinsam erbaut wurden, zeigt sich am Beispiel von Chicago, dass innerhalb des Tempels eine klare räumliche Trennung zwischen den Strömungen stattfindet.

Eine Trennung der Strömungen ist auch in Kanada ersichtlich.[23] In Toronto, wo eine große Jaina-Gemeinschaft lebt, wurde laut Vallely (2004, 6) nach vierzehn Jahren, in denen ein Tempel von den *Digambaras* und den *Śvetāmbaras* geteilt wurde, ein separater *Digambara*-Tempel errichtet. Sie beschreibt, dass diese Separierung nicht ohne Kontroverse stattgefunden hat. So haben sich v. a. junge Jainas, die laut ihr über keine großen Kenntnisse bezüglich der Unterschie-

21 Zydenbos (2006, 70) beobachtet die Tendenz, dass Vegetarismus und Gewaltlosigkeit als Synonym verwendet werden, auch für Jainas in Indien.

22 Folgende Personen nahmen als Referentinnen teil: Venu Mehta, Shivani Bothra und Mirjam Iseli. An der anschließenden Diskussion beteiligten sich Mary Kelting, Steven Vose, Paul Dundas und John Cort.

23 Die Jaina-Gemeinschaft in Kanada wird laut Jain (2011, 102) meist mit derjenigen der USA zusammengefasst, da die meisten Jaina-Aktivitäten in Kanada auch mit denen der Jaina-Gemeinschaften in den USA verbunden sind.

de zwischen den Strömungen verfügen und sich auch nicht für diese interessieren, gegen das Erbauen eines *Digambara*-Tempels gewehrt. Auch Radford (2004, 43) beschreibt, wie sich junge Jainas aus der zweiten und dritten Generation (sowohl *Śvetāmbaras* als auch *Digambaras*) gegen das Erbauen eines *Digambara*-Tempels in Toronto gewehrt haben. Laut einer Petition, die von jungen Jainas veröffentlicht wurde, werde durch den Bau des Tempels die Einheit der Gemeinschaft geschwächt und das Ziel einer überkonfessionellen und vereinten Gemeinschaft verraten. Viele der jungen Jainas hätten versucht, die anderen (jungen) Mitglieder davon zu überzeugen, dass weder die Trennung der Strömungen noch das Erstellen von separaten Tempeln oder Zentren erstrebenswert ist. Dabei rückten sie Gemeinsamkeiten wie *ahimsā* und den Vegetarismus in den Vordergrund, statt regionale Differenzen oder Unterschiede zwischen den Strömungen zu betonen, so Radford (2004, 44).

3.2.2.4 Europa

Wie viele Jainas in Europa leben, ist schwer zu eruieren, da alle Zahlen auf Schätzungen beruhen und diese oft stark divergieren. Während Dundas (2002a, 271) von 25'000 bis 30'000 Jainas in ganz Europa ausgeht[24] schätzt Vekemans (2015, 110) zehn Jahre später bereits die Anzahl der in Großbritannien lebenden Jainas auf 50'000, was von Jain (2011) unterstützt wird. Fest steht, dass die größte europäische Jaina-Diaspora in Großbritannien lebt, weshalb es im europäischen Kontext hauptsächlich Studien über Jainas in Großbritannien gibt. Durch die Eröffnung des Jaina-Tempels in Antwerpen rückten in jüngster Zeit Jainas in Belgien vermehrt in den Fokus von Forschungsarbeiten.

24 Dundas geht davon aus, dass Jainas hauptsächlich in Großbritannien leben, weshalb die von ihm genannte Zahl Jainas in Großbritannien und ganz Europa beinhaltet.

3.2.2.4.1 England

Die größte Anzahl von Jainas in Europa findet man in den englischen Midlands und in der Umgebung von London, wie Pániker (2010, 323) ausführt.[25] Gemäß Shah (2017, 300) sind die meisten Jainas in London oder Leicester wohnhaft und kleinere Gruppe in Manchester, Birmingham oder Northampton sesshaft. Pániker (2010, 323) zeigt auf, dass es sehr wohlhabende Jainas in England gibt, wobei es sich bei einer großen Mehrheit um Besitzer von Kleingewerben, wie z. B. Ladenbesitzer in Leicester, handelt.

Laut Banks (1991, 242) sind fast alle der in England lebenden Jainas Gujaratis, wobei er diesen Begriff als ethnische Bezeichnung verwendet. Laut seinen Schätzungen sind 75 bis 80 % von ihnen aufgrund der afrikanischen Unabhängigkeitsbewegungen und der damit einhergehenden anti-britischen Stimmung aus Ostafrika (Uganda, Tansania und Kenia) nach England migriert. Es handelt sich bei ihnen also um ›twice migrants‹[26]. Gemäß Banks (1991, 242) kann man sie mehrheitlich der *halari visā osvāl-* und der *visā śrīmālī-jāti* zurechnen. Während die *halari visā osvāl*-Jainas ausschließlich der *Derāvāsī*-Strömung angehören, seien die *visā śrīmālī* entweder *Derāvāsī* oder *Sthānakavāsī*-Jainas.[27] Sowohl in Indien als auch in England gebe es keine Hochzeiten zwischen diesen beiden *jātis*. Nicht das Jain-Sein steht bei den Jainas in England im Vordergrund, sondern vielmehr ihre Herkunft, so z. B. Gujarat, sowie die Zugehörigkeit zu einer bestimmten *varṇa* oder *jāti*, wie Pániker (2010, 323) darlegt. Dennoch habe es beim Tempelbau des ›Jain Samāj‹[28] Bestrebungen gegeben, eine nationale Jaina-Gemeinschaft zu etablieren, die sämtliche Strömungen, *varṇa-* und *jāti*-Zugehörigkeiten umfasst: So zeigt Banks (1991), wie sich die *śrīmālīs* mit den *osvāls* zum ›Jain Samāj‹ zusammenschlossen, um auf einem gekauften Grundstück in Leicester ei-

25 Vgl. dazu auch Shah (2017, 302f.).

26 Unter ›twice migrants‹ oder ›multiple migrants‹ versteht man Migrierte, die aus einem Herkunftsland auswandern, sich in einem neuen Land niederlassen, Teil einer Diaspora-Gemeinschaft werden und sich nach einiger Zeit ein weiteres Mal (›twice migrants‹) oder gar mehrmals (›multiple migrants‹) in einem neuen Land niederlassen. Vgl. dazu Bhachu (2015).

27 Vgl. dazu auch Pániker (2010, 323).

28 Unter *samāj* versteht man ›Gemeinschaft‹.

nen Tempel als gemeinsamen Treffpunkt zu errichten, und dies trotz des Umstandes, dass sich unterschiedliche Strömungen, *varṇas* und *jātis* in dieser Gruppe befanden. Aufgrund von finanziellen Streitigkeiten – die *śrīmālī* haben das Grundstück allein finanziert – sei es aber zur Trennung gekommen. Banks (1991, 244f.) führt auch auf, wie sich Spannungen innerhalb der *śrīmālīs* ergaben, aufgrund der Frage, wer religiöse Zeremonien durchführen und sich dadurch in die Rolle eines/einer religiösen Spezialisten/in begeben darf und wer nicht. Aus diesem Grund sei die heterogene Gemeinschaft zerfallen.

Der Tempel des ›Jain Samāj‹ ist nicht der einzige in Großbritannien. Laut Shah (2017, 300) stehen den britischen Jainas sechs Tempel oder religiöse Stätten zur Verfügung, so z. B. derjenige in Potters Bat, einem Vorort von London. Dwyer et al. (2013) führen aus, dass der besagte Jaina-Tempel den Jainismus architektonisch sichtbar mache und er zu einem wichtigen Fokus in der Etablierung einer Jaina-Identität in der Diaspora wurde. Laut Shah (2017) stehen alle Tempel in Großbritannien in einer bestimmten Jaina-Tradition oder *jāti*.

Mit der religiösen Praxis von in Großbritannien lebenden Jainas haben sich hauptsächlich Banks in den 90er Jahren sowie Shah und Pogačnik in kürzlich veröffentlichten Arbeiten befasst. Banks (1992, 196–217) beschäftigt sich in seinem Buch *Organizing Jainism in India and England* u. a. mit der Frage, inwiefern sich Jainas in der Diaspora an neue Gegebenheiten anpassen, wobei er drei Kategorien des Glaubens bei in England wohnenden *śrīmālī*-Jainas entdeckt und ausformuliert hat. Er benennt diese als Orthodoxie, Neo-Orthodoxie und Heterodoxie, wobei die Kategorien nicht als ausschließend angesehen werden sollen, da es durchaus Überschneidungen und Vermischungen gibt. Zudem würden sich die Kategorien auf die Art des Glaubens und nicht auf die Gläubigen beziehen. Bei den Begriffsbezeichnungen handelt es sich um eine etische Zuschreibung. Banks selbst (1991, 248–257) definiert die Orthodoxie als »traditionellen Jainismus«, der auf verschiedenen Strömungen und Ritualen basiert. Laut ihm kommt diese Tendenz in Leicester nicht vor, sondern wird hauptsächlich in Indien gelebt. Vor allem Frauen, die Banks während seiner Feldforschung in Gujarat getroffen hat, bezeichnet er als orthodox, weil sie jeden Tag, ohne etwas zu hinterfragen, Tempel besuchen, *pūjās* durchführen, Asketen/innen aufsuchen und sich strikt an die Essensregeln halten. Der Fokus dieser Personen liege dabei auf

Ritualen und den Beziehungen zu Asketen/innen. Dabei handle es sich um eine exkludierende Auffassung, da man nur durch die Geburt Jaina sein könne. Ziel der Orthodoxie ist es, den Wiedergeburtenkreislauf zu verlassen, so Banks (1991, 248–257).

Die Mehrheit der *śrīmālī*-Jainas in Leicester hat gemäß Banks (1991, 249) den heterodoxen Glauben angenommen. Das Schlüsselelement dieser Auffassung sei der Glaube an einen höchsten Gott und die Wichtigkeit der Asketen/innen. Die Rollen eines solchen höchsten Gottes würde z. B. den *Tīrthaṅkaras* zugeschrieben. Dadurch verschiebe sich der Fokus innerhalb der Religion, da nicht mehr die Befreiung aus dem Wiedergeburtenkreislauf im Zentrum stehe, sondern die Hingabe an Gott (*bhakti*).[29]

Jainas, welche laut Banks (1992, 207–217) einen neo-orthodoxen Glauben haben, bezeichnen den Jainismus als »wissenschaftlich«. Der Jainismus biete in dieser Auffassung kein System, um den Austritt aus dem Wiedergeburtenkreislauf zu erlangen, sondern vielmehr eine Wissenschaft für das Individuum in seiner gegenwärtigen Situation. Als Beispiel dafür nennt er die strikten Essensregeln, welche laut dieser Auffassung wichtig für einen gesunden Körper sind, sowie die Meditation und den Verzicht, die mit einem gesunden und friedlichen Geist einhergehen. Die Neo-Orthodoxie vernachlässige größtenteils Jaina-Asketen/innen und beschreibe diese als engstirnig und auf Rituale fixiert. In dieser Auffassung sei ein Individuum mit vertieftem Wissen und Disziplin nicht auf Asketen/innen angewiesen. Laut Banks (1991, 253) erwähnten viele der von ihm interviewten Jainas in Leicester, die er zum neo-orthodoxen Glauben zählt, ein Konversionserlebnis, das sie zu einem tieferen Verständnis des Jainismus geführt habe. Dadurch werde es für jeden möglich, Jaina zu werden. Dies führe dazu, dass diese Tendenz missionarische Züge aufweist, während der orthodoxe und der heterodoxe Glaube exklusiv sind. Die neo-orthodoxe Tendenz ist laut Banks (1991, 253) durch Srīmad Rājchandra und durch den ehemaligen Asketen Chitrabhanu inspiriert. In der neo-orthodoxen Glaubensauffassung würde zudem die Trennung des Jainismus in verschiedene Strömungen und *jātis* abgelehnt. Zusammengefasst kann die Neo-Orthodoxie als anti-asketisch und ritual-kritisch beschrieben werden mit einem Fokus

29 Vgl. dazu auch Cort (2002c).

auf rationale und wissenschaftlich erklärbare Aspekte des Jainismus, wobei das Ziel das Erlangen sowohl von individuellem als auch gesellschaftlichem Frieden ist.

Jainas selbst verwenden gemäß Banks (1992, 207–217) nicht die von ihm vorgeschlagenen Beschreibungen (orthodox, heterodox, neo-orthodox). Sie würden die Neo-Orthodoxie als modern, fortschrittlich, aufgeschlossen und wissenschaftlich bezeichnen, während der orthodoxen Praxis aus emischer Sicht eher Begriffe wie traditionell, altmodisch und engstirnig zugeschrieben werden. Eine heterodoxe Tendenz sei schwieriger auszumachen. Diese Position werde von denjenigen eingenommen, welche andere oder sich selbst als einfache und ungebildete Personen beschreiben, die kein Wissen über die tiefe Philosophie des Jainismus hätten und auch nicht über die Zeit verfügten, dem echten Jainismus zu folgen, da dies als sehr anspruchsvoll und schwierig angesehen werde.

Pogačnik (2019) führt die Forschung von Banks dreißig Jahre später weiter. So befasst sie sich auch mit der in Leicester wohnhaften Jaina-Gemeinschaft. Laut Pogačnik (2019, 128–157) haben sich die von Banks (1991) erstellten Kategorien von Glauben in den letzten Jahrzenten hin zu »spirituellem« und »religiösem Jainismus« verändert, die jeweils zwei unterschiedliche Pole darstellen. Unter religiösem Jainismus versteht sie die auf einen Tempel fokussierte Praxis des Glaubens, welche die unterschiedlichen Strömungen des Jainismus betont und auf regelmäßigen und ausführlichen Ritualen beruht. Dabei stehe das Auswendiglernen von rituellen Texten im Fokus, genauso wie das strikte Einhalten von jainistischen Verhaltensregeln[30] und das Anerkennen von religiösen Autoritäten. Den spirituellen Jainismus definiert sie in Abgrenzung zum religiösen Jainismus als innovativ und am Individuum orientiert. Das Individuum werde zur eigenen religiösen Autorität, da nur Überzeugungen und Rituale übernommen werden, denen eine rationale Begründung zugrunde liegt und die der eigenen religiösen Entwicklung helfen. Dabei ste-

30 Wobei unter die Verhaltensregeln hauptsächlich die Essensregeln fielen, so z. B. der Verzicht auf Wurzelgemüse oder auf die Nahrungsaufnahme nach Sonnenuntergang.

he die Introspektion im Gegensatz zu Ritualen im Zentrum und die Trennung der unterschiedlichen Strömungen werde abgelehnt.[31]

Shah (2014, 519) unterstützt die Auffassung von Banks, dass der Glaube von Jainas in Großbritannien als neo-orthodox beschrieben werden kann, da diese ihren Glauben flexibel handhaben. Sie erweitert die Kategorien von Banks um die Konzepte einer kataphatischen und apophatischen Haltung. Beide Begriffe definiert sie anhand von Giddens' Auffassung von Reflexivität und Mouzelis Kritik an Giddens. Die kataphatische Reflexion ist laut ihr mit einem Individuum assoziiert, das seine Ziele rational wählt und sowohl die Ziele als auch deren Erreichung konstant reflektiert, was der Neo-Orthodoxie entspricht. Die apophatische Reflexion hingegen sei eine weniger kognitive Wahl. Sie beinhalte eher eine kontemplative Haltung oder eine Läuterung des spirituellen Selbst, sodass sich Lebensziele von sich aus ergeben. Shah (2014, 519–521) führt aus, dass für mehrere ihrer Interviewpartner/innen der Vegetarismus das Schlüsselelement des Jainismus sei. Über die Ernährung würden sie ihre religiöse Identität nach außen zeigen. Obwohl es gemäß ihr keinen Konsens darüber gebe, wie die Ernährung genau aussehen muss, erwähnten die Interviewten, die Wahl der Ernährung habe einen direkten Bezug zu *ahimsā*.[32] Die Interviewpartner/innen verfügen deshalb über eine kataphatische Reflexion, da sie rationale, proaktive Entscheidungen bezüglich ihres Essverhaltens treffen und sich der Auswirkungen ihrer Ernährungswahl auf die Konstruktion ihrer Jaina-Identität bewusst sind, so Shah (2014, 521). Als weiteres Beispiel für die

31 Pogačniks Konzepte sind nur sehr rudimentär ausgearbeitet. Schwierig nachzuvollziehen ist, weshalb die von ihr etablierten Kategorien auf die in Leicester wohnhaften Jainas zutreffen sollen. So schreibt Pogačnik (2019, 128), dass sich hauptsächlich Jainas in London als »spirituelle Jainas« bezeichnen, Jainas in Leicester dies hingegen selten tun würden. Es stellt sich auch die Frage, inwiefern die Selbstbezeichnung »ich bin spirituell« viel mehr einer globalen Tendenz zuzuschreiben ist und nicht als Beschreibung einer religiösen Praxis taugt. Es fehlt des Weiteren eine klare Abgrenzung zu den von Banks (1991) verwendeten Kategorien – gibt es doch einige Überschneidungen, so z. B. das Ablehnen von Ritualen oder die wissenschaftliche Begründung von religiösen Praktiken.

32 Gewisse Interviewpartner/innen leben vegan, andere sind vegetarisch und gewisse verzichten zu Hause auf Eier, konsumieren diese aber auswärts, außerhalb der elterlichen Kontrolle, so Shah (2014, 519–521).

katapathische Reflexion nennt sie die Auffassung der Interviewpartner/innen, dass der Jainismus eine Art moralischer Kompass sei und das Schlüsselelement darstelle, um eine gute Person zu sein. So würden Handlungen im Alltag ständig überdacht, um zu überprüfen, ob sie mit einem jainistischen Lebensstil in Einklang stehen – sei dies beim Verscheuchen einer Fliege, beim Verspüren von Emotionen oder in zwischenmenschlichen Belangen. Bei Interviewpartner/innen, die Gelassenheit als Schlüsselelement des Jainismus definieren, stieß Shah (2014, 523–525) auf eine apophatische Haltung. Das Ziel von diesen Interviewpartner/innen sei es, in sämtlichen Lebenslagen Gelassenheit zu verspüren – unabhängig davon, ob dies beim Meditieren, während des Anstehens an der Kasse im Supermarkt oder beim Versuch, sämtliche Gefühle zu kontrollieren sei. Diese Interviewpartner/innen hätten zudem erwähnt, dass sowohl ihr Job als auch das gesamte Leben ein Resultat einer Vorbestimmung ist.

Shah (2017) befasste sich in ihren Studien zudem mit Jaina-Institutionen in England (und in den USA) und untersuchte deren Einfluss auf die religiöse Sozialisierung von jugendlichen Jainas. In England versuche hauptsächlich die Organisation Young Jains UK (YJUK), welche 1987 gegründet wurde, explizit jugendliche Jainas anzusprechen und diese im Jainismus zu sozialisieren. Laut dem Diskurs innerhalb der YJUK-Organisation stehe es gemäß Shah (2017, 307) zudem allen Jainas offen, einen höheren spirituellen Status zu erreichen. Dies sei nicht mehr nur den Asketen/innen vorbehalten. Die YJUK ermutige junge Jainas, ihre religiöse Identität und Praxis aufrechtzuerhalten und diese individualisiert auszuleben, ohne ihre Zugehörigkeit zu einer *jāti*, einer kommunalen oder nationalen Gruppe zu bedrohen. So sei in England eine auf der *jāti* und/oder Herkunft beruhende Jaina-Identität geschaffen worden.

Shah (2011) geht in weiteren Aufsätzen auf moderne Tendenzen innerhalb der Jaina-Diaspora in England und den USA ein. Laut ihren Beobachtungen sprechen junge Jainas in England (und den USA) von »Spiritualität« und »Ethik« anstelle von »Ritualen« und »Gottesdienst«. Sie würden die Philosophie des Jainismus und das Verstehen der Karma-Lehre in den Vordergrund stellen und sich bemühen, diese im täglichen Leben umzusetzen. In England sei unter den jungen Jainas der Vegetarismus ein äußerlicher Ausdruck ihres Wunsches, die Bindung mit negativem Karma zu minimieren, und zudem eine

Unterstützung in ihren Bemühungen, Selbstkontrolle und Disziplin auszuüben sowie ein bewusstes Leben zu führen. Shah erläutert des Weiteren, dass eine kleine, aber stetig wachsende Gruppe junger Jainas sowohl in England als auch in den USA glaube, dass es bezüglich der Gewaltlosigkeit (*ahimsā*) verdienstvoller sei, vegan zu leben, anstatt nur vegetarisch.

In ihrem jüngsten Aufsatz beschreibt Shah (2019b) die Beziehung zwischen der Ausübung von Religion und Gender bei Jainas, die in der zweiten Generation in Großbritannien und den USA leben. Dabei beobachtet sie, wie sich die Geschlechterrollen im Vergleich zu früheren Generationen wandeln: Eine Generation zuvor hatten Jaina-Frauen laut ihr eine sehr aktive Rolle beim Praktizieren von Ritualen inne und gewannen dadurch an Ansehen in der Gemeinschaft, während die Männer häufig nur durch Spenden religiös aktiv waren. Bei Jainas der zweiten Generation finde, so wie dies Banks (1991, 244–257) in der Neo-Orthodoxie beschreibt, eine Individualisierung der Religionsausübung statt. Dabei werde das Ausüben von Ritualen abgelöst von der Auffassung, dass der Jainismus ein moralischer Kompass sei. Männer übernehmen dadurch bei der Religionsausübung eine zunehmend aktivere Rolle, als dies ihre Väter taten, so Shah (2019b).

3.2.2.4.2 Belgien

Helmer (2009) hat eine umfassende Studie über Jainas in Antwerpen, Belgien, verfasst. Sie untersuchte deren Leben und religiöse Praxis vor dem Hintergrund der Errichtung eines Jaina-Tempels in den Jahren 2003 bis 2006. Laut Helmer (2009, 8) leben 310 Jaina-Familien in dritter Generation in Antwerpen, wobei sich erste indische Migrierte bereits 1948 ansiedelten. Alle belgischen Jainas würden ursprünglich aus dem indischen Staat Gujarat stammen und seien ausschließlich im Diamanthandel tätig gewesen. Diese Aussage unterstützt Pániker (2010, 323) und ergänzt, dass es sich bei ihnen um eine sehr wohlhabende Gemeinschaft handelt. Unter den in Antwerpen lebenden Jainas gibt es gemäß Helmer (2009, 34f.) nur eine *Digambara*-Familie, während alle anderen Jainas den *Śvetāmbaras* angehören. Davon seien zehn Familien *Terāpanthīs*, der größte Teil der Jaina-Gemeinschaft teile sich aber auf die *Śvetāmbara-Mūrtipūjakas* und die *Sthānakavāsīs* auf. Obwohl alle Strömungen den gleichen Tempel benutzen, fänden Feste und Rituale getrennt statt. So werden u. a. *Pāṭhśālās* oder auch *pratikramaṇas* nicht gemeinsam durchgeführt, wie Helmer (2009, 30, 57) darlegt. Im Rahmen ihrer Forschung hat sich zudem gezeigt, dass ungefähr 30 Familien (mehrheitlich *Mūrtipūjaka*-Jainas) Anhänger/innen der Śrīmad Rājacandra-Bewegung sind.

In einer unveröffentlichten Masterarbeit vergleicht Debrunner (2019) die in Antwerpen lebenden Jainas mit denjenigen in Leicester, England. Obwohl die beiden Gemeinschaften ungefähr zur gleichen Zeit entstanden sind und beide über einen Tempel verfügen, hätten sie sich unterschiedlich entwickelt. Die Gemeinschaft in Antwerpen würde im Gegensatz zu derjenigen in Leicester in bestehenden Strukturen verharren und versuche, Traditionen zu bewahren. Diese unterschiedliche Entwicklung führt Debrunner u. a. auf ihre beruflichen Tätigkeiten zurück, da es sich bei den Personen, welche im Diamanthandel arbeiten, seiner Meinung nach um eine sehr eingeschworene und exklusive Gemeinschaft handle.

3.2.2.4.3 Deutschland

Über in Deutschland wohnhafte Jainas existiert ausschließlich ein zweiseitiger, unveröffentlichter Aufsatz von Benadi (2008), der wissenschaftlichen Ansprüchen nicht genügt. Gleichwohl gibt er einen Einblick in die Jaina-Gemeinschaft in Deutschland. Laut Benadi stammen die in Deutschland wohnhaften Jainas hauptsächlich aus Kenia und Großbritannien. Rund 12 Familien würden in Idar-Oberstein wohnen, das für den Handel mit Edelsteinen bekannt ist. Zudem gebe es einige jüngere Jainas, welche im IT-Bereich arbeiteten und nur über temporäre Aufenthaltsgenehmigungen verfügten. Er erwähnt außerdem mindestens zehn Personen, die nicht von Geburt an Jainas waren, aber Laiengelübde ablegten und seither nach den Regeln des Jainismus leben. Bei wem sie die Gelübde abgelegt haben, wird nicht weiter ausgeführt. Genaue Zahlen und Informationen sind aus dem von Benadi (2008) verfassten Aufsatz leider nicht ersichtlich, jedoch wird an mehreren Stellen betont, dass sich die in Deutschland lebenden Jainas als nicht religiös bezeichnen und den von Benadi gegründeten Verein namens ›Jain Association International (Germany) e.V.‹ nicht unterstützen würden. Wie Benadi zu ersterem Schluss gekommen ist, ist nicht ersichtlich.

3.2.2.4.4 Italien

Von Mitte des 19. Jahrhunderts bis Mitte des 20. Jahrhunderts gab es laut Vallauri (1952, 108–111) einige Jaina-Forschende in Italien, so z. B. Pullé (1850–1934), Pavolini (1864–1942) und Ballini (1879–1950), welche sich u. a. bemühten, Jaina-Schriften ins Italienische zu übersetzen. In jüngerer Zeit gab es in Italien aber keine nennenswerte Jaina-Forschung. Es ist auch nicht bekannt, ob und, falls ja, wie viele Jainas in Italien leben.

3.2.2.5 Süd- und Südostasien

Es gibt gemäß Jain (2011, 92) nur wenige Informationen darüber, in welchen süd- und südostasiatischen Ländern Jainas leben. Eine Ausnahme bilde die Jaina-Gemeinschaft in Nepal. Im Jahr 2011 seien ungefähr 30'000 Jainas in Nepal beheimatet gewesen. In Singapur halten sich laut ihm rund 1'000 Personen jainistischen Glaubens auf und in Hongkong 500, welche hauptsächlich aus Rajasthan und Gujarat stammen. In Japan sind ca. 50 Familien, in Thailand 500 Familien (wobei 100 den *Digambaras* angehören und 400 den *Śvetāmbaras*) und in Indonesien 80 Familien ansässig, so Jain (2011, 94). Auch in Myanmar habe es eine Jaina-Gemeinschaft gegeben, ein Großteil der Jainas sei aber während des Militärputsches von 1958 weggezogen. In Malaysia seien ungefähr 3'000 Jainas wohnhaft.

3.2.3 Aktuelle Tendenzen

Wie aus den vorstehenden Ausführungen zum Forschungsstand hervorgeht, wird der Jainismus in jüngster Zeit mit neuen Konzepten verbunden. So wird er bspw. als wissenschaftliche Religion beschrieben, der ökologische Anliegen von jeher zugrunde liegen würden.

Des Weiteren fällt die Verwendung von modernen Kommunikationsmitteln v. a. durch Jainas in der Diaspora auf.

3.2.3.1 Jainismus und Wissenschaft

Aukland (2016) zeigt an konkreten Beispielen auf, dass es zunehmend charakteristisch ist, sich in Bezug auf jainistische Doktrinen und Praktiken auf die Wissenschaft zu beziehen. Er unterscheidet dabei die beiden Begriffe Verwissenschaftlichung (»scientization«) und Akademisierung (»academization«). Letzteres bezieht sich laut ihm auf Prozesse, bei denen die Anhängerschaft einer Religion Kontakte zu wissenschaftlichen Institutionen knüpfe, um akademische Beurteilungen ihrer Religion vornehmen zu lassen. Unter Verwissenschaftlichung versteht Aukland Prozesse, bei denen sich die Anhängerschaft einer Religion auf moderne Wissenschaft berufe. Dies könne auf vier Arten passieren: als ein unspezifischer Bezug auf Wissenschaft, indem z. B. religiöse Traditionen als wissenschaftlich benannt werden, eine disziplinenspezifische Bezugnahme, in der man sich auf Naturwissenschaften beziehe, ein methodologischer Bezug auf Wissenschaft, in dessen Rahmen traditionelle Praktiken als empirische oder naturwissenschaftliche Methoden benannt werden, und zum Schluss die Bezugnahme auf alternative Wissenschaften, so z. B. auf Homöopathie, Aura-Theorien etc. Diese Entwicklung der Verwissenschaftlichung und der Akademisierung beobachtet Aukland (2016, 205) nicht nur im Jainismus, sondern auch in den Hindu-Religionen und im Buddhismus.

Auch Zydenbos (2006, 73–80) geht auf die Tendenz ein, dass der Jainismus aus emischer Sicht vermehrt mit Wissenschaft in Verbindung gebracht wird.[33] Seiner Meinung nach passiert dies in erster Linie, um diese Religion in einer säkularen Gesellschaft zu legitimieren. Dies passt zu Neuberts (2016, 122) allgemeiner Beobachtung, dass Wissenschaft im Gegensatz zu Religion heutzutage positiv konnotiert sei. Banks (1992, 19) führt aus, dass diese Tendenz bei einigen Jainas so weit gehe, dass sie den Jainismus als Wissenschaft (und nicht als Religion) konzipieren und dabei den Jainismus als vollstän-

33 Vgl. dazu auch Mardia (2007) und Kumar (2004).

dig logisch, widerspruchsfrei und ohne ein Element des Glaubens oder der Notwendigkeit zu glauben definieren.

Johnson (2000, 48) kritisiert die Versuche von Jainas, den Jainismus als wissenschaftliche Religion zu konzipieren, da dabei ein Konzept von Wissenschaft verwendet wird, das nicht mit einer modernen Auffassung übereinstimmt. Dies unterstützt auch Zydenbos (2000, 75f.), der erläutert, dass diesem Diskurs ein transkulturelles Missverständnis zugrunde liegt. Wissenschaft werde in diesem Fall nicht als etwas Areligiöses gesehen, sondern als ein rivalisierendes System gegenüber Religion konzipiert. Dabei würde die Wissenschaft implizit über die Religion gestellt. Dadurch würden solche Versuche dem Jainismus mehr schaden als diesen zu verteidigen. Anhand von Gesprächen mit Jainas zeigt Zydenbos (2006, 75f.) des Weiteren auf, dass Wissenschaft als Legitimationsstrategie oft nur selektiv und mit einer ganz eigenen Interpretation davon, was Wissenschaft ist, verwendet wird.[34]

3.2.3.2 Jainismus und Ökologie

O'Connell (2000) führt anhand von Text- und Vortragsbeispielen aus, wie Jainas in der Diaspora am Diskurs über Umweltschutz, Vegetarismus und Tierschutz teilnehmen und diese Anliegen in jüngerer Zeit großflächig in den Jaina-Gemeinschaften diskutiert werden. Gemäß Zydenbos (2006, 75f.) beginnen viele Jainas (und Forschende), den Jainismus als ökologische Religion zu etablieren. Sie täten dies im Wissen darum, dass ein ökologisches Bewusstsein in der heutigen Zeit etwas Positives ist. Dass die Begründung eines ökologischen Jainismus dem Zeitgeist entspricht, zeigt der Sammelband *Jainism and Ecology*, welcher von Chapple (2002) herausgegeben wurde. Chapple (2002, xxxiii–xxxvii) führt in der Einführung des Buches aus, dass der Umweltschutz dem Jainismus genuin zugrunde liege. Dies versucht er an-

34 So erwähnt er ein Gespräch, in dem der Interviewpartner auf wissenschaftliche Studien verweist, um zu zeigen, dass eine fleischlose Ernährung für die Gesundheit von Vorteil sei. Auf die Frage von Zydenbos, ob der Interviewpartner Fisch esse, da dies gesundheitsfördernd ist, ging die befragte Person gemäß seinen Ausführungen nicht ein.

hand der jainistischen Kosmologie zu beweisen: Jainas würden sich den Kosmos als Frauenkörper vorstellen, der durch unendlich viele *jīvas* beseelt ist. Das bedeutet für Chapple, dass der beseelten Umwelt seit der Entstehung des Jainismus Wertschätzung entgegengebracht werde. Dies bekräftigt er auch anhand der Praxis der Asketen/innen, keine Mikroorganismen (*nigodas*) zu verletzen. In den weiteren Beiträgen des Sammelbands fokussieren sich Shilapi (2002), Jain (2002) und Kumar (2002) auf die Historizität des Umweltschutzgedankens im Jainismus, wobei Shilapi bspw. auf die Lehren von *Mahāvīra* zurückgreift. Wiley (2002) betont im Sammelband die Auswirkungen von Verletzungen und Verschmutzungen der Umwelt auf das Karma. Tatia (2002), Koller (2002) und Jaini (2002) setzen im Anschluss das Konzept von *ahiṃsā* in Zusammenhang mit Umweltschutz. Allen erwähnten Beiträgen des Sammelbandes liegt die Idee zugrunde, dass der Umweltschutz bereits in den religiösen Schriften des Jainismus verankert und deshalb von jeher ein Anliegen des Jainismus sei.[35]

Chapple (2008, 518) stellt in einem weiteren Aufsatz den Bezug zwischen *ahiṃsā* und dem Umweltschutz her, indem er das Gebot des Nicht-Verletzens mit der Aufforderung der Ressourcenschonung vergleicht. Singh (2014, 59) ergänzt dies, indem er erläutert, im Jainismus werde im Gegensatz zu den Hindu-Religionen oder zum Buddhismus größerer Wert auf Tier- und Pflanzenschutz gelegt. Jainas würden zudem aus Gründen des Empfindens gegenüber der Natur vegetarisch leben. Chapple (2001, 215) geht gar so weit, den Jainismus als die »wahrscheinlich umweltfreundlichste religiöse Tradition der Welt« zu bezeichnen. Aristarkoha (2012) führt den Umweltschutzgedanken weiter, indem sie in ihrem Aufsatz *Thou Shall Not Harm All Living Beings. Feminism, Jainism, and Animals* den Jainismus mit Tierrechten und feministischen Anliegen verbindet. Dies macht sie, indem sie die Parallelen des jainistischen Prinzips der Gewaltlosigkeit sowie den (damit verbundenen) Vegetarismus mit Tierrechten parallelisiert und beides als feministisches Grundanliegen verortet. Laut ihr müsse es in Zukunft ein feministisches Projekt sein, die Beziehung zwischen Menschen und Tieren zu ändern.

35 Auch in einem emischen Diskurs wird die Frage erörtert, inwiefern der Umweltschutz dem Jainismus inhärent sei. Vgl. dazu Kumar (2004, 152–157).

Cort (2002b) und Dundas (2002b) widersprechen der Aussage, dass der Umweltschutz ein genuin jainistisches Anliegen ist: Laut Cort ist der Umweltschutz erst ein globales Anliegen der jüngeren Zeit. Aus diesem Grund können Umweltschutzanliegen seiner Meinung nach im Jainismus nur unbewusst und implizit enthalten sein. Er versucht aus diesem Grund eine jainistische Umweltethik zu etablieren. Für Dundas (2002b) ist es zu vereinfacht, davon auszugehen, dass der Umweltschutz in der Geschichte des Jainismus immer ein Thema war. Er versucht anhand verschiedener Textstellen, ein differenzierteres Bild aufzuzeigen, und verweist auf Geschichten, in denen die Zerstörung der Umwelt zugunsten des Nicht-Tötens in Kauf genommen wurde. Da die Umweltbewegung eine Komponente der Weltansicht des modernen Westens ist, ist es laut Dundas (2002a, 274) natürlich, dass Jaina-Gemeinschaften, v. a. auch Mitglieder, welche außerhalb Indiens leben, an diesem Diskurs teilnehmen. Laut ihm ist es aber eine Neuinterpretation der heiligen Texte, wenn man den Umweltschutz bereits in den alten Jaina-Schriften verortet. Damals habe es sich vielmehr um einen asketischen Rückzug aus der Natur gehandelt anstelle eines Engagements für diese. So sei die Natur als Aufenthaltsort einer unendlichen Zahl von sich unterscheidenden und oft unsichtbaren Lebensformen viel mehr als Quelle der Gefahr, von der man sich, wenn möglich fernhalten soll, statt eines schützenswerten Ortes angesehen worden. Diese Ansicht unterstützt Pániker (2010, 283f.), der betont, dass die traditionelle monastische Form eines ökologischen Bewusstseins gänzlich etwas anderes sei als der moderne Umweltschutz, da es sich bei Ersterem um eine außerweltliche Lebensweise handle, bei der der Schutz von anderen Lebewesen maximal ein Beiprodukt auf dem Weg zur Befreiung ist. Vielmehr sei das Umweltbewusstsein ein modernes Phänomen, welches nachträglich dem Jainismus zugesprochen werde. Dies unterstützt auch Folkert (1997, 364). Laut ihm wird der Umweltaspekt als Teil von *ahiṃsā* erst seit 1990 betont, als Laxmi Mall Singhvi, Hochkommissar für Indien in Großbritannien, den Text *The Jain Declaration of Nature* veröffentlichte.

Wie Dundas (2002b) anhand von Textbeispielen adäquat aufgezeigt hat, liegt der Umweltschutz jainistischen Texten nicht genuin zugrunde. Vielmehr wurden Jaina-Texte in der heutigen Zeit aufgrund des aktuellen Umweltschutzdiskurses reinterpretiert, wie dies

Cort (2002b), Pániker (2010, 283f.) und Folkert (1997, 364) ausführen. Aus diesem Grund werden die Umweltanliegen von Jainas als neue Tendenz des Jainismus beschrieben.

3.2.3.3 Jainismus und neue Medien

Vekemans befasst sich in mehreren Aufsätzen mit der Einbeziehung von neuen Medien in den Jainismus. Dabei analysiert sie einerseits Websites mit jainistischen Inhalten und andererseits religiöse Online-Praktiken. Vekemans und Vandevelde (2018) legen zudem drei unterschiedliche Arten von Websites dar, die durch Jainas in der Diaspora verwendet werden: Bei einer Mehrheit der Websites gehe es darum, Informationen über den Jainismus sowohl an Jainas als auch an Nicht-Jainas zu vermitteln. Dabei gebe es sowohl Websites, die in einer bestimmten Tradition stehen, als auch solche, die einen Fokus auf die universellen Elemente des Jainismus legen. Eine zweite Gruppe an Websites gehöre zu einem Tempel oder einem Jaina-Zentrum und werde zur Vermittlung von organisatorischen und informativen Inhalten verwendet. Die dritte Art von Websites biete mehr als Informationen an, nämlich die Möglichkeit, online Rituale durchzuführen. Online werden laut Vekemans (2014) verschiedene Arten von religiösen Praktiken angeboten: so z. B. *darśana* (Betrachten einer Statue oder einer höherstehenden, religiösen Person), *pūjā* (religiöse Verehrung) oder *bhajan* (Abspielen religiöser Lieder).[36] Die Diaspora-Gemeinschaften sind gemäß Vekemans (2015, 114–116) im Internet überproportional vertreten, da 56 % der Websites mit jainistischen Inhalten von den 5 % in der Diaspora lebenden Jainas betrieben werden – hauptsächlich von Jainas aus England und den USA. Dabei sei auffallend, dass nur eine Jaina-Website in den USA (im Gegensatz zu den britischen Websites) die Zugehörigkeit zu Strömungen anspricht und alle anderen einen universellen Jainismus postulieren.[37]

---

36 Welche Arten von Websites im Schweizer Kontext verwendet werden, wird in den Kapiteln 6.3.4 und 6.3.5 dargelegt.

37 Dies stimmt sowohl mit den Beobachtungen von Shah (2017, 307; 2011, 12f.) über Jaina-Identitäten in England als auch mit den Resultaten von Vallely (2004, 6), Jain (1998, 295) und Kumar (1996a, 105) bzgl. der Jaina-Iden-

3.2.3.4 Religionsausübung in der Diaspora

Durch die Diaspora-Situation ist es Jainas häufig nicht möglich, in klassischen Gemeinschaften zu leben, da nur wenige Asketen/innen dauerhaft Indien verlassen. Dadurch entstehen gezwungenermaßen Veränderungen in der religiösen Praxis der Jainas. Das Fehlen von Jaina-Asketen/innen führt laut Pániker (2010, 323f.) und Flügel (2012b, 103) dazu, dass in der Diaspora ein wissenschaftlich legitimierter Laienscholastizismus entsteht, da gebildete Laien die Rolle der Asketen/innen übernehmen und die Bedeutung der Texte und Riten erklären. Ihr Wissen hätten sich die Laien autodidaktisch angeeignet, wobei dies nicht mit asketischen Praktiken einhergehe.

Des Weiteren findet gemäß Flügel (2005, 10) gerade in Jaina-Gemeinschaften außerhalb Indiens, die keinen (oder wenig) Kontakt zu Asketen/innen haben, einen Konflikt zwischen erstarrtem Ritualismus und dem individuellen Erlösungsstreben statt. Dies führe bei Jaina-Laien in der Diaspora zu einer Verschiebung von Ritualen hin zur Reflexion statt. Diese Entwicklung lässt sich gemäß ihm aber u. a. bei einflussreichen Jaina-Laienreformern wie Paramānand K. Kapadia (1893–1871) zeigen (Flügel 2012b, 101f.). Für diesen habe ein anti-ritualisierter Jainismus im Vordergrund gestanden, der nicht mehr die Gemeinschaft, sondern die Individuen ansprechen soll.

titäten in den USA überein. Vgl. dazu Kapitel 3.2.2.3 (USA) und Kapitel 3.2.2.4.1 (England).

4 Gemeinschaftsbildung in der Diaspora

Der Begriff ›Diaspora‹ wurde im Laufe der Zeit auf zahlreiche verschiedene Arten sowie mit unterschiedlichen Konnotationen verwendet, um sehr verschiedenartige Gruppen zu beschreiben, wie dies Tölölyan (1996), Vertovec und Cohen (1999, xvii), Baumann (2003) und Safran (2004) darlegen. Etymologisch lässt sich das Wort ›Diaspora‹ auf den griechischen Begriff ›diaspeírein‹ zurückführen, was so viel wie ›verteilen‹ bedeutet, so Vertovec (2000a, 2). Ursprünglich ist gemäß ihm Diaspora ausschließlich mit der jüdischen Vertreibung und Zerstreuung (später auch mit der armenischen und griechischen) assoziiert worden und hat die Auffassung von (geografisch) zerstreuten Personen beinhaltet, die ein gemeinsames religiöses und kulturelles Erbe teilen. Der Bezug zur jüdischen Geschichte hat dazu geführt, dass das Wort ›Diaspora‹ häufig mit Leiden, Verlust und Viktimisierung konnotiert war. Heute wird der Begriff laut Vertovec (2000b, 141) verwendet, um beinahe jede Bevölkerung zu beschreiben, die als »außerhalb eines Herkunftslandes lebend« oder als transnational betrachtet wird. Das heißt, alle Menschen, die ursprünglich aus einem anderen Land als ihrem aktuellen Residenzort stammen und deren soziale, ökonomische und politische Netzwerke die Grenzen von Nationalstaaten oder gar die ganze Welt umspannen, fallen unter das Wort ›Diaspora‹.

Die Verwendung des Begriffs ›Diaspora‹ kann seit den 1960er Jahren grob in vier Phasen eingeteilt werden, wie Cohen (2008) aufzeigt. Ab den 60er Jahren sei Diaspora nicht nur im Singular, sondern auch im Plural verwendet worden. Neu habe man unter Diaspora nebst der jüdischen Vertreibung auch die Zerstreuung von Armeniern, Iren und Personen vom afrikanischen Kontinent verstanden. In den 80er Jahren wurde das Wort ›Diaspora‹ noch weiter ausgedehnt, sodass verschiedene Kategorien von Menschen darunterfielen, was sich exemplarisch an der Definition von Tölölyan (1991, 4) im Vorwort der Zeitschrift *Diaspora. A Journal of Transnational Studies* aufzeigen lässt:

> »We use ›diaspora‹ provisionally to indicate our belief that the term that once described Jewish, Greek and Armenian dispersion now shares meanings with larger semantic domain that includes words like immigrant, expatriate, refugee, guestworker, exile community, overseas community, ethnic community.«

In der dritten Phase, ab Mitte der 1990er Jahre, ist der Begriff ›Diaspora‹ durch postmoderne Autoren kritisiert und zerlegt worden, sodass der Fokus nur noch auf dem Diaspora-Bewusstsein lag, so Baumann (2000, 324). Seit dem Jahr 2000 ist laut Cohen (2008, 2f.) eine Phase der Konsolidierung eingetreten, die sich durch die Betonung der Diaspora-Idee, einschließlich ihrer gemeinsamen Eigenschaften, auszeichnet. Dies geschah ihm zufolge aufgrund der Gefahr, dass durch die postmodernen Ansätze und Kritiken der Begriff seine analytische und deskriptive Kraft in der Diaspora-Forschung hätte verlieren können.

Vertovec (1997; 2000b, 141–159) postuliert einen anderen Ansatz als Cohen (2008). Seiner Meinung nach variierte die Verwendung des Begriffs ›Diaspora‹ nicht im Laufe der Zeit, sondern aufgrund von inhaltlichen Merkmalen. Es gebe drei Arten, in welchen das Wort verstanden und verwendet wird: Diaspora als (1) soziale Form, (2) ein Bewusstseinstyp oder (3) eine Art der Konstruktion von Kultur. Diaspora wird laut ihm als (1) soziale Form definiert, wenn die sozialen, politischen und ökonomischen Beziehungen und Zusammenhänge der Diaspora-Situation im Vordergrund stehen und zusätzlich bestimmte Charakteristika, wie z. B. eine besondere Lebensweise betont werden. Dabei gehe es bspw. um konstruierte Netzwerke. (2) Der Fokus von Diaspora-Forschungen könne aber auch auf den Erfahrungen der Personen, ihren Gemütsverfassungen oder ihrem Identitätssinn liegen. So gehe man bei dieser Verwendung des Begriffs davon aus, dass bei transnationalen Gemeinschaften ein Diaspora-Bewusstsein geschaffen wird, das Aspekte wie ein kollektives Gedächtnis oder das Bewusstsein von Identitäten beinhaltet, welche das Hier und Dort umspannen. Dies führe dazu, dass religiöse Rituale hinterfragt und neuinterpretiert werden und ein religiöses Diaspora-Bewusstsein geschaffen wird. (3) Als dritte Variante wird der Begriff ›Diaspora‹ laut Vertovec (2000b, 141–159) oft in Zusammenhang mit Globalisierung respektive mit dem globalen Fluss von kulturellen Objekten, Bildern und Bedeutungen verwendet. In diesem Fall werde unter Diaspora die Konstruktion und Reinterpretation von transnationalen, sozialen und kulturellen Phänomenen verstanden. Durch die globalen Medien- und Kommunikationsmittel werde zudem die Transformation einer Diaspora-Identität beeinflusst. Vertovec zeigt auf, dass die drei unterschiedlichen Bedeutungsschwerpunkte in der Verwendung des Begriffs ›Diaspora‹ Teile eines Ganzen darstellen und nur alle drei Definitionsarten zusammen ein umfassendes Verständnis von Diaspora ergeben. Dadurch ist die Schwierigkeit einer Definition des Wortes ›Diaspora‹ aber noch nicht gelöst.

4.1 Begriffsdefinition von ›Diaspora‹ – Ein Versuch

Safran (1991, 83f.) definiert Diaspora anhand von sechs Bedingungen, wobei gemäß ihm nicht zwingend alle sechs Kriterien erfüllt sein müssen, damit es sich um eine Diaspora handelt:

(1) Die Migrierten oder ihre Vorfahren haben sich aus einem spezifischen Zentrum an die Peripherie oder ins Ausland verteilt.

(2) Sie haben eine gemeinsame Erinnerung, Vision oder einen gemeinsamen Mythos über ihr Ursprungsland.

(3) Sie glauben, dass sie durch ihr Gastland nicht vollständig akzeptiert sind oder in Zukunft akzeptiert werden, weshalb sie sich teilweise entfremdet fühlen.

(4) Sie sehen ihre angestammte Heimat als ihr wahres, vollkommenes Zuhause, in das sie oder ihre Nachfahren eventuell zurückkehren.

(5) Sie glauben, dass sie sich kollektiv am Unterhalt und der Instandsetzung ihres Heimatlandes beteiligen sollten.

(6) Sie setzen ihre Verbindung zum Heimatland in irgendeiner Form fort und verhalten sich solidarisch zu diesem.

Safran postuliert damit eine Realdefinition, in der der Begriff ›Diaspora‹ mittels Merkmalen und Charakteristika definiert wird. Die Schwierigkeit einer solchen Realdefinition liegt laut Baumann (2003, 65) darin, dass es oft Gegenbeispiele gibt. Zudem bestehe die Gefahr, dass von einem Idealtypus ausgegangen wird, einer »puren« Form der Diaspora-Gemeinschaft (z. B. der jüdischen), die sämtliche sechs Kriterien erfüllt, während dies andere Diaspora-Gemeinschaften nur bis zu einem bestimmten Grad tun. Clifford (1994, 305f.) weist darauf hin, dass es gar keine »puren« Diaspora-Gemeinschaften gibt. Seiner Meinung nach sind aber die Vorteile einer Realdefinition nicht zu vernachlässigen. So bietet Safrans Definition nämlich ein analytisches Werkzeug, um Diaspora-Gemeinschaften beschreiben und analysieren zu können. Seine Definition kann als Ausgangspunkt für die Beschreibung der Gemeinsamkeiten und Eigenheiten einer Diaspora dienen.

Cohen (2008, 15–19) erweitert die Diaspora-Definition von Safran. Er beschreibt vier wissenschaftliche Werkzeuge [(a)-(d)], mit welchen eine Diaspora-Gemeinschaft analysiert und definiert werden kann: Als erstes Werkzeug ist die (a) Selbstbezeichnung (als Diaspora-Gemeinschaft) zu erwähnen. Cohen mahnt aber zur Vorsicht, da es sich nicht unbedingt um eine Diaspora-Gemeinschaft handeln müsse, auch wenn sie aus emischer Sicht als solche bezeichnet wird. Als zweites Werkzeug müsse (b) die Zeitkomponente berücksichtigt werden. Erst nach einer gewissen Zeit lasse sich erkennen, ob es sich um eine Diaspora handle, also ob überhaupt eine Gruppenmobilisation im Gastland stattgefunden hat oder ob sogar eine vollständige Assimilation vonstattenging. Als drittes Werkzeug sollen seiner Meinung nach (c) die gemeinsamen Eigenschaften einer Diaspora analysiert werden. Dafür erstellte er eine Liste von neun gemeinsamen Merkmalen, welche u. a. auf denjenigen von Safran basieren. Nicht alle neun Merkmale müssen laut ihm erfüllt sein, damit es sich um eine Diaspora handelt (Cohen 2008, 15–19):

(1) Eine (häufig traumatische) Zerstreuung aus einem Ursprungsland in zwei oder mehrere fremde Regionen.

(2) Alternativ oder zusätzlich: Die Ausbreitung aus einem Ursprungsland aufgrund der Arbeitssuche oder aufgrund von Handel und weiteren Ambitionen.[1]

(3) Eine gemeinsame Erinnerung und ein gemeinsamer Mythos über das Ursprungsland inklusive dessen Lage, Geschichte, Leiden und Errungenschaften.

(4) Eine Idealisierung des realen oder vorgestellten Ursprungslands und eine kollektive Verpflichtung zur Unterstützung, Restaurierung, zum Schutz und Wohlstand von diesem.

(5) Eine regelmäßige Herausbildung einer Rückkehrbewegung, welche kollektive Zustimmung erhält, auch wenn viele Personen der Gruppe zufrieden sind mit einer indirekten Beziehung zum Herkunftsland oder mit sporadischen Besuchen des Ursprungslandes.

(6) Ein starkes und langanhaltendes ethnisches Gruppenbewusstsein, welches auf einem Gefühl der Eigenartigkeit, einer gemeinsamen Geschichte, der Transmission eines gemeinsamen kulturellen und religiösen Erbes oder auf dem Glauben eines gemeinsamen Schicksals basiert.

(7) Eine angespannte Beziehung zur Gastgesellschaft, eine fehlende Akzeptanz oder die Möglichkeit, dass ein (anderes) Unheil die Gruppe befallen könne.

(8) Ein Gefühl der Empathie oder Mitverantwortung mit anderen Mitgliedern derselben Ethnie in anderen Ländern.

1 Laut Vertovec und Cohen (1999, xiv–xv) gibt es sechs Arten von Migration: Legale Arbeitsmigration, illegale Arbeitsmigration, Flüchtlingsmigration, Frauenmigration, gebildete Durchreisende und gebildete Langzeitmigrierte.

(9) Die Möglichkeit eines unverwechselbar kreativen, bereichernden Lebens im Gastland mit einer Toleranz für den Pluralismus.

(d) Als viertes Werkzeug zur Analyse schlägt Cohen (2008, 16f.) fünf Idealtypen[2] von Diaspora vor. Diese fünf Idealtypen sind laut ihm Opfer, Arbeit, Imperialismus, Handel und Deterritorialisierung. Dabei solle nicht ignoriert werden, worin die Gemeinsamkeiten von Diaspora-Gemeinschaften liegen, sondern sollten vielmehr die spezifischen Charakteristika einer Diaspora hervorgehoben werden.

Cohens Definition können dieselben Vorwürfe wie Safrans Definition entgegengebracht werden. Cohen nimmt jedoch in der Weiterentwicklung der Definition Aspekte auf, die bis jetzt vernachlässigt wurden, so z. B. c;(2) die Gründe für Migration. Wie Safran definiert auch Cohen die Diaspora-Situation mit einem angespannten Verhältnis zur Gastgesellschaft, wobei nicht klar ist, weshalb dies eine Bedingung sein muss, um von einer Diaspora sprechen zu können. Sicherlich kann das Beibehalten der eigenen Religion, Identität etc. zu Konflikten mit dem Gastland führen, jedoch muss dies nicht zwingend der Fall sein.[3] In diesem Punkt zeigt sich die negative historische Konnotation des Begriffs ›Diaspora‹, die in der jüdischen, armenischen oder griechischen Diaspora mitschwingt. Beim Gebrauch von Begriffen wie ›Ursprungsland‹, ›Gastland‹ oder ›Ethnie‹ sind weitere Schwierigkeiten ersichtlich: So ist die wissenschaftliche Verwendung des Begriffs ›Ethnie‹ umstritten.[4] Es ist auch unklar, wie lange man von einem Ursprungsland sprechen kann, wenn man bspw. als ›twice migrant‹ seit Generationen in einem anderen Land lebt. Des Weiteren ist ungeklärt, wie lange die neue Heimat ein Gastland bleibt, wenn man gar nie im Ursprungsland gelebt hat, sondern im Gastland geboren und aufgewachsen ist. Der Begriff ›Gastland‹ geht mit einer temporären Aufnahme einher, welche auf dem Wohlwollen der Gastgemeinschaft beruht und jederzeit widerrufen werden kann. Dies muss aber nicht immer der Fall sein. Laut Clif-

2 Wobei er sich auf die Definition des Begriffs ›Idealtypus‹ von Weber (1988, 194–196) stützt.

3 Vgl. dazu auch Schlieter et al. (2014).

4 Vgl. dazu Sökefeld (2007).

ford (1994, 308) ist ein Aspekt der Diaspora, dass der Aufenthalt in einem anderen Land (im Gegensatz zu Reisen) nicht temporär ist. Vielmehr beginne man in der Diaspora, ein (neues) Zuhause weg von zu Hause zu gründen.

Trotz der Schwierigkeiten von Cohens Definition wird in der vorliegenden Arbeit von dieser Diaspora-Definition ausgegangen. Sie stellt aufgrund der detaillierten Merkmalsaufschlüsselung ein nützliches Werkzeug dar, um die in der Schweiz lebenden Jainas zu verorten und zu analysieren. So kann anhand Cohens (2008, 16f.) Definition das Phänomen ›Diaspora‹ vielseitig analysiert werden. Zudem kommen alle drei Verwendungen des Begriffs ›Diaspora‹ vor, wie sie Vertovec (2000b, 141–159) beschreibt, nämlich Diaspora als (1) soziale Form (u. a. c;(4)), als (2) Bewusstseinstyp (u. a. c;(6)) und als (3) Art der Konstruktion von Kultur (u. a. c;(8)).

4.2 Gemeinschaften

Bei der Erforschung von Menschen in der Diaspora geht es immer auch um Gemeinschaften. Gemeinschaften werden im Sinne von Cohen (1985, 118) als von den Mitgliedern kreierte symbolische Konstrukte angesehen, die diese sowohl zu einer Ressource und Quelle von Bedeutungen als auch zu einer Referenz für ihre Identität machen. Gemeinschaften beinhalten dabei sowohl Ähnlichkeiten als auch Unterschiede, da die Mitglieder zwar etwas gemeinsam haben, sich aber dadurch auch von anderen unterscheiden, wie Cohen (1985, 12) ausführt, indem er sich auf Wittgenstein bezieht. Gemäß Weber (1984, 69–72) werden Gemeinschaften entweder durch eine emotionale Zusammengehörigkeit (affektuell) und/oder durch gemeinsame überlieferte Normen (traditionell) konstituiert. Nach Weber kommt es zu einer Vergemeinschaftung, wenn soziale Beziehungen auf subjektiv gefühlter affektueller oder traditionaler Zusammengehörigkeit beruhen und dadurch die Handlungsweisen der Beteiligten bestimmt werden (Weber 1984, 71). In Abgrenzung dazu steht die Vergesellschaftung, die nicht auf einer gefühlten Zusammengehörigkeit, sondern auf einem rational entschiedenen Interessenausgleich beruht. Die beiden Kategorien sind aber nicht als exklusiv anzusehen. So hat gemäß Weber (1984, 70f.) die große Mehrzahl sozialer Beziehungen sowohl den Charakter einer Vergemeinschaftung als auch den der Vergesellschaftung. Dabei sei zudem zu beachten, dass nicht jede Gemeinsamkeit von Beteiligten zwangsläufig zu einer Vergemeinschaftung führen muss. Erst wenn sich das Verhalten der Beteiligten aufgrund einer gefühlten oder traditionalen Zusammengehörigkeit aneinander orientiert, könne von einer Gemeinschaft gesprochen werden. Eine gemeinsame Sprache oder Tradition könne dabei die Vergemeinschaftung erleichtern, müsste aber nicht zwingend zu einer solchen führen.

Eine Diaspora-Situation führt gemäß Kennedy und Roudometof (2002, 9–11) zu neuen Formen von Gemeinschaften. So werden Diaspora-Gemeinschaften laut ihnen bewusst erschaffen und konstant neu erfunden, was zu Transformationen führt. Die Zugehörigkeit zu einer Gemeinschaft sei aber immer freiwillig und unbeständig, weshalb das Fortbestehen einer Gemeinschaft nicht garantiert ist. Dabei sei zu beachten, dass die Mitgliedschaft nicht immer nur physisch sein muss, sondern es auch virtuelle Zugehörigkeiten gibt.

4.2.1 Jaina-Gemeinschaften

Carrithers und Humphrey (1991, 6f.), die Bezug auf den Jainismus nehmen, halten fest, dass eine Jaina-Gemeinschaft fünf Kategorien erfüllen muss, um als solche angesehen zu werden:

(1) Die Jainas müssen eine gemeinsame Kultur, einen gemeinsamen Glauben und gemeinsame Praktiken sowie gemeinsame Interessen teilen.

(2) Sie müssen sich von der umgebenden Gesellschaft in ihrer Kultur, ihrem Glauben, ihren Praktiken und Interessen signifikant unterscheiden.

(3) Sie müssen sich einer Identität als Jainas bewusst sein.

(4) Sie müssen als eine Kollektivität im sozialen, politischen und/oder ökonomischen Leben wirksam sein. Wobei unter »wirksam sein« zwei Dinge verstanden werden: Einerseits bedeutet es, dass die Mitgliedschaft im Kollektiv ein Attribut

ist, das nicht nur die Mitglieder von Nichtmitgliedern unterscheidet, sondern auch ihren Platz im sozialen Leben signifikant beeinflusst. Andererseits muss die Gemeinschaft wirksam sein, indem sie Auffassungen normiert oder ihre Interessen bei den eigenen Mitgliedern und der umgebenden Gesellschaft entweder durch informellen Druck oder durch eine formale Organisation durchsetzt.

(5) Sie müssen fähig sein, sich zu reproduzieren.

An Carrithers und Humphreys (1991, 6f.) Definition von Jaina-Gemeinschaften wird im Folgenden festgehalten, da sie die grundlegenden Aspekte von Gemeinschaften beinhaltet und ein analytisches Werkzeug bietet, um Jaina-Gemeinschaften zu beschreiben.

4.2.2 Gemeinschaften und Transnationalismus

Diaspora-Gemeinschaften können laut Vertovec (2009, 3) nicht als isolierte Gruppen angesehen werden. Gerade durch die Entwicklung moderner Techniken könne in Echtzeit ein System an Verbindungen, Interaktionen, Austausch und Mobilität aufrechterhalten werden. So würden Langdistanz-Netzwerke u. a. zwischen einer Diaspora-Gemeinschaft und dem Ursprungsland oder auch zwischen einzelnen Diaspora-Gemeinschaften entstehen und dadurch würden transnationale Verbindungen geschaffen, bei denen Nationalstaaten überwunden werden. Vertovec (2004) geht so weit, dass er die modernen Kommunikationsmittel, wie Internet oder günstige Auslandsanrufe, als sozialen Kleber der transnationalen Gemeinschaften bezeichnet.

Tölölyan (1991, 4f.) führt aus, dass eine Diaspora immer einen transnationalen Aspekt beinhaltet. Dies zeigt sich in Cohens (2008, 15–19) Definition von Diaspora sowohl im Punkt c;(8) als auch c;(5).

Besuche von religiösen Spezialisten/innen in der Diaspora sind gemäß Vertovec (2000a, 25) ein elementarer Aspekt des Transnationalismus, wobei er sich auf Riccio bezieht:

»(...) living saints or spiritual leaders who visit diasporic communities and provide followers with blessings and advice. (...) The visits reaffirm the link and the identification between the sacred place, the Saint (...) and the diasporic community (...).«

4.2.3 Gemeinschaftsbildung

Die Gemeinschaftsbildung in der Diaspora läuft in verschiedenen Phasen ab, wie mehrere Forschende beobachtet haben. Ballard (1994, 1–34) beschreibt unterschiedliche Phasen der Migration von asiatischstämmigen Personen nach Großbritannien. Er schreibt, dass die Migrierten, sobald sie sich eine Zukunft in Großbritannien (mit ihren Familien) vorstellen konnten, mit der Wiedereinführung von sozialen und kulturellen Traditionen begonnen und so z. B. religiöse Institutionen gegründet haben. Laut Baumann (2004a, 83–93) kommt es zu solchen Bestrebungen in der zweiten Phase seines Migrations- und Integrationsmodells. Anhand seiner Forschungen über Hindus auf Trinidad hat er ein fünfstufiges Phasenmodell entwickelt, wobei er den Fokus auf die durch die Diaspora-Situation ausgelösten Veränderungen legt. Die einzelnen Phasen müssten dabei nicht strikt chronologisch ablaufen (Baumann 2004a, 83–93):

(1) Die erste Phase nennt Baumann ›Ankunft, Reorganisation, gesellschaftliches und kulturelles Leben‹. In dieser Phase gibt es nur einen geringen Austausch mit der Gastgesellschaft, welcher hauptsächlich auf Arbeitsbeziehungen beruht, da der Identifikations- und Interessenfokus zu diesem Zeitpunkt auf der Migrationsgruppe selbst liegt. In dieser Zeitspanne finden Religionsausübungen hauptsächlich in privater Umgebung statt.

(2) Während der zweiten Phase steht der Prozess der Eingewöhnung stärker im Fokus. So kann man in dieser Phase die Formierung von gesellschaftlichen, schulischen und religiösen Institutionen in den entsprechenden Traditionen beobachten. Zeitgleich findet aber auch eine Intensivierung der Beziehungen zum Ursprungsland statt. Typischerweise werden religiöse Autoritäten aus dem Herkunftsland eingeladen, um einerseits

religiöses Wissen zu vermitteln und andererseits die neuen religiösen Zentren zu legitimieren.

(3) Die dritte Phase zeichnet sich durch die Suche nach Identifikation aus. So werden laut Baumann die Verbindungen zum Herkunftsland schwächer und die Gruppe versucht eine eigene Interpretation und kulturelle Auffassung davon zu etablieren, wie religiöse Normen und Praktiken in einer soziokulturellen Umgebung fern vom Ursprungsland gelebt werden können. Es werden Neuerungen eingeführt und traditionelle Elemente ausgewählt und reinterpretiert. In einem neuen religiösen und politischen Kontext wird danach gestrebt, eine erhöhte Unabhängigkeit von etablierten Normen und Erwartungen des Heimatlandes zu erreichen.

(4) Wenn in der vierten Phase die schulischen und die beruflichen Chancen gegeben sind und die Möglichkeit besteht, soziales Prestige zu erlangen, wird der Prozess der strukturellen Adaption und Akkulturation, welcher schon in der vorherigen Phase begonnen hat, weitergeführt. Falls diese Faktoren nicht erfüllt werden, führt dies entweder zum Rückzug der Gemeinschaft in eine religiös-kulturelle Nische oder zu Protesten und sozialpolitischen Konflikten.

(5) Die letzte Phase hängt laut Baumann von den Entwicklungen der vorherigen Phasen ab. Ermögliche das Gastland Zugang zu angesehenen und einflussreichen Arbeitsstellen, verläuft der Prozess der strukturellen Adaptierung und Akkulturation weiter, bis die Migrierten sich nicht mehr von den Bewohnern des Gastlandes unterscheiden. Das Land, welches von den früheren Generationen als fremd betrachtet worden sei, ist nun zum neuen Zuhause und zum Zentrum der Identifikation geworden. Die Übernahme von sozialen und ökonomischen Ansichten geht aber nicht mit der Assimilation in religiösen Bereichen einher. In dieser Phase werden vielmehr die religiösen Besonderheiten der eigenen Religion bei Festivitäten und durch repräsentative Bauten (von religiösen Zentren) demonstriert.

Wichtig ist gemäß Hinnells (1997, 834), bei der Beschreibung von Gemeinschaftsbildungsprozessen auf die Rolle der Religion zu achten, da einer der Hauptgründe, um sich in der Diaspora zu treffen, oft die religiöse Verehrung ist. Ein gemeinsamer Glaube, gemeinsame religiöse Interaktionen oder Zeremonien können dabei helfen, eine Gemeinschaft zu symbolisieren und zu konstruieren, so Kennedy und Roudometof (2002, 23).

Da das Modell von Baumann (2004a, 83–93) überzeugt und sich auch auf andere Gemeinschaften anwenden lässt, wird im Folgenden auf sein Phasenmodell zurückgegriffen. Dabei wird ein besonderes Augenmerk auf die Rolle der Religion bei der Gemeinschaftsbildung gelegt.

4.2.4 Aushandlungsprozesse und (religiöse) Transformationen im Rahmen der Gemeinschaftsbildung

Wenn sich in der Diaspora Gemeinschaften bilden, dann führt dies immer auch zu (religiösen) Transformationen. Dies zeigt sich in Baumanns (2004a, 83–93) Phasenmodell schwerpunktmäßig in der dritten Phase, wenn innerhalb der Gemeinschaft versucht wird, eigene Interpretationen und kulturelle Auffassungen davon zu etablieren, wie u. a. religiöse Normen und Praktiken in der Diaspora gelebt werden sollen. Dabei finden gemäß Baumann et al. (2003, 18) häufig Klärungs- und Selektionsprozesse statt, in deren Zuge eine Unterscheidung von unverzichtbaren und von optionalen Aspekten der Tradition vorgenommen wird. Kennedy und Roudometof (2002, 9–11) betonen, dass nicht nur der Gemeinschaftsbildungsprozess mit Transformationen einhergeht, sondern das Leben in der Diaspora an sich. So würden sich in der Diaspora neue Herausforderungen ergeben, welche sich im Heimatland nicht stellen.[5] Gerade in diesem Punkt liegt laut Smart (1987, 289) die Wichtigkeit der Erforschung von Diaspora-Gemeinschaften.

5 Dass die Diaspora-Situation zu (religiösen) Transformationen führt, bedeutet nicht, dass die Gemeinschaften (oder Religionen) im Heimatland statisch sind und sich nicht verändern, so Kennedy und Roudometof (2002, 9–11).

Dass Kontextverschiebungen, wie dies das Leben in der Diaspora darstellt, tendenziell Prozesse stimulieren, in denen die normalerweise unbewussten, für selbstverständlich gehaltenen Aspekte einer Kultur bewusst reflektiert werden, zeigen auch van der Veer und Vertovec (1991, 153), die sich dabei auf Kapferer beziehen. Eine solche Selbstreflexion beinhalte eine kollektive Bewertung des Wesens des Wandels und seiner Konsequenzen für den Ort, die Rolle und Zukunft der Gruppe in ihrem jeweiligen sozialen Umfeld. Mit Bourdieu und Wacquant (1996, 127) gesprochen, kann das Leben in der Diaspora als Verschiebung des Feldes beschrieben werden, in welchem man sich bewegt, wenn man dieses, wie sie, als Netz oder Konfiguration von objektiven Relationen zwischen Positionen definiert. Durch die Verschiebung des Feldes kann es sein, dass die im vorherigen Feld erworbenen und eingeübten Fähigkeiten zwar übertragbar, aber nicht notwendigerweise genauso wertvoll und praktikabel sind, wie Fröhlich und Rehbein (2011, 112) ausführen. Die durch Konditionierungen erzeugten Habitusformen, so wie sie Bourdieu (2015a, 98) als Prinzip des Handelns, Wahrnehmens und Denkens sozialer Individuen definiert, sind unter Umständen für das neue Feld nicht mehr geeignet. Neue Situationen erfordern gemäß Fröhlich und Rehbein (2011, 114) dementsprechend neue Handlungsweisen, da die Akteure nicht angemessen reagieren können, wenn die entsprechenden Muster nicht zur Verfügung stehen, was mit Transformationen einhergeht. Solche Aushandlungen, die im Rahmen der Gemeinschaftsbildung stattfinden, können auch als Kompromisse, die zum Vorteil des Gemeinwohls geschlossen werden, beschrieben werden.[6]

Transformationsprozesse laufen in der Diaspora auf unterschiedlichen Ebenen ab, wie Knott (1991, 100–104) aufzeigt. Um Transformationen in der Diaspora umfassend analysieren zu können, müssen laut ihr die folgenden sieben Bereiche untersucht werden:

> (1) Die Rolle und Vermittlung der Sprache, um einen Zugang zu den religiösen Texten und Gebeten zu erhalten, (2) die Transmission von Religion über die Generationen, (3) die Identität des Einzelnen, (4) die Gruppenidentität, (5) die (religiöse) Führung

6 Vgl. dazu Boltanski und Thévenot (2007, 367–378).

> der Diaspora-Gemeinschaft, (6) die Universalisierung der Religion und (7) der Einfluss westlicher Ideen auf religiöse Inhalte.

Hinnells (1997, 821–835) weitet die Definition von Knott (1991, 100–104) aus und schlägt zehn Faktoren vor, die seiner Meinung nach zum Verständnis von Wandel und Kontinuität von Religionen in der Diaspora beitragen:

> (1) Die Herkunft der Migrierten, (2) die Vorstellungen vom neuen Land, welche die Migrierten mitbringen, (3) die Gründe für die Migration, (4) die Ausbildung vor der Migration, (5) der Zeitpunkt der Migration, (6) die Begleitpersonen der Migrierten, (7) der Migrationsort, (8) die Arbeit nach der Migration, (9) wer die Migrierten sind und (10) externe Faktoren (z. B. Diskriminierungen).

Während es sich bei Hinnells (1997, 821–835) eher um Aspekte handelt, die der deskriptiven Analyse einer Diaspora-Gemeinschaft dienen, stellen die inhaltlichen Punkte von Knott (1991, 100–104) eine vertiefte Analysemöglichkeit religiöser Transformationen von Diaspora-Gemeinschaften dar. Beide Ansätze werden im Rahmen des schweizerischen Diaspora-Kontexts angewendet.

4.2.4.1 Identitäten in der Diaspora

Durch das Leben in der Diaspora finden gemäß Knott (1991, 100–104) Transformationen sowohl in der Gruppenidentität als auch in der Identität der Einzelnen statt. Im Folgenden wird in einem ersten Schritt der Begriff ›Identität‹, so wie er in der vorliegenden Forschungsarbeit verwendet wird, definiert, um im Anschluss auf die kollektive und individuelle Identität im Speziellen einzugehen. Die kollektive Identität (Gruppenidentität) wird dabei ganz im Sinne von Cohen (1985, 110) als Kompass der individuellen Identität angesehen.

Brubaker und Cooper (2000, 1) schreiben über den Begriff ›Identität‹, dass er heute alles und nichts bedeuten kann. Definiere man den Begriff eng, so würden wichtige Aspekte herausfallen. Tendiere man aber zu einer weiteren Definition, so würden zu viele Elemente unter den Begriff ›Identität‹ gehören, sodass er nicht mehr als analytische Kategorie verwendet werden kann. Sie schlagen alternative Begriffe vor, welche anstelle des Identitäts-Begriffes verwendet werden sollen, wie bspw. »identification, categorization, self-understanding, social location, commonality, connectedness oder groupness«. Doch auch die von ihnen vorgeschlagenen Begriffe bergen die Gefahr, dass sie zu grob oder zu engmaschig definiert werden. Zusätzlich können sie wiederum unter dem Begriff ›Identität‹ subsumiert werden. Aus diesen Gründen wird nicht auf die Verwendung des Wortes ›Identität‹ verzichtet.

Laut Hall (1994, 222) soll Identität nicht als etwas Abgeschlossenes angesehen werden, sondern vielmehr als Entwicklung, die immer im Fluss ist. Im Folgenden wird Identität in Übereinstimmung mit Hall als Aushandlungsprozess verstanden, der sowohl von innen (von einer Gruppe selbst) als auch von außen vorgenommen wird. Es wird von einem Konzept der multiplen Identitäten ausgegangen, das zu Überlappungen führen kann. Identitäten werden zudem als kulturell bedingt und kontextabhängig angesehen.[7] Dabei wird, wie dies Kokot et al. (2004, 7) vorschlagen, die Schaffung einer neuen Identität nicht als homogener Prozess angesehen, der für eine Gruppe von Menschen identisch abläuft, da Identitäten je nach Kontext neu ausgehandelt werden müssen.

4.2.4.2 Kollektive Identitäten

Eine Gruppenidentität besteht aus zwei Komponenten, so Jenkins (2008, 104–106): einerseits aus der kollektiven internen Definition und andererseits aus der kollektiven externen Definition. Die Gruppenidentität entsteht gemäß ihm also aus einem Zusammenspiel davon, wie sich die Gruppe selbst definiert und wie sie von außen wahrgenommen wird. Mit anderen Worten besteht die kollektive Identifikation aus der Gruppenidentifikation und der Kategorisierung[8]. Laut

---

7 Vgl. dazu Iyall Smith und Leavi (2009) sowie Hall et al. (1994).

8 Unter Kategorisierung versteht Jenkins (2008, 104f.) das Etikettieren eines Phänomens durch Außenstehende.

ihm beginnt eine Gruppe erst zu existieren, wenn ein Prozess der internen, kollektiven Definition stattgefunden hat. Findet dieser Identifizierungsprozess nur von innen statt, würde es sich um eine Geheimgruppe handeln. Auch Geheimgruppen würden jedoch durch das Kategorisieren von außen beeinflusst, sodass das Wechselspiel zwischen innerer Identifikation und dem Kategorisieren nie außer Kraft gesetzt werden kann. Laut Jenkins (2008, 112) muss das Kategorisieren von außen aber nicht unbedingt von den Mitgliedern einer Gruppe anerkannt werden. Es könne auch eine kollektive interne Definition in Abgrenzung zur Kategorisierung stattfinden.

Das Leben in der Diaspora führt gemäß Baumann (2004b, 172) zu Neudefinierungsprozessen innerhalb der kollektiven Identitäten. Er erläutert, dass oft weit weg vom Herkunftsland die Bedeutung der religiösen Zugehörigkeit zunimmt und die Religion häufig eine entscheidende Rolle bei der Rekonstruktion von Identität einnimmt. Kokot et al. (2004, 6f.) unterstützen dies und führen aus, dass die Bedeutung von Religion in der Konstruktion einer Diaspora-Identität oft unterschätzt wird. Jedoch müsse beachtet werden, dass die Diaspora-Identität nur eine von vielen heterogenen Identitäten einer Person ist, wenn auch eine prägende.

Smith und Leavy (2009, 3–11) erläutern, dass die Diaspora grundsätzlich zu einer reflexiven Beziehung zwischen dem Globalen und dem Lokalen führt, was wiederum eine Hybridität beinhaltet. Man trenne sich von schon etablierten Praktiken und kombiniere sie mit Elementen der (lokalen) Kultur. So interagiere das Lokale mit dem Globalen und eine neue, hybride Identität werde geschaffen. Welsch (2017, 17) geht von einem ähnlichen Konzept aus, wenn er von transkulturellen Identitäten spricht. Seiner Meinung nach kann sich eine Vielzahl von kulturellen Elementen unterschiedlicher Herkunft zu einer transkulturellen Identität verbinden, die über Schnittmengen mit anderen (transkulturellen) Identitäten verfügt. Der Begriff ›Transkulturalität‹ beinhalte die Auffassung, dass es eine Mischung und Durchdringung von Kultur gibt. Laut Welsch (2017, 17) findet Transkulturalität nicht nur auf der Makro-Ebene statt (bei Gemeinschaften), sondern auch auf der individuellen Mikro-Ebene. So könne sich eine Vielzahl von kulturellen Elementen unterschiedlicher Herkunft zu einer transkulturellen Identität verbinden. Die Gemeinsamkeit von hybriden und auch transkulturellen Identitäten liegt darin, dass (durch die Diaspora-Situation) neue Identitäten geschaffen werden. Laut Smith und Leavy (2009, 4–6) hat das Konzept der hybriden Identität aber den Nachteil, dass es ursprünglich aus der Biologie und Botanik stammt und Hybridität in der wörtlichen Übersetzung ein Produkt von »reinen« Kategorien ist. In Bezug auf kulturelle Identitäten kann diese strikte Übersetzung nicht aufrechterhalten werden, da es keine »puren« Kulturen gibt,[9] welche sich mit anderen »puren« Gesellschaften mischen können. Deshalb wird im Folgenden der Begriff der transkulturellen Identitäten bevorzugt.

4.2.4.3 Individuelle Identitäten

Nicht nur die kollektiven Identitäten werden in der Diaspora neu geschaffen, sondern auch die individuellen Identitäten. Laut dem Modell von Waardenburg (1990, 27–29), das er anhand von Muslimen in Europa entwickelt hat, gibt es für Menschen in der Diaspora sieben Optionen der individuellen Identität:

> (1) Eine säkulare Form, bei der Religion keine Rolle mehr spielt, (2) eine kooperative Option, in der Anknüpfungspunkte zu anderen Gruppen/Religionen gesucht werden, (3) eine kulturelle Option, wenn kulturelle und soziale Aspekte ohne religiöse Gefühle beibehalten werden, (4) eine religiöse Option, bei der die Religion textgetreu verstanden und gelebt wird, (5) eine ethnisch-religiöse Option, falls man sich auf eine spezifische religiöse Strömung bezieht, (6) eine Verhaltensoption, bei der die Religion durch moralisches oder rituelles Verhalten ausgedrückt wird, oder (7) eine ideologische Option, die Identifikation oder die Ablehnung der Staatsreligion eines spezifischen Landes.

Vertovec (2009, 155) erweitert Waardenburgs Optionen um weitere fünf Punkte. Dabei liegt der Fokus seiner Definition auf der Identifikation mit den Strömungen einer Religion.

9 Vgl. dazu auch Hall (1994, 214).

> So kann gemäß ihm (1) der Bezug zu den einzelnen Traditionen einer Religion intakt bleiben, wodurch die Segmentierung einer Religion beibehalten wird, (2) eine Homogenisierung der Strömungen stattfinden, indem der kleinste gemeinsame Nenner gesucht wird, (3) einer Art Ökumene gefördert werden, indem verschiedene Strömungen durch eine Dachorganisation verbunden werden, aber nebeneinander existieren, (4) die Universalisierung einer spezifischen religiösen Tradition angestoßen werden, welche allumfassend ist, oder (5) ein Kosmopolitismus geschaffen werden, in deren Rahmen die Möglichkeit multipler Formen der Bezugnahme auf Strömungen postuliert wird.

Anhand der vorgestellten Modelle von Waardenburg (1990, 27–29) und Vertovec (2009, 155) kann die individuelle Identität von Menschen in der Diaspora umfassend beschrieben werden.

4.2.4.4 Jaina-Identitäten

Das Besondere an einer kollektiven oder individuellen Jaina-Identität (im Gegensatz zu anderen Identitäten) liegt laut Folkert und Cort (1997, 364f.) darin, dass diese immer an Asketen/innen gebunden ist. Dabei sei die Identifizierung mit einer spezifischen Jaina-Tradition durch die monastischen Praktiken geprägt. Wenn nun in der Diaspora keine Asketen/innen anwesend sind, so müssen gemäß Folkert und Cort Jainas neue Identitätsmarker finden. In Indien beruhe die Jaina-Identität nebst der Zugehörigkeit zu einer religiösen Strömung auch auf dem familiären und kulturellen Milieu. Beides falle in der Diaspora aber oftmals weg, weshalb Jainas begonnen haben, ihre Religion auf drei Pfeilern von *ahiṃsā* zu verankern: Gewaltlosigkeit, Vegetarismus und ökologischer Harmonie. Gemäß Folkert und Cort (1997, 364f.) wird sich in Zukunft zeigen, ob das Umweltbewusstsein ein Teil einer kollektiven oder individuellen Jaina-Identität wird.

5 Methodologische Grundentscheidungen

Die qualitative Forschung ist laut Flick et al. (2010, 17) in ihren Zugangsweisen zu den zu untersuchenden Phänomenen häufig offener und näher dran als die quantitative Forschung, welche mit stark standardisierten Methoden arbeitet. Mit qualitativen Methoden könne man zudem meist ein wesentlich konkreteres und plastischeres Bild davon zeichnen, was die untersuchte Thematik aus der Perspektive der Betroffenen bedeutet. Die Sichtweise einzelner Subjekte, genauso wie die subjektiven und sozialen Konstruktionen ihrer Welt, könne berücksichtigt werden. Ein weiterer Vorteil der qualitativen Forschung liegt in ihrer Offenheit. So kann laut Rosenthal (2015, 18f.) die qualitative Forschung, im Gegensatz zu einem quantitativen Forschungsdesign, gerade beim Entdecken von noch nicht untersuchten Themengebieten und kaum erforschten Lebenswelten einen großen Beitrag leisten. Anhand qualitativer Methoden könne ein Zugang zu neuen Forschungsgebieten geschaffen und Daten erhoben werden. Aufgrund der anfänglichen Forschungsfrage ›Wie leben Jainas in der Schweiz ihre Religion?‹ und des überaus spärlich untersuchten Forschungsgebietes bot sich eine qualitative Untersuchung für die vorliegende Forschungsarbeit an.

Eine qualitative Untersuchung ist nach Flick et al. (2010, 22) dadurch gekennzeichnet, dass es nicht die eine Methode gibt, sondern ein methodisches Spektrum unterschiedlicher Ansätze, die je nach Fragestellung und Forschungstradition gewählt werden. In der vorliegenden Arbeit wurde zur Datenerhebung die Grounded-Theory-Methodologie als Methode bzw. Forschungsstil[1] verwendet. Die Groun-

1 Die Grounded-Theory-Methodologie ist mehr ein Forschungsstil als eine Methode. Vgl. dazu Hülst (2013, 281).

ded-Theory-Methodologie bot sich als Forschungsmethode an, da es bis auf die Masterarbeit von Iseli (2012) keine wissenschaftlichen Forschungsarbeiten über Jainas in der Schweiz gibt und die Ziele dieser Forschungsarbeit in der Beschreibung der Schweizer Jaina-Gemeinschaft sowie der Entwicklung neuer Theorien liegen. Diese Ziele können mit der Grounded-Theory-Methodologie verfolgt werden, da gemäß Kelle (2007, 194) durch diese Methodologie kein hypothetisch deduktives Verfahren durchgeführt wird, sondern neue, in den Daten verankerte Theorien entwickelt werden. Ein weiterer Grund, weshalb diese Grounded-Theory-Methodologie gewählt wurde, liegt in der zugespitzten Aussage von Glaser und Holton (2004) »all is data«. Gemäß ihnen erlaubt die Grounded-Theory-Methodologie, verschiedene (vorhandene) Datensätze miteinander zu kombinieren und diese für die Etablierung von in Daten verankerten Theorien zu nutzen.

Gemäß Strübing (2014, 37) basieren empirische Forschungsmethoden immer auf erkenntnis-, wissenschafts- und sozialtheoretischen Annahmen, die implizit oder explizit die Verfahren prägen. Seiner Meinung nach muss man sich deshalb der Konzepte, welche hinter der gewählten Methode stehen, bewusst sein. Aus diesem Grund wird im Folgenden auf die Grounded-Theory-Methodologie eingegangen und es werden die ihr zugrunde liegenden Forschungsparadigmen dargelegt.

5.1 Grounded-Theory-Methodologie als Forschungsdesign

Der Begriff ›Grounded Theory‹ ist doppeldeutig, da sich dieser laut Strübing (2014, 10) sowohl auf das Verfahren selbst als auch auf die Theorie bezieht, welche mit dem Verfahren erarbeitet wird. Aus diesem Grund wird nachfolgend zwischen der Grounded Theory, als der im Laufe des Verfahrens erarbeiteten Theorie, und der Grounded-Theory-Methodologie (GTM) als Methode unterschieden, welche den gesamten Forschungsansatz umfasst, so wie dies auch Mey und Mruck (2009, 104) vorschlagen.

Das Besondere der GTM ist laut Strübing (2014, 11), dass es sich dabei nicht um eine lineare Forschungsmethode handelt, sondern dass sie auf zeitlicher Parallelität von Arbeitsschritten beruht. Die Datenerhebung, -analyse und Theoriebildung würden sich gegenseitig bedingende Prozesse darstellen.[2] Nach einer ersten Datenerhebung beginne die Analyse, aufgrund welcher weitere Daten erhoben werden. Parallel zur Datenerhebung und -analyse finde die Etablierung einer in den Daten verankerten Theorie statt, welche immer wieder im Feld verifiziert und angepasst werde. Dieser iterative Prozess wird gemäß Strübing (2014, 11) so lange wiederholt, bis eine theoretische Sättigung stattfinde.

5.2 Historische Hintergründe

1967 veröffentlichten Glaser und Strauss das Buch *The Discovery of Grounded Theory. Strategies for Qualitive Research*, welches die GTM begründete. Mit ihrem Buch wandten sie sich gegen die gängige deduktive Forschungsmethode der damaligen Zeit. So schreiben Glaser und Strauss (2009, 7) im Vorwort, sie seien zwar durch die Columbia University und die Chicago-Tradition beeinflusst, würden sich aber von beiden distanzieren wollen. Ihr Ziel sei es, die Lücke zwischen Theorie und empirischer Forschung, welche durch die beiden genannten Traditionen bestehe, mit der GTM zu überwinden. Glaser und Strauss wollten also nicht, dass ausschließlich die »grand theories« hypothetisch-deduktiv verifiziert oder falsifiziert werden, sondern sie wollten eine Methode schaffen, mit der neue Theorien entwickelt werden können, die auf empirischen Daten basieren.

Eine Besonderheit der von Glaser und Strauss etablierten GTM liegt darin, dass dabei laut Przyborski und Wohlrab-Sahr (2010, 187) von der damals bestehenden Arbeitsteilung zwischen quantitativen und qualitativen Methoden abgesehen wird. Hiernach kam qualitativen Studien die Aufgabe zu, explorative Zulieferdienste für die standardisierten Verfahren zu leisten, da zur damaligen Zeit die Auffassung herrschte, dass nur quantitative Verfahren in der Lage seien, Hypothesen zu testen. Durch die Etablierung der GTM wurde ein qualitatives Verfahren geschaffen, dem dieselbe Rolle zukommt wie quantitativen Methoden.

2 Vgl. dazu Strauss und Corbin (1990, 419).

The Discovery of Grounded Theory. Strategies for Qualitive Research blieb das einzige gemeinsame Buch von Glaser und Strauss. Laut Strübing (2007, 582) waren bereits in diesem Werk die unterschiedlichen Forschungsparadigmen der Gründerväter der GTM ersichtlich. Die beiden seien jedoch nicht weiter darauf eingegangen und hätten hauptsächlich die Gemeinsamkeiten betont. Erst im Laufe der Zeit sei es zur Ausarbeitung eigener Richtungen gekommen. Dass sich die Wege von Glaser und Strauss unwiderruflich getrennt haben, sieht man an folgendem Textauszug, der aus einem von Glaser (1992, 2) veröffentlichten Brief aus dem Jahr 1991 stammt, den er als Antwort auf das von Strauss und Corbin veröffentlichte Buch *Basics of Qualitative Research* aus dem Jahre 1988 verfasste:

> »As a co-originator of grounded theory, I request that you pull the book (Basics of Qualitative Research). It distorts and misconceives grounded theory, while engaging in a gross neglect of 90% of its important ideas. (...) To repeat it in another way: You wrote a whole different method, so why call it ›grounded theory‹? It indicates that you truly never have grasped what we did, nor studied it to try to carefully extend it. Yet you borrow its name to trade on its success, which success is theoretically fundamental, while your work is fractured and scattered.«

Glaser wirft Strauss vor, eine völlig neue Methode geschaffen zu haben, die die grundlegenden Prinzipien des gemeinsamen Ansatzes verrate. Dabei kritisiert Glaser (1992, 126) auch die Mitarbeit von Julie Corbin in forschen Worten, da diese sich auf unmoralische Art und Weise, wie er schreibt, als Miturheberin der GTM ausgebe: »(...) [S]he mooched in as a co-originator, which she is obviously not, because tagging along is where her talents lie.« Es scheint, dass das Zerwürfnis zwischen Glaser und Strauss hauptsächlich auf zwischenmenschlichen Differenzen beruht und dass Glaser sich durch das von Strauss und Corbin veröffentlichte Buch *Basics of Qualitative Research* und die damit verbundene Ausdifferenzierung der GTM übergangen fühlte. Glaser sah sich gezwungen, die von Strauss und Corbin etablierte Version in mehreren Büchern zu widerlegen und die »klassische Form der GTM«, wie er sie nennt, zu verteidigen.

Heute unterteilt man die GTM grob in vier Richtungen:[3] Die positivistische von Glaser vertretene GTM, die pragmatistische GTM, wie sie Strauss und Corbin etablierten, die konstruktivistische GTM, welche Charmaz vertritt, und die von Clarke postulierte postmoderne GTM.[4] Die vier Richtungen unterscheiden sich in den ihnen zugrunde liegenden erkenntnistheoretischen Annahmen. Dies führt dazu, dass sie verschiedene Auffassungen bzgl. der Rolle der Forschenden und des Umgangs mit Literatur und unterschiedliche Arten des Kodierens entwickelt haben. Im Folgenden werden die erkenntnistheoretischen Ansichten der positivistischen, konstruktivistischen und postmodernen GTM schemenhaft vorgestellt, um im Anschluss den für diese Forschungsarbeit gewählten Ansatz, die pragmatistische GTM, wie sie Strauss und Corbin etablierten, genauer darzulegen und die getroffene Wahl zu begründen.

5.2.1 Verschiedene Ansätze der GTM

Die GTM, wie sie durch Glaser vertreten wird, steht in der Tradition des Positivismus, wie er an der Columbia University gelehrt wurde.[5] In diesem Forschungsparadigma existieren Theorien und Wirklichkeit unabhängig davon, ob ein Forschender sie entdeckt oder nicht. Glaser (2008, 2) selbst definiert die GTM als die Generierung von The-

3 Es gibt nebst diesen vier schemenhaft zusammengefassten Versionen noch weitere Adaptionen, Weiterentwicklungen und ›light-Versionen‹ der GTM. Vgl. dazu Mey und Mruck (2009, 15f.).

4 Die verschiedenen Ansätze werden heute auch durch weitere Forschende vertreten und weiterentwickelt. Bei dieser Aufzählung werden die Gründer/innen der jeweiligen Ansätze genannt.

5 Holton und Walsh (2017, 12) würden dieses Argument nicht gelten lassen, da sie überzeugt sind, die »klassische GTM« sei keiner philosophischen Perspektive verpflichtet. Aus diesem Grund sei sie ontologisch und epistemologisch flexibel und könne von allen Forschenden, unabhängig ihrer philosophischen Perspektive, verwendet werden. Diese Ansicht wird auch von Glaser (2011, 57) vertreten, der überzeugt ist, dass die »klassische GTM« nicht durch philosophische Perspektiven beeinflusst, sondern an sich neutral ist. Dies entspricht aber nicht der in dieser Forschungsarbeit eingenommenen Sichtweise, was im Folgenden aufgezeigt wird, wenn die positivistischen Annahmen der Glaserschen GTM analysiert werden.

orie aus Daten, wobei die Theorie unabhängig der Einheiten, Zeit, Menschen und des Orts besteht und ohne theoretische Voranannahmen erstellt werden kann. Dies bedeutet, dass Daten gemäß Glaser objektiv erfahrbar sind, so Charmaz (2000b, 510). Im positivistischen Ansatz der GTM geht man gemäß Charmaz (2000a, 524) davon aus, dass man die Wirklichkeit »entdecken« und diese in einer vorläufig wahren, prüfbaren und letztendlich verifizierbaren Theorie abbilden kann. Da die Forschenden gemäß dem Positivismus unabhängig von der existierenden Wirklichkeit agieren, lehnt Glaser die Selbstreflexion als Bestandteil der GTM ab, wie Birks und Mills (2015, 53) schreiben. Die Forschenden fungieren in diesem Sinne als neutrale Vermittler einer Theorie, welche im Feld entdeckt wurde, so Ramalho et al. (2015, 24). Sie würden im Anschluss diese an die wissenschaftliche Gemeinschaft weiterleiten, ohne die Theorie oder das Feld beeinflusst oder verändert zu haben.

Charmaz und Clarke gelten als Vertreterinnen der zweiten Generation von Grounded-Theory-Forschenden, wie Strübing (2014, 97f.) ausführt. Beide waren Schülerinnen von Strauss (und Glaser). Die von Charmaz etablierte konstruktivistische GTM lässt sich gemäß Bryant und Charmaz (2011, 51) zwischen dem philosophischen Realismus und einer postmodernen Sicht verorten. Ziel der konstruktivistischen GTM ist es gemäß Charmaz (2017, 34), die GTM weiterzuentwickeln, indem epistemologische Verschiebungen vorgenommen und methodologische Erneuerungen der letzten 60 Jahre berücksichtigt werden. In diesem Ansatz sind Forschende Teil der Forschungssituation, was bedeutet, dass ihre Position, Privilegien, Perspektiven und Interaktionen diese beeinflussen. Charmaz (2008, 402) selbst definiert die konstruktivistische GTM anhand von vier Annahmen:

> (1) Es gibt nicht eine Wirklichkeit, sondern multiple; Wirklichkeit unterliegt einem Prozess und wird unter spezifischen Umständen konstruiert. (2) Der Forschungsprozess entsteht aus Interkationen. (3) Der Forschungsprozess berücksichtigt die Subjektivität des Forschenden und des Feldes. (4) Der Forschende und das Feld konstruieren die Daten.

Clarke befasste sich nebst dem GTM-Ansatz von Strauss auch mit demjenigen von Glaser und besuchte Seminare bei diesem. Clarkes (2011, 207) Ziel war es, die GTM so zu überarbeiten und zu erneuern, dass dem Postmodernismus Rechnung getragen wird. Ihren postmodernen Ansatz der GTM nennt sie nicht mehr Grounded Theory, sondern Situationsanalyse. So entwickelte Clarke (2012, 15–17) die pragmatistische GTM weiter, indem sie diese mit Foucaults Gedanken über den Diskurs ergänzte. Dies führte zu einer Betonung von Machtverhältnissen, da ihrer Meinung nach Individuen und Kollektive durch Diskurse und Disziplinierungen konstituiert werden (Clarke 2012, 91–101). Individuen und Gruppen seien aber nicht nur passive Kräfte, sondern spielen auch eine aktive Rolle in der Etablierung von Wirklichkeit. Dies zeige sich darin, dass die Verschiedenheit der einzelnen Akteure (und Gruppen) hinsichtlich Geschlecht, Status, Bildungsstand etc. einen Einfluss darauf hat, wie Handlungen in Situationen vollzogen werden. Clarke verfolgt mit der Situationsanalyse das Ziel, die Verschiedenheiten solcher Handlungen zu verstehen. Dabei wird durch die Situationsanalyse der Fokus vom Handeln neu auf Situationen verschoben.

5.2.2 Pragmatistische Grounded-Theory-Methodologie

Anselm Strauss, einer der beiden Gründerväter der GTM, war Clarke (2011, 208) zufolge durch die Soziologie der Chicagoer Schule des frühen 20. Jahrhunderts, die Philosophie des Pragmatismus und durch den Symbolischen Interaktionismus der Nachkriegszeit geprägt. Die Beeinflussung von Strauss durch diese Erkenntnistheorien ist nicht überraschend, da er an der University of Chicago ein Schüler Blumers war, der als einer der Begründer des Symbolischen Interaktionismus gilt. Der Pragmatismus wiederum war Bezugspunkt für die Entwicklung der Chicago School of Philosophy und der Chicago School of Sociology.[6] Die pragmatistische Form der GTM wurde durch die Veröffentlichung des Buches *Basics of Qualitative Research* von Strauss und Corbin im Jahre 1988 begründet.

6 Vgl. dazu Schubert (2009, 345).

5.2.2.1 Erkenntnistheoretische Annahmen

Pragmatisten wandten sich Anfang des 20. Jahrhunderts gegen den Behaviorismus in der Überzeugung, die Wirklichkeit bestehe nicht fix, sondern werde stets reformuliert. So schreibt Shalin (1986, 10) über die pragmatistische Auffassung der Wirklichkeit:

> »The fact that the world out there is ›still‹ in the making does not augur its final completion at some future point: the state of indeterminacy endemic to reality cannot be termined once for all. It can be alleviated only partially, in concrete situations and with the help of a thinking agent.«

Es gibt laut dem Pragmatismus (und dem Symbolischen Interaktionismus) also keine Wirklichkeit und Objekte, die unabhängig von (handelnden) Akteuren existieren, sondern sie werden erst durch Interaktionen erschaffen, genauso wie die Bedeutung der Objekte. Dies verdeutlichen Bude und Dellwing (2013, 8) folgendermaßen:

> »Die Bedeutung von Objekten liegt nicht in diesen Objekten, an denen sie einfach ›entdeckt‹ werden müsste, sie liegt auch nicht in den Subjekten, die die Objekte mit Bedeutungen aus ihren ›Ideen‹ tränken, sondern sie liegt im sozialen Zwischenraum, was die praktische Welt der Interaktion und die lokale Bezugnahme auf die konkrete Situation erfordert. (...) Es gibt Objekte nicht objektiv oder abstrakt, sondern immer nur im Kontext einer Interaktion. (...) Ohne Kontext bleibt nicht das reine Objekt übrig, sondern vielmehr gar nichts.«

Dadurch, dass die Wirklichkeit stets neu erschaffen wird und von einer handelnden Person abhängig ist, entsteht eine Relativität. »What a thing is in nature depends not simply on what it is in itself, but also upon the observer, in this case on his motion relative to the object«, wie Mead (1929, 428) formuliert. Es gibt laut ihm keine objektive und unabhängige Wirklichkeit, sondern diese ist jeweils relativ in Bezug auf die einzelnen Akteure. Die Relativität entsteht durch die Individualität der Wahrnehmung der einzelnen Handelnden. James (1909) spricht sogar von einem »pluralistic universe«, von multiplen Wirklichkeiten, die durch jedes einzelne Individuum in der Interaktion erschaffen werden. Diese Vorstellung impliziert zugleich die Auffassung von Wirklichkeit als Prozess. Denn Wirklichkeit, so schreibt Strübing (2014, 39), ist in der Vergangenheit, Gegenwart und Zukunft einem Wandel unterworfen. Den Handelnden erschließt sich demzufolge die Welt nicht *a priori*, sondern erst im Zuge ihrer Interaktion mit der Welt ›da draußen‹. Es gibt folglich auch keinen Endpunkt der Realität, da sie einem stetigen Wandel unterworfen ist und somit jede Aussage über die Welt temporär und unvollständig ist. Diese prozessuale und multiperspektivische Auffassung von Wirklichkeit hat laut Strübing (2014, 39) auch einen Einfluss auf das Verständnis von Theorien und Untersuchungsprozessen, welches kein anderes als ein prozessuales und perspektivisches sein kann. Im Pragmatismus wird gemäß Charmaz (2006, 126–127) Wahrheit als vorläufig und Handlungen als prozessual verstanden.

Dass die GTM von Strauss und Corbin (1994, 279) auf dem Pragmatismus beruht, lässt sich an folgender Aussage von ihnen aufzeigen:

> »Relationship of Theory to Reality and Truth? Nowadays there is much debate about these two questions. We follow closely here the American pragmatist position (...): A theory is not the formulation of some discovered aspect of preexisting reality ›out there‹. To think otherwise is to take a positivistic position that, as we have said above, we reject, as do most other qualitative researchers. Our position is that truth is enacted: Theories are interpretations made from given perspectives as adopted or researched by researchers. To say that a given theory is an interpretation – and therefore fallible – is not at all to deny that judgements can be made about the soundness or probable usefulness of it.«

Gemäß eigener Aussage folgen sie dem amerikanischen Pragmatismus. Sie sind der Meinung, dass die Wirklichkeit nicht unabhängig vom Forschenden existiert, sondern die Welt erst in der Interaktion mit einem Handelnden entsteht. Daraus ergibt sich auch ihr Verständnis von Theorie[7], welche prozessual und perspektivisch ist. Die

7 Laut Truschkat et al. (2011, 374) unterscheiden Glaser und Strauss in ihrem gemeinsamen Erstlingswerk zwischen einer formalen und einer materialen Theorie. Formale Theorien sind abstrakt und auf viele Bereiche anwend-

zitierte Aussage ist eine der wenigen Stellen, an denen sich Strauss und Corbin explizit auf den Pragmatismus beziehen. Ihre Ansichten davon, wie mit Literatur umzugehen ist, die Rolle der Forschenden aussieht oder der Forschungsprozess ablaufen soll, beruhen aber immer implizit auf dem Pragmatismus, was im Folgenden gezeigt wird.

5.2.2.2 Rolle der Forschenden

Laut dem Pragmatismus wird Wissen durch Handeln geschaffen, sodass Forschende nicht als neutrale Beobachtende außerhalb des empirischen Feldes Daten erheben können, sondern aktiv im Feld interagieren müssen, so z. B. als teilnehmende Beobachtende, wie Strübing (2014, 11) erläutert. Forschung soll dementsprechend nicht im Reagenzglas stattfinden, sondern durch das aktive Eintauchen in das Feld und durch Interaktionen mit ebendiesem. Durch die Interaktionen der Forschenden mit dem empirischen Feld entstehen gemäß Strübing (2014, 12f.) neue Wirklichkeiten, was dazu führt, dass das Forschen Spuren im Feld hinterlässt. Dies beinhalte auch, dass sich das Feld durch die Interaktion mit den Forschenden verändere und diese ihren Einfluss auf das Feld stetig reflektieren müssen. Strauss und Corbin (1994, 280) schreiben, dass in allen qualitativen Forschungen zwischen den Forschenden und den handelnden Akteuren, mit welchen sie sich befassen, ein reziprokes Wechselspiel stattfindet. Aufgrund ihrer pragmatistischen Auffassung von Wirklichkeit entsteht diese durch die Interaktion der Forschenden mit dem Feld, sodass ein wechselseitiger Einfluss hinterlassen wird. Die Rolle des Forschenden muss deshalb gemäß Strauss und Corbin (2010, 169–192) zwingend in Memos reflektiert werden.[8] Forschende sollen an-

bar. Aus diesem Grund müssen sie auch auf Daten aus diversen Bereichen beruhen. Materiale Theorien sind viel enger gefasst und lassen sich nur auf einen Forschungsbereich anwenden, weshalb sie auch ausschließlich auf Daten aus diesem Bereich beruhen.

8 Die Selbstreflexion ist nur eine Art, wie Memos gebraucht werden können. Memos können u. a. auch der Ideensammlung oder Strukturierung dienen, wobei sie sich je nach Stand der Forschung in ihrer Komplexität unterscheiden. Vgl. dazu Charmaz (2006, 72–95) und Lempert (2007, 245–264) sowie das Kapitel 6.4.4.

hand von Memos mehr über sich herausfinden und ihren Einfluss auf das Feld (und umgekehrt) kritisch reflektieren, so Lempert (2007, 248).

Bereits am Verständnis davon, was Wirklichkeit ist und welchen Einfluss Forschende darauf haben, zeigen sich die elementaren Unterschiede zwischen der positivistischen GTM von Glaser und der pragmatistischen Version von Strauss und Corbin.

5.2.2.3 Kodierverfahren

Im pragmatistischen GTM-Ansatz von Strauss und Corbin (2010, 78–83) werden drei Arten des Kodierens postuliert: das offene, das axiale und das selektive Kodieren.[9] In einem ersten Schritt wird offen kodiert. Nach Strauss und Corbin (2010, 44) heißt das, dass man die schriftlichen Daten aufbricht, indem man sie abduktiv[10] vergleicht. Dadurch werden die Phänomene benannt und kategorisiert. Dies kann gemäß ihnen anhand von einzelnen Sätzen, Abschnitten oder ganzen Dokumenten geschehen, indem Kodes vergeben werden. Ein Kode ist zunächst nur eine Etikette, so Saldaña (2016, 3). Wenn verschiedene Etiketten vergeben oder Konzepte benannt sind, müssten diese gruppiert und in Kategorien eingeteilt werden. Laut Kelle (2007, 193) bilden sich die Kategorien im Laufe des Prozesses aus den Daten heraus, wenn man fortlaufend kodiert und die Daten konstant vergleicht. Kategorien könnten dabei als eine Art Oberbegriffe verstanden werden, da sie eine höhere Ordnung von Konzepten und Etiketten darstellen. Die einzelnen Kategorien würden im Anschluss auf

9 Für das Kodieren eignen sich Computerprogramme wie ATLAS.ti oder MAXQDA, siehe dazu Mühlmeyer-Mentzel (2011).

10 Abduktion kann als Methode des Pragmatismus gesehen werden. Unter Abduktion wird nach Peirce (2004, 207) ein Vorgang verstanden, mit dem eine erklärende Hypothese gebildet wird. Im Gegensatz zur Deduktion und Induktion können durch Abduktion neue Ideen eingeführt werden. Die Schwachstelle der Abduktion liegt darin, dass sie im Gegensatz zur Deduktion und Induktion nicht logisch erklärbar ist. Sie beruht auf einer Hypothese, die Dinge plausibel erklärt, jedoch stellt sie keinen Beweis dar. Anders gesagt tätigt man Ableitungen aufgrund von bestehendem Wissen, wobei es sich um Vermutungen handelt, die im Gegensatz zur Deduktion und Induktion nicht logisch erklärbar sind. Vgl. dazu Peirce (2004).

ihre Dimensionen untersucht.[11] Parallel zu diesem Prozess seien immer auch Memos zu verfassen.

Durch das axiale Kodieren werden gemäß Strauss und Corbin (2010, 75–93) Verbindungen zwischen den Kategorien hergestellt, damit die beim offenen Kodieren auseinandergebrochenen Daten neu zusammengesetzt werden können. Dafür solle das Kodierparadigma verwendet werden. Strauss und Corbin führen aus, dass das Kodierparadigma auf der Idee basiert, dass Subkategorien durch einen Satz von Beziehungen mit einer Kategorie verknüpfbar sind. So werden gemäß ihnen in diesem Ansatz die Daten anhand der (A) ursächlichen Bedingungen, (B) des Phänomens, (C) des Kontexts, (D) der intervenierenden Bedingungen, (E) der Handlungs- und interaktionalen Strategien sowie (F) anhand der Konsequenzen systematisiert.[12] So könne das zentrale Phänomen, um das sich die erhobenen Daten drehen, ausdifferenziert werden. Gleichzeitig diene das Kodierparadigma als Rahmen für eine methodisch sichere und nachvollziehbare Durchführung der Datenanalyse mit dem Ziel, neue Konzepte zu entwickeln und zu verdichten. Obgleich das offene und das axiale Kodieren getrennte analytische Vorgehensweisen sind, wechselt der Forschende gemäß Strauss und Corbin (2010, 75–93) während der Analyse zwischen den beiden Modi hin und her. Während des axialen Kodierens soll auch ein Augenmerk auf die Bedingungsmatrix gelegt werden, so Strauss und Corbin (2010, 132–147). Dabei sollen internationale, nationale, kollektive, individuelle etc. Verflechtungen analysiert werden, die einen Einfluss auf die Handlungen, die zu einem Phänomen gehören, haben.

Der dritte und letzte Schritt des Kodierens ist das selektive Kodieren. Dabei werden die Kernkategorien ausgewählt und systematisch mit anderen Kategorien in Beziehung gesetzt, so Strauss und Corbin (2010, 94–147). Zudem würden die Beziehungen anhand der Daten überprüft und Kategorien überarbeitet, welche einer Verfeinerung und/oder Entwicklung bedürfen. Am Ende des selektiven Kodierens würde die gegenstandsbezogene Theorie, welche auf den

11 Dabei steht die Frage im Zentrum, wie groß die Häufigkeit, das Ausmaß, die Intensität und die Dauer der einzelnen Kategorien ist.

12 Das Kodierparadigma unterscheidet sich maßgeblich von den Kodierfamilien der positivistischen GTM.

Kernkategorien und deren Beziehungen zu Subkategorien basiert, verschriftlicht.

Ausschlaggebend ist, dass man sich bei diesen drei Kodierformen des zirkulären Ablaufs bewusst ist. Es kann durchaus zu Überschneidungen der einzelnen Arbeitsschritte kommen oder auch zum offenen Kodieren bestimmter Textstellen zu einem fortgeschrittenen Forschungszeitpunkt, wenn bestimmte Kategorien einer Verdichtung bedürfen.

5.2.2.4 Umgang mit Literatur

Laut Kelle (1994, 341) hat sich der Umgang mit theoretischen Vorannahmen seit der Veröffentlichung von *The Discovery of Grounded Theory. Strategies for Qualitative Research* in den sechziger Jahren grundlegend verändert. Am Beginn dieser Entwicklung habe eine radikal induktivistische Konzeption gestanden, da Glaser und Strauss der Auffassung waren, ohne vorherige Hypothesen in die Feldforschung einzutauchen. Kelle (1994, 341) spricht dabei aber von einem »induktivistischen Selbstmissverständnis«. Die beiden Autoren hätten dies nämlich in ihrer eigenen Studie nicht umgesetzt, da sie bestimmte zentrale theoretische Konzepte und leitende Annahmen bereits vor der Feldforschung entwickelten. In den späteren Werken überarbeiteten Strauss und Corbin die induktivistische Haltung, sodass das Vorwissen beim pragmatistischen Ansatz der GTM eine immer wichtigere Rolle einnahm. So schreiben Strauss und Corbin (2010, 31f.), es sei unmöglich, ohne (fachliches oder nichtfachliches) Vorwissen in eine Forschungsarbeit einzusteigen. Vorwissen zu besitzen, sei sogar positiv, da dies dazu führe, eine theoretische Sensibilität zu generieren. Dieses helfe den Forschenden dabei (aufgrund des vorangegangenen Literaturstudiums sowie bereits gemachter Erfahrungen), die Relevanz einzelner Daten zu erkennen. Strauss und Corbin (2010, 31–38) stehen aus diesem Grund der Benutzung von Fachliteratur positiv gegenüber, sofern man nicht »ein Gefangener der Literatur« werde und auch nicht versuche, das erworbene Wissen auf die Daten zu pressen. Ziel sei es immer, Theorie aus den erhobenen Daten entstehen zu lassen, und nicht umgekehrt. Diese positive Haltung gegenüber dem Umgang mit Literatur liegt auch daran, dass sie einen abduktiven Forschungsstil verfolgen. Abduktion führt nämlich laut Kelle (2005) nicht zu neuem Wissen *ex nihilo,* sondern verbindet schon Bekanntes mit neuen Zugängen. Dies bedingt nebst einem gewissen Grad an Kreativität auch ein Vorwissen, welches neu verknüpft werden kann.

5.2.2.5 Nuancen der pragmatistischen Grounded-Theory-Methodologie

Ab der dritten Auflage des Buchs *Basics of Qualitative Research* von Strauss und Corbin änderte sich die Autorenreihenfolge und Corbin wurde Strauss vorangestellt, da Strauss verstorben war. Diese Änderung ging mit neuen Akzentuierungen in Richtung einer konstruktivistischen Epistemologie, einer Thematisierung der Rolle der Forschenden und einer größeren Flexibilität bezüglich der Regelverfolgung einher, wie Breuer et al. (2017, 20) schreiben. So schreibt Corbin (2011, 178) über die von ihr weiterentwickelte GTM, bei der sie nach eigener Aussage Bewährtes aus der Vergangenheit mit gegenwärtigen Überlegungen verbunden hat:

> »Es ist eine Methodik, die einer dogmatischen und rigiden Herangehensweise an Forschung entgegensteht und stattdessen erwartet, probeweise die Rolle der anderen zu übernehmen, den Teilnehmenden eine Stimme zu verleihen und dabei immer auch zu beachten, wie die Forscherin oder der Forscher selbst reagiert und die Forschung formt.«

Anhand dieser Aussage zeigt sich, dass die von Corbin weiterentwickelte Form der GTM aufgrund der Rolle der Forschenden noch immer auf dem Pragmatismus beruht, von ihr jedoch vereinzelt neue Akzente gesetzt werden. Dies zeigt sich bspw. beim Kodieren. So werden von Corbin (und Strauss 2015) die Schritte des Kodierens ab der dritten Auflage in veränderter Terminologie verwendet, sodass die Begriffe des axialen und selektiven Kodierens wegfallen. Bei der von ihr weiterentwickelten GTM handelt es sich um eine Nuance der pragmatistischen GTM, da eine Akzentuierung bestimmter Aspekte stattfindet, aber nichts Neues eingeführt wird.

Breuer et al. (2010; 2017), von der Psychologie und Psychoanalyse her kommend, entwickelten die reflexive Grounded Theory. Dabei stützen sie sich auf die pragmatistische GTM von Strauss und Corbin, legen aber einen vertieften Fokus auf einen ethnographischen Zugang zum Feld und die Selbstreflexion des Forschenden, die mittels Forschungstagebüchern, der Reflexion von Forschungsinteraktionen etc., stattfinden soll. Sie schreiben, in der Psychologie sei ein qualitativer Ansatz im Gegensatz zu nomothetisch-naturwissenschaftlichen Erkenntnismodellen der Neurowissenschaften wenig etabliert, weshalb sie versuchen, diese Lücke zu schließen. Breuer et al. (2010; 2017) postulierten mit der reflexiven Grounded Theory ihrer Meinung nach einen neuen Ansatz der GTM, jedoch sind die von ihnen geforderten Inhalte bereits in der pragmatistischen Form von Strauss und Corbin enthalten.

5.2.3 Wahl der pragmatistischen Grounded-Theory-Methodologie

Da die erkenntnis-, wissenschafts- und sozialtheoretischen Annahmen der pragmatistischen GTM geteilt werden, wurde in der vorliegenden Forschungsarbeit dieser Ansatz gewählt. Jedoch sind die Kritikpunkte an diesem Ansatz nicht zu vernachlässigen. Gemäß Kelle (2007, 203) wird häufig das Kodierparadigma kritisiert. Dieses würde Forschende einengen, da es einerseits auf dem Pragmatismus beruhe und andererseits vorgegebene Kategorien auf die Daten presse, sodass die Kategorien nicht aus den Daten emergieren. Diese Gefahr besteht, kann jedoch durch eine reflexive und abduktive Haltung während des Forschens minimiert werden. Der Vorteil des von Strauss und Corbin (2010) etablierten Kodierparadigmas liegt laut Kelle (2007, 203) vielmehr darin, dass ein klares Vorgehen aufgezeigt wird, welches hilft, die Fülle der qualitativen Daten zu strukturieren.

Ein weiterer Vorteil der pragmatistischen GTM liegt darin, dass der Fokus auf der Perspektive der Akteure und auf der Entdeckung von Theorien liegt. Zudem wird eine große Forschungsfreiheit gewährt.

Charmaz und Clarke versuchen die (pragmatistische) GTM weiterzuentwickeln und sie von den positivistischen Aspekten zu befreien, indem sie die Wichtigkeit von nichtmenschlichen Akteuren, die Reflexivität der Forschungsarbeit und -praxis sowie die möglichst komplexe Abbildung von Forschungssituationen ins Zentrum rücken. Diese Punkte lassen sich aber auch durch einen pragmatistischen Ansatz der GTM umsetzen, da sie bereits implizit in den Schriften von Strauss und Corbin (2010) enthalten sind. So spielen nichtmenschliche Aspekte bereits in der pragmatistischen GTM eine Rolle, worauf Clarke im Gespräch mit Keller (2011, 116) selbst hinweist. Die Wichtigkeit von Reflexivität im Forschungsprozess ist bei Strauss und Corbin (2010) implizit enthalten und wird später durch Corbins Nuancierung der pragmatistischen GTM stärker akzentuiert (Corbin und Strauss 2015). Anhand von Bedingungsmatrizen können auch mit der pragmatistischen GTM Situationen (möglichst komplex) beschrieben werden.[13] Bezüglich der Komplexität ist zu beachten, dass es niemals möglich ist, die Wirklichkeit anhand von Modellen in ihrer ganzen Komplexität darzustellen (auch nicht mit der Situationsanalyse), da jede Form von Modell eine Vereinfachung darstellt, wie Willer (1971) ausführt.

Aus den genannten Gründen basiert diese Arbeit auf der pragmatistischen GTM, wie sie Strauss und Corbin (2010) postulieren. Es wird aber ein besonderes Augenmerk auf die gemäß Charmaz und Clarke in diesem Ansatz fehlenden Aspekte (Reflexivität der Forschungsarbeit und -praxis und die komplexe Abbildung von Forschungssituationen) gelegt.

13 Vgl. dazu Strauss und Corbin (2010, 132–147).

6 Qualitative Untersuchung – Methode

6.1 Datenerhebung

Gleich zu Beginn einer Studie, welche auf der (pragmatistischen) GTM basiert, steht die Erhebung von Daten.[1] Die vorliegende Arbeit basiert auf der Annahme von Glaser und Holton (2004), dass es sich bei allem um Daten handelt. Birks und Mills (2015, 64f.) führen exemplarisch auf, was dementsprechend unter ›Daten‹ verstanden werden kann: Interview-Transkripte, Feldnotizen, Memos, wissenschaftliche Zeitschriften, Umfragen, Regierungsdokumente, Social-Media-Beiträge, Videos, Bilder, Musik, Romane etc.

Die in dieser Forschungsarbeit verwendeten Daten wurden anhand von qualitativen (episodischen) Interviews, teilnehmender Beobachtung und durch eine standardisierte Online-Umfrage erhoben. Zusätzlich wurden die in der Google- und Facebook-Gruppe ›Swiss Jains‹ veröffentlichten Beiträge aufbereitet und Protokolle jainistischer Veranstaltungen gesichtet.[2] Im Folgenden werden in einem ersten Schritt die theoretischen Konzepte, die hinter diesen verschiedenen Arten der Datenerhebung stehen, erläutert, um im Anschluss jeweils auf die konkrete Umsetzung der Datenerhebung, die dieser Forschungsarbeit zugrunde liegt, einzugehen.

---

1 Vgl. dazu Strauss und Corbin (2010, 12).

2 Im Jahr 2008 wurde die Google-Gruppe ›Swiss Jains‹ gegründet, um virtuell Informationen über den Jainismus auszutauschen und sich untereinander zu vernetzen. Acht Jahre später wurde die Facebook-Gruppe Swiss Jain Group mit demselben Ziel eröffnet.

6.1.1 Qualitative Interviews

Qualitative Interviews beruhen auf dem interpretativen Paradigma. Das interpretative Paradigma ist laut Matthes (1976, 201) eine grundlagentheoretische Position, die davon ausgeht, dass Interaktionen interaktive Prozesse sind. Im Rahmen dieser Prozesse würden sich die Handelnden aufeinander beziehen und sinngebende Deutungen dessen, was der andere tut oder tun könnte, äußern. So sind gemäß Lamnek und Krell (2016, 47) gesellschaftliche Zusammenhänge keine objektiv vorgegebenen und deduktiv erklärbaren Tatbestände, sondern das Resultat eines interpretationsgeleiteten Interaktionsprozesses zwischen Gesellschaftsmitgliedern. Laut Lamnek (2005, 62) heißt das, dass die zu einem bestimmten Zeitpunkt gegebenen (Interview-)Antworten prozesshaft generierte Ausschnitte der Konstruktion und Reproduktion sozialer Realität sind und nicht als das einfache Produkt einer unabänderlichen Auffassung, Meinung oder Verhaltensweise angesehen werden können. Dies deckt sich mit der von der pragmatistischen GTM postulierten Auffassung der Prozesshaftigkeit von Wirklichkeit.[3]

Laut Helfferich (2005, 24) gibt es in der qualitativen Forschung eine Vielzahl von Interviewformen mit je eigenen Akzenten, was die Umsetzung der Prinzipien Offenheit, Kommunikation, Fremdheit und Reflexivität und damit die Anforderungen an Interviewende angeht.[4] Dies sei oftmals verwirrend, da die Interviewbezeichnungen in der Forschung uneinheitlich verwendet werden. Im Zentrum qualitativer Interviews steht aber immer die Frage, was die befragten Personen für relevant erachten, wie sie ihre Welt beobachten und was ihre Lebenswelt charakterisiert, so Froschauer und Lueger (2003, 16). Durch qualitative Interviews wird gemäß Lamnek (2005, 62) der Konstitutionsprozess von sozialer Realität dokumentiert, rekonstruiert, interpretiert und letztlich auch erklärt.

3 Vgl. dazu Kapitel 5.2.2.

4 So gibt es problemzentrierte, fokussierte, rezeptive, szenische, ethnographische, halbstandardisierte, biographische, diskursive, Leitfaden- und episodische Interviews, um eine Auswahl zu nennen.

6.1.1.1 Episodisches Interview

Wie bereits erwähnt, gib es eine Vielzahl an verschiedenen Interviewarten, die unterschiedliche Vor- und Nachteile mit sich bringen. Der Vorteil eines narrativen Interviews liegt bspw. darin, dass die Befragten nach einer Erzählaufforderung frei sprechen und in ihren Erzählungen selbst Schwerpunkte setzen können. Die Gefahr dabei besteht aber, dass die Erzählungen der einzelnen Interviewpartner/innen nicht vergleichbar sind. Leitfadeninterviews hingegen können unterschiedlich flexibel gehandhabt werden, was im extremsten Fall dazu führt, dass die durch den Leitfaden vorgegebenen Fragen den Interviewpartner/innen stets in derselben Reihenfolge gestellt werden. Dies geht mit einer großen Vergleichbarkeit einher, schränkt aber die Erzählung ein.[5]

Beim episodischen Interview handelt es sich um eine Mischform zwischen erzählungsgenerierenden (bspw. narrativen) Interviews und Leitfadeninterviews. Dabei werden die Vorteile der beiden Interviewarten kombiniert und die Nachteile geschmälert. Der Vorteil eines episodischen Interviews im Gegensatz zu einem rein narrativen Interview liegt laut Flick (2007, 244) darin, dass die extrem einseitige und künstliche Situation des narrativen Interviews von einem offeneren Dialog abgelöst wird. Doch auch bei dieser Interviewform besteht laut ihm das generelle Problem, dass manche Menschen größere Schwierigkeiten mit dem Erzählen haben als andere. Dieser Problematik könne aber entgegengewirkt werden, indem nicht wie beim narrativen Interview eine umfassende Erzählung, sondern (anhand des Leitfadens) mehrere umgrenzte Erfahrungen erfragt werden. Das episodische Interview schafft gemäß Flick (2007, 239) des Weiteren Raum für kontextbezogene Darstellungen in Form von Erzählungen. Der Fokus des Interviews liege auf Situationen bzw. Episoden, in denen die Interviewten Erfahrungen gemacht haben, die für die Fragestellung der Forschung relevant zu sein scheinen. Ziel dieser Interviewform sei es, Erfahrungen in allgemeinerer, vergleichender Form darzustellen, gleichzeitig aber die entsprechenden Situationen und Episoden zu erzählen. Kernpunkt dieser Interviewform bilden

5 Um einen Überblick über die unterschiedlichen Arten von Interviews und deren Vor- und Nachteile zu erhalten, vgl. Helfferich (2005, 24–26), Lamnek (2005, 362–381) und Flick (2007, 195–270).

nach Flick (2007, 240) einerseits die Aufforderungen zum Erzählen von Situationen und andererseits Fragen nach subjektiven Definitionen. Dadurch, dass die Fragen auf einem Leitfaden beruhen, ist des Weiteren eine Vergleichbarkeit gegeben.

Das Besondere am episodischen Interview ist gemäß Flick (2007, 238), dass es auf der Annahme beruht, Erfahrungen von Subjekten können – hinsichtlich eines bestimmten Gegenstandbereichs – sowohl in Form von narrativ-episodischem als auch von semantischem Wissen abgespeichert und erinnert werden. Lamnek (2005, 362) führt dazu aus, dass narrativ-episodisches Wissen auf der unmittelbaren Erfahrungsnähe beruht und einen Erinnerungsfundus an konkreten Ereignissen beinhaltet. Aus diesem Grund stünde hier die Darlegung von Situationsabläufen im Vordergrund. Das semantische Wissen hingegen bezeichne das aus den Erfahrungen induzierte Wissen, was u. a. Generalisierungen und Abstraktionen umfasst. Hier gehe es hauptsächlich darum, Begriffe zu nennen und diese miteinander in Beziehung zu setzen. Das episodische Interview berücksichtigt beide Arten von Wissen.

Aufgrund der genannten Vorteile (Kombination zwischen einem erzählgenerierendem und einem Leitfadeninterview und der damit verbundenen Vergleichbarkeit) wurde das episodische Interview für die Datenerhebung dieser Forschungsarbeit gewählt.

6.1.1.2 Leitfaden

Episodische Interviews verfügen über einen Leitfaden. Das Ziel eines Leitfadens ist das Generieren von Erzählungen über bestimmte Themen, welche durch den Leitfaden zuvor festgelegt worden sind, so Nohl (2009, 19f.). Dank des Leitfadens kann die interviewende Person gemäß Helfferich (2005, 159) strukturierend eingreifen und neue Themen einführen. Diese Strukturierung eines Gesprächs führe dazu, dass sich ein Interview nicht in Themen verliere, welche die Forschungsfrage nicht tangieren. Ein weiterer Vorteil eines Leitfadens liegt darin, dass eine gewisse Vergleichbarkeit der Ergebnisse verschiedener Einzelinterviews möglich ist, so Friebertshäuser und Langer (2010, 439). Das Ziel solle aber nicht sein, allen Interviewpersonen dieselben Fragen in der gleichen Reihenfolge zu stellen mit der Hoffnung, eine möglichst große Vergleichbarkeit zu erhalten. Dieses Vorgehen würde der qualitativen Forschung nicht gerecht werden. Przyborski und Wohlrab-Sahr (2010, 142f.) kritisieren, dass man mit einem standardisierten Vorgehen, bei dem die Fragen in der gleichen Reihenfolge gestellt werden, riskiert, Interviews mit relativ geringem Informationsgehalt zu generieren. Sie führen aus, dass der Leitfaden dem Interview dienen soll und nicht umgekehrt, weshalb der Leitfaden flexibel gehandhabt werden und sich am Gesprächsverlauf orientieren solle. So sei weniger das Einhalten der Reihenfolge der Fragen als vielmehr das Ansprechen aller relevanten Sachverhalte ausschlaggebend für ein gelungenes Leitfadeninterview. Knoblauch (2003, 113) unterstützt die Ansicht, dass Leitfäden dem faktischen Verlauf des Interviews angepasst werden müssen und nur als eine Art grobes Ablaufmuster verwendet werden dürfen. Es ist darauf zu achten, dass keine Leitfadenbürokratie entsteht, wie dies Hopf (1978, 101–107) ausführt. Eine zu starre Handhabung des Leitfadens blockiere Gespräche und sei für die Generierung von Erzählung hinderlich.

Es muss jedoch beachtet werden, dass sich die flexible Handhabung der Reihenfolge der Fragen und die damit verbundene unterschiedliche Abfolge von angesprochenen Themen auf den Verlauf eines Gesprächs auswirken kann (vgl. u. a. Schwartz 1991). Aus diesem Grund sollten die Fragen des Leitfadens entsprechend dem Verlauf des Gesprächs gestellt werden, sodass die Interviewpartner/innen die Möglichkeit erhalten, eigene bzw. selbst Akzente innerhalb der Erzählung zu setzen. Werden gewisse Themen nicht angesprochen, so sollten sie anhand des Leitfadens am Ende des Gesprächs gestellt werden.

Bei der Interviewführung der vorliegenden qualitativen Studie wurde der Leitfaden so flexibel wie möglich gehandhabt. Die Einstiegsfrage lautete immer gleich, jedoch änderte sich die Reihenfolge der restlichen Fragen je nach Interview, sodass die Interviewten ihre eigenen Schwerpunkte setzen konnten. Am Ende des Gesprächs wurde jeweils dieselbe Abschlussfrage gestellt.

Der Leitfaden wurde im Rahmen von zwei Probeinterviews, welche ungefähr 45 Minuten dauerten, getestet und angepasst.[6] Im An-

6 Bei der Auswahl der beiden Interviewpartner/innen für die Probeinterviews wurde darauf geachtet, dass diese über einen Migrationshintergrund ver-

schluss an die Probeinterviews wurde der Leitfaden überarbeitet und es wurden zwei verschiedene Leitfäden erstellt. Der eine beinhaltet Fragen an Jainas, welche in die Schweiz migriert sind, und der andere adressiert Personen, die in der Schweiz aufgewachsen sind. Folgender Leitfaden wurde bei Jainas, welche in die Schweiz migrierten, verwendet:

Leitfaden 1[7]

- Please describe your arrival in Switzerland.

- Please tell me about the time after you had moved to Switzerland.

- If you think about a normal week in your life, please describe some activities for which you always try to dedicate some time.

- What do you associate with the word ›Jainism‹?

- What does *ahiṃsā* mean to you?

- From this end these were all the questions, would you like to mention something that we didn't have time for in the interview, but that you would like to talk about?

Der Leitfaden für Jainas, welche in der Schweiz aufgewachsen sind, wurde um die ersten beiden Fragen gekürzt.[8]

6.1.1.3 Fragen

Es gibt verschiedene Fragetypen, welche in einem Leitfaden verwendet werden können. Helfferich (2005, 90) unterscheidet zwischen

fügen (wie dies bei den meisten Jainas der Fall ist), sie mussten aber nicht zwingend aus dem asiatischen Raum stammen.

7 Im Anhang ist unter 12.1 der Leitfaden 1 auf Deutsch angehängt.

8 Vgl. dazu Anhang 12.5 (Deutsch) und Anhang 12.6. (Englisch).

erzählungsgenerierenden Fragen, Aufrechterhaltungsfragen, Steuerungsfragen, Zurückspiegelungsfragen, Aufklärungsfragen bei Widersprüchen und Suggestivfragen. Beim Fragenstellen ist nach Richardson et al. (1993, 208) zu beachten, dass es nahezu unmöglich ist, eine Frage zu formulieren, die nicht auf einer Art Unterstellung (sei dies implizit oder explizit) oder Vermutung beruht. Laut ihm setzen selbst Fragen wie »Wie heißen Sie?« oder »Wie alt sind Sie?« aufgrund der Vorerfahrungen der Interviewenden voraus, dass Menschen Namen haben, über ihr Alter Bescheid wissen und dass dies auch für die Befragten gilt. In diesem Fall wäre es gar nicht möglich, Fragen ohne Unterstellungen zu formulieren.

Im Rahmen der Datenerhebung der vorliegenden Forschungsarbeit wurden alle von Helfferich (2005, 90) vorgestellten Fragetypen mit Ausnahme der Suggestivfrage nach Möglichkeit und Interviewverlauf verwendet. Um beim Fragenstellen möglichst keine Unterstellungen zu machen, wurde versucht, offene und narrative Fragen zu stellen und bei Nachfragen auf bereits erwähnte Informationen einzugehen, sodass (möglichst) keine Voramnahmen getroffen werden. Zudem wurden unstrukturierte Fragen verwendet, wie sie Merton et al. (1993, 180) definieren. Anhand des Leitfadens zeigt sich zudem, dass sowohl Aufforderungen zum Erzählen von Situationen (bspw. »Please describe your arrival in Switzerland.«) als auch Fragen nach subjektiven Definitionen (bspw. »What do you associate with the word ›Jainism‹?«) verwendet wurden, was laut Flick (2007, 239) für episodische Interviews charakteristisch ist.

Je nach Gesprächsverlauf wurden individuelle Nachfragen gestellt. Beim Stellen der Fragen wurde darauf geachtet, dass Begriffe wie ›Jainismus‹, ›Religion‹ oder ›*ahiṃsā*‹ erst (oder ausschließlich dann) verwendet wurden, wenn die Interviewpartner/innen diese benutzt haben. Es wurde jeweils auch versucht, die Begrifflichkeiten der Interviewpartner/innen zu übernehmen.

6.1.1.4 Umgebung

Laut Herzog (2012, 210) wird die Bedeutung der Interviewumgebung für den Interviewverlauf oft unterschätzt. Dabei gehe es nicht um den Interviewort an sich, sondern darum, welche Bedeutung diesem durch die Interviewenden und die Interviewpartner/innen zugesprochen wird. Froschauer (2003, 75f.) geht gar so weit, dass sie die Herstellung einer konstruktiven und vertrauensvollen Gesprächsatmosphäre für das Gelingen eines Gesprächs als ausschlaggebend bezeichnet. Ihrer Meinung nach besteht die Leistung der Forschenden darin, eine solche Atmosphäre zu fördern, das erlangte Vertrauen nicht zu missbrauchen, Ideen anzuregen und Klärungen vorzunehmen.

Bei den im Rahmen dieser Arbeit geführten Interviews wurde den Interviewteilnehmenden jeweils die Wahl des Interviewortes überlassen. So wurden zwei Interviews bei den Interviewten zu Hause, drei beim einladenden Interviewpartner, drei in der Nähe ihres Arbeitsplatzes (z. B. Konferenzsaal oder Cafeteria), drei per Telefon (von zu Hause aus oder aus dem Büro) und eines in einem Café durchgeführt. Die Interviewten schienen sich jeweils in den von ihnen gewählten Lokalitäten wohlzufühlen und es gab nie Unterbrechungen aufgrund von Umgebungseinflüssen. Einzig die Geräuschkulisse konnte je nach Interviewort die Aufnahmequalität etwas mindern.

6.1.1.5 Rolle der Interviewenden

Gemäß Hermanns (2017, 364) ist die Rolle der Interviewenden ein Balanceakt. Einerseits müssten sie versuchen, interessiert, empathisch und verständnisvoll zu sein, und andererseits sollten sie sich dabei nicht durch eigene inhaltliche Stellungnahmen exponieren. Laut Hermanns (2017, 366) gibt es zwei Arten von Haltungen, die die Interviewenden gegenüber ihrer eigenen Interviewführung einnehmen können: (1) Das Gefühl der Ausbeuter und (2) das Gefühl der glücklichen Koinzidenz. Die erste Haltung ist laut ihm durch das schlechte Gewissen geprägt, da man die Interviewten aus Eigennutz dazu bringt, Intimes zu erzählen. Das könne dazu führen, dass eine Schonhaltung eingenommen wird. Im Rahmen der zweiten Haltung würden sich die Interviewenden hingegen als jemanden erleben, der dem Gegenüber eine bereichernde Erfahrung ermöglicht, indem sie sich (häufig stundenlang) für die Ausführungen der Interviewten interessieren. Zudem sind qualitative Forschungen gemäß Harvey (2011, 233–235) durch

Umstände, wie z. B. das Geschlecht oder die Fähigkeit der Interviewenden, mit anderen in Kontakt treten zu können, limitiert.

Da durch die Interaktionen der Forschenden mit dem empirischen Feld gemäß Strübing (2014, 12f.) neue Wirklichkeiten entstehen, hinterlässt das Forschen Spuren im Feld. Dies beinhalte auch, dass sich das Feld durch die Interaktion mit den Forschenden verändert, weshalb diese ihren Einfluss auf das Feld stetig reflektieren müssen. Die Rolle des Forschenden muss deshalb nach Strauss und Corbin (2010, 169–192) zwingend (in Memos) reflektiert werden.

Bei den im Rahmen der vorliegenden Arbeit geführten Interviews war es schwierig, ausschließlich die Haltung einzunehmen, man ermögliche den Interviewten eine bereichernde Erfahrung durch das Interview, da Interviews oft mit einem großen (Zeit-)Aufwand seitens der Interviewten verbunden sind. Die Erfahrung zeigte jedoch, dass die Interviewpartner/innen, wenn sie sich für ein Interview bereiterklärt haben, sehr gerne über die befragte Thematik Auskunft gaben und die Interviewsituation meist als positiv wahrgenommen haben.

Während der Datenerhebung ergab sich keine Situation, in der das Geschlecht als Nachteil empfunden wurde. Im Gegenteil – oft waren die (unverheirateten) Interviewpartner aussagefreudig und daran interessiert, auch nach den Interviewterminen per Social Media den Kontakt aufrechtzuerhalten. Aus diesem Grund konnten jederzeit Rückfragen gestellt und die Online-Aktivitäten von Jainas in den neuen Medien verfolgt werden. Einzig Himal[9], der zu Beginn als Gatekeeper[10] fungierte, zeigte sich im Rahmen der geführten Interviews eher reserviert und distanziert, im Gegensatz zu informellen Gesprächen, die er mit PD Dr. Frank Neubert führte. Dies muss aber nicht unbedingt auf das Geschlecht zurückzuführen sein, sondern kann auch in der Achtung akademischer Titel liegen. Wurden z. B. E-Mails direkt an Himal gerichtet, sandte er seine Antworten immer auch in Kopie an den Doktorvater der Forschenden.

9 Es werden für alle befragten Jainas zum Zwecke der Anonymisierung Pseudonyme verwendet.

10 Da er zu Beginn den Kontakt zu weiteren Jainas herstellte, war er einer der Gatekeeper.

Die Wichtigkeit der Selbstreflexion zeigt sich an folgenden Beispielen: In fast jedem Interview gab es eine Situation, in der die Interviewende nach ihrem Bezug zum Jainismus gefragt wurde, was meist mit der Frage einherging, ob sie nach jainistischen Prinzipien leben würde. Um den Interviewfluss aufrechtzuerhalten, wurde in solchen Situationen erwidert, sie sei Vegetarierin und dass ihr das Konzept von *ahiṃsā* zusprechen würde. Dabei verwendete sie jeweils die Konnotation von *ahiṃsā*, welche von den Interviewpartner/innen bereits angesprochen wurden. In diesem Zusammenhang erwähnte sie auch den Besuch einer Summer School in einem indischen Kloster, um so ihren Bezug zum Jainismus zu bekräftigen.

In mehreren Interviews wurde die Interviewerin aus unterschiedlichen Gründen gebeten, Kontakte zu anderen Jainas herzustellen. Die Antwort lautete dabei jeweils, dies würde bei Gelegenheit gemacht, jedoch wurde schlussendlich nie auf diese Bitten eingegangen.[11] Wichtig war es jedoch, dass die eigene Haltung immer wieder (z. B. in Memos) reflektiert wurde.

6.1.2 Teilnehmende Beobachtung

Die teilnehmende Beobachtung beruht laut Lamnek (2005, 239) auf dem Symbolischen Interaktionismus, da Realität konstruiert wird, indem kommunikative Interaktionen mit den Handelnden stattfinden. Er führt aus, dass die teilnehmende Beobachtung bevorzugt dort eingesetzt wird, wo es unter spezifischen theoretischen Perspektiven um die Erfassung der sozialen Konstituierung von Wirklichkeit, um Prozesse des Aushandelns von Situationsdefinitionen und um das Eindringen in ansonsten nur schwer zugängliche Forschungsfelder geht oder wo für die Sozialforschung Neuland betreten wird.

Die teilnehmende Beobachtung ist nach Cohen (2014, 72) eine Methode der Feldforschung, bei der die Forschenden zur Informationsbeschaffung an den Interaktionen der zu untersuchenden Per-

11 Eine Ausnahme bildete die Anfrage eines neu in die Schweiz migrierten Jainas per E-Mail im April 2020. Es ist davon auszugehen, dass er durch die Website der Universität Bern auf die Forschende aufmerksam wurde. Sie verwies ihn an die Facebook- und die Google-Gruppe.

sonen teilnehmen, diese beobachten und die daraus resultierenden Eindrücke festhalten. Im Unterschied zum Gespräch, bei dem Meinungen und Reflexionen über die Handlung zugänglich gemacht werden, stehe bei der teilnehmenden Beobachtung das Handeln selbst und damit auch an Handlung gebundenes und nicht verbalisiertes Wissen im Fokus. In einem ersten Schritt muss laut Przyborski und Wohlrab-Sahr (2010, 54–56) bestimmt werden, wer zum Feld gehört.

Bei der teilnehmenden Beobachtung stehen die Forschenden nicht passiv-registrierend außerhalb ihres Gegenstandsbereichs, so Mayring (2008, 80f.), sondern sie nehmen selbst an der sozialen Situation teil. Es werden also Daten gesammelt, während man an einer natürlichen Lebenssituation partizipiert. Der Vorteil dieser Methode liegt gemäß Mayring (2008, 80f.) darin, dass man näher am Gegenstand ist und die Innenperspektive erforscht werden kann. Durch die teilnehmende Beobachtung entsteht aber auch ein Spannungsfeld zwischen Nähe und Distanz. Einerseits versuchen die Forschenden, sich so zu verhalten wie das Feld, und andererseits versuchen sie die Situation so wahrzunehmen, wie dies jemand tut, der außerhalb des Geschehens steht, so Hauser-Schäublin (2003, 38). Laut ihr bedeutet die Teilnahme Nähe und das Beobachten Distanz.

Harvey (2011, 220f.) betont die Wichtigkeit der Reflexion bei teilnehmenden Beobachtungen, gerade weil die Forschenden durch die teilnehmende Beobachtung in die Handlung eingebunden sind und zusammen mit den Akteuren Handlung überhaupt erst entsteht.[12] Lamnek (2005, 259) führt dazu aus, dass die Forschenden bei teilnehmenden Beobachtungen bewusst wie auch unbewusst Einfluss auf das zu beobachtende soziale Feld nehmen. Allein durch die Tatsache, dass neue Rollenträger/innen in das soziale Feld eintreten, könne sich das Feld verändern.

Der teilnehmenden Beobachtung sind aber auch Grenzen gesetzt. So ist sie laut Baumann (1998, 14) immer selektiv. Es sei nicht möglich (und wahrscheinlich auch nicht sinnvoll), an allen Arten von religiösen Handlungen und Feiern teilzunehmen. Aber nicht nur die Auswahl der Veranstaltungen, an denen man teilnimmt, ist selektiv, sondern auch die Beobachtungen an sich. Man muss sich

12 Vgl. dazu Kapitel 5.2.2.

laut Hauser (2003, 49) bewusst sein, dass – wenn schon das Beobachten immer selektiv ist – das Notieren von Geschehenem, Gehörtem und Gesagtem umso mehr eine Auswahl aus der Summe der Sinneseindrücke ist. Harvey (2011, 233–235) geht des Weiteren auf das Fragenstellen als limitierenden Faktor bei der teilnehmenden Beobachtung ein. Er schreibt, dass das übermäßige Fragenstellen vom Feld als störend empfunden werden kann, jedoch könne der Verzicht auf Fragen auch kontraproduktiv sein. In diesem Sinne sei das Fragenstellen eine Gratwanderung und müsse je nach Situation passend gehandhabt werden. So kann die teilnehmende Beobachtung immer auch als »learning by doing« beschrieben werden, wie Harvey (2011, 240) darlegt.

Im Rahmen der vorliegenden Arbeit fanden an insgesamt sechs Anlässen teilnehmende Beobachtungen statt. Da aufgrund der Masterarbeit bereits Kontakte zu Jainas bestanden, konnten diese reaktiviert werden. Dies bedeutet, dass es sich bei der teilnehmenden Beobachtung um offene Beobachtungen handelte. Im Laufe der Forschung spielte diese Information für die anwesenden Jainas eine immer unbedeutendere Rolle und sie wurde als Teilnehmerin des Feldes akzeptiert, so wie z. B. Schweizer Partner/innen der jeweils anwesenden Jainas.

Im Rahmen der teilnehmenden Beobachtung ergaben sich mehrere Situationen, in denen es ein Spannungsfeld zwischen Nähe und Distanz gab. So musste jeweils zugunsten der Forschung die eine oder die andere Seite gewählt werden. So kam im Rahmen des *Mahāvīra Jayantī*-Fests im Jahr 2012 die Frage auf, inwiefern die geführten Recherchen zur Übernahme von jainistischen Praktiken geführt hätten. In einem solchen Moment wäre es nicht förderlich gewesen, sich auf einen neutralen religionswissenschaftlichen Standpunkt zurückzuziehen, da dies wahrscheinlich weitere Rechercheoptionen verschlossen hätte. So wurde in diesem Moment die Distanz aufgegeben und eine dem Jainismus entsprechende Aussage abgegeben, auch wenn dies nicht der eigentlichen Meinung entsprach. Es zeigte sich zudem mehrmals, dass die Forschende von Jainas an besuchten Veranstaltungen als Expertin angesprochen wurde. So wurde sie an *Mahāvīra Jayantī* gefragt, ob der Verzehr von Kartoffeln eigentlich den Essensregeln der Jainas entspreche. An einem interreligiösen Treffen wurde sie gefragt, ob nicht sie die Fragen des Publikums zum Thema Jainismus beantworten könne und an *Gaṇeśa-Catūrthi*, wie die Dekoration des Schreins gestaltet werden soll. In zwei der drei Fällen handelte es sich um eine Jaina, die diese Fragen stellte, während es sich beim letzten Beispiel um eine anwesende Person, die nicht der Religion Jainismus angehört, handelte. In allen Fällen wurde versucht, so wenig wie möglich, aber so viel wie nötig involviert zu werden. Dies konnte bei der Dekoration des Schreins bedeuten, dass sie die Frage an weitere anwesende Personen weitergab oder dass sie bzgl. des Verzehrs von Kartoffeln auf die Regel der Wurzelgemüse hinwies, um dann danach zu fragen, ob Kartoffeln Wurzelgemüse seien. Beim Beantworten der Publikumsfragen an einer interreligiösen Veranstaltung war die Forschende auf Wunsch der anwesenden Jainas auf der Bühne präsent, hielt sich aber im Hintergrund und beantwortete keine der Fragen. Solche Situationen wurden jeweils in den Feldnotizen und Memos reflektiert.[13]

6.1.3 Online-Umfrage

Durch die Standardisierung von (Online-)Befragungen soll gemäß Tausendpfund (2018, 237f.) gewährleistet werden, dass unterschiedliche Antworten auf eine Frage auch tatsächlich auf unterschiedliche Merkmale, Einstellungen und Verhaltensweisen der Personen zurückzuführen sind und nicht auf variierende Bedingungen während der Befragungssituation. Es ist jedoch zu beachten, dass bei standardisierten Online-Umfragen Personen ausgeschlossen werden, die über keinen Internetzugang verfügen.

Bei Online-Erhebungen stellt sich die Frage, wie die Teilnehmenden gefunden werden. Bei einer passiven Rekrutierung, wie dies Taddicken (2013, 203f.) definiert, rekrutieren sich die Teilnehmenden selbst, indem sie durch einen Hyperlink auf einer Website, einer Social-Media-Plattform oder Ähnlichem zum Fragebogen gelangen. Die Teilnehmenden würden somit selbst darüber entscheiden, ob sie an der Online-Befragung teilnehmen möchten. Dies ist, wie Taddicken (2013, 203) ausführt, problematisch. So sei unbekannt,

13 Zur Rolle der Forschenden im Feld vgl. auch Przyborski und Wohlrab-Sahr (2010, 55–62).

auf welcher Grundgesamtheit man die Befragung verallgemeinern müsse, also welche und wie viele Personen den Hyperlink zur Befragung überhaupt wahrgenommen haben. So könne nicht geklärt werden, welche Personen *nicht* auf den Teilnahmeaufruf reagieren, weshalb von einer systematischen Verzerrung des Teilnehmendenkreises auszugehen ist. Aus diesem Grund können Erhebungen, die auf einer passiven Rekrutierung basieren, nicht als repräsentativ angesehen werden, so Wagner und Hering (2014, 665).

Nebst der qualitativen Datenerhebung wurde eine quantitative Untersuchung anhand einer standardisierten Online-Befragung durchgeführt. Die Kombination qualitativer und quantitativer Verfahren stellt bei der Verwendung der (pragmatistischen) GTM als Forschungsstil keinen Widerspruch dar, da unterschiedliche Arten von Daten verwendet werden können.[14] Da es sich bei den Schweizer Jainas um eine Gruppe handelt, die eine starke Internetpräsenz hat, spielte die Problematik eines fehlenden Internetzugangs im Rahmen der vorliegenden Arbeit eine vernachlässigbare Rolle.

Bei der standardisierten Online-Erhebung fand eine passive Rekrutierung gemäß Taddicken (2013, 203f.) statt. Die fehlende Repräsentativität war im Fall der vorliegenden Forschungsarbeit kein Hinderungsgrund, da aufgrund des eigentlich qualitativen Forschungsdesigns keine Repräsentativität angestrebt wurde. Bei der standardisierten Online-Befragung ging es vielmehr darum, Daten über eine größere Gruppe an Jainas zu erheben, als dies durch einen ausschließlich qualitativen Ansatz möglich gewesen wäre. Dieses Ziel konnte erreicht werden.

6.1.4 Schriftliche Quellen

Zusätzlich zu den durch episodische Interviews, teilnehmende Beobachtungen oder durch Online-Umfrage erhobenen Daten wurden schriftliche Quellen verwendet. So wurden bspw. die von Schweizer Jainas verfassten Protokolle von religiösen und kulturellen Veranstaltungen gesichtet. Des Weiteren wurden sämtliche Beiträge berück-

14 Vgl. dazu Strauss und Corbin (2010, 162f.).

sichtigt, welche die Mitglieder der geschlossenen Google-Gruppe[15] ›Swiss Jains‹ seit der Eröffnung des Benutzerkontos im Jahre 2008 bis Ende April 2019 veröffentlicht haben, genauso wie die Beiträge der öffentlichen Facebook-Gruppe Swiss Jain Group, welche im April 2016 eröffnet wurde. Auch die von Jainas verteilten Dokumente, Flyer, Broschüren etc. wurden in die Forschung miteinbezogen. Die Herausforderung in Bezug auf die schriftlichen Daten lag hauptsächlich in der Erschließung der Zugänge sowie der Aufbereitung der Daten. Es ist ein Glücksfall und nicht selbstverständlich, dass die Angehörigen der Schweizer Jaina-Gemeinschaft einen solch freien Zugang zum beschriebenen Datenmaterial gewährt haben.

6.2 Übertragen der Daten in eine schriftliche Form

Sowohl die geführten Interviews als auch die teilnehmenden Beobachtungen mussten in eine schriftliche Form gebracht werden. Erst durch die Transkription werden Interviews nach Knoblauch (2003, 143f.) zu Daten. Der Begriff der ›Verschriftlichung‹ wird im Zusammenhang mit der Transkription vermieden, da dies laut ihm eine schlichte Übertragbarkeit des Aufgezeichneten in ein Schriftmedium suggeriert, was aber nicht der Fall ist. Dies zeige sich in den verschiedenen Graden der Transkription, die sich durch eine besondere Art der Selektion auszeichnen. Man könne auch von Graden der Genauigkeit sprechen. Es sei zu beachten, dass ein Gespräch durch sein Transkript niemals eins zu eins abgebildet werden kann. Transkripte müssen laut Fuß und Karbach (2014, 25f.) als selektive Konstruktion betrachtet werden, da das Transkribieren der Gesprächsaufnahmen nicht dem Kopieren des Gesprächs gleichkommt. Das Transkript sei vielmehr das Ergebnis einer Transformation von Daten in eine Form, die wissenschaftlichen Zwecken dient. Dabei komme es einerseits notgedrungen zur Selektion relevanter Gesprächscharakteristika[16] und zum Verschwinden des Kontextes (Umgebung etc.) während

15 Bei Verweisen auf bestimmte Beiträge der Google-Gruppe wird diese im Folgenden mit ›GG‹ abgekürzt.

16 So wird z. B. die Mimik sowie Kopfnicken oder -schütteln betont, während bspw. die Sprachmelodie etc. vernachlässigt wird.

andererseits eine Komplexitätssteigerung stattfinde, da Gesprächsaspekte festgehalten würden, die von den Teilnehmenden in der gegenwärtigen Situation nicht wahrgenommen werden (z. B. Wort- und Satzabbrüche etc.).

Um die für diese Forschungsarbeit erhobenen Interviews in eine schriftliche Form zu bringen wurde eine Mischform zwischen der von Fuß und Karbach (2014, 62f.) und der von Mayring (2008, 91f.) vorgeschlagenen (kommentierten) Transkriptionsweise gewählt.[17] Da es sich nicht um eine linguistisch orientierte Untersuchung handelt, wurden keine Tonhöhen aufgezeichnet. Folgende Abkürzungen wurden bei der Transkription verwendet:

[ ]	Einsetzen bzw. Ende einer Überlappung von Redezügen
[Name]	Auslassungen
(..)	kurze Pause
(...)	längere Pause
(4,0)	Pausen, die länger als 4 Sekunden dauern
(I: mh)	Wörter, die den Redefluss aufrechterhalten, wurden nicht auf eine neue Zeile geschrieben
mh	zustimmend
mhm	verneinend
LAUT	laut gesprochen
leise	leise gesprochen
<u>betont</u>	betont gesprochen
na::	gedehnte Aussprache
haus-	abgebrochenes Wort
(...?)	unverständliches Wort

17 Es wurde eine Mischform gewählt, da Mayring zwar sehr genau auf Intonationen eingeht, was für den Zweck dieser Arbeit nicht zwingend notwendig war, Wortabbrüche und Sprachklänge (laut/leise) aber vernachlässigt. Fuß und Karbach hingegen verweisen in den Transkripten jeweils auf die genauen Zeitangaben, worauf aus Gründen der Lesbarkeit verzichtet wurde.

(mein?/dein?)	alternativ vermuteter Wortlaut
(räuspert sich)	non-verbale Äußerungen oder Hintergrundgeräusche
((Anmerkung))	Anmerkungen der Transkribientin

Die folgenden deutschen Ausdrücke wurden in den englischen Transkripten angepasst:

mh	mhm
äh	um
ähm	umm
hä	huh
ya	yeah
bä	ba
aha	aha

Eine Ausnahme bilden die Interviews, welche im Rahmen der Masterarbeit geführt und für die vorliegende Forschungsarbeit neu aufbereitet worden sind. Diese Interviews waren bereits in einer schriftlichen Form vorhanden und mussten aus diesem Grund nicht erneut transkribiert werden.

Auch die teilnehmenden Beobachtungen mussten in eine schriftliche Form gebracht werden. Im Gegensatz zu den Interviews liegt die Schwierigkeit der ›Verschriftlichung‹ von Beobachtungen gemäß Knoblauch (2003, 90–96) darin, dass etwas, das selbst gar nicht sprachlich ist, in Sprache gefasst werden muss. Bei der Niederschrift der Beobachtungen handle es sich deshalb zweifellos immer um eine subjektive, selektive und unvollständige Beschreibung der Situation, die aber wichtige Eindrücke und Hinweise liefert.

Die teilnehmenden Beobachtungen wurden anhand verschiedener Arten von Feldnotizen in eine schriftliche Form gebracht. So wurden mentale Notizen, Kurznotizen und auch vollständige Feldnotizen erstellt, wie Knoblauch (2003, 90–96) diese definiert. Grundsätzlich wurde immer angestrebt, Kurznotizen zu machen. Wenn dies die Situation aber nicht erlaubte wurde auf mentale Notizen ausgewichen. Möglichst zeitnah wurden die mentalen Notizen und die

Kurznotizen in eine vollständige Feldnotiz überführt, die auch Reflexionen über die Forschungssituation beinhaltet.

6.3 Datenbeschreibung

Im Folgenden werden die erhobenen Daten genauer beschrieben. Dabei handelt es sich um zwölf episodische Interviews, die Feldnotizen von sechs jainistischen Veranstaltungen und aufbereitete Online-Beiträge der Google- und Facebook-Gruppe der Schweizer Jainas.

6.3.1 Episodische Interviews

Insgesamt wurden 16 Personen zwischen 2014 und 2019 in zwölf Interviews (I1-I12) befragt, welche jeweils zwischen 30 und 80 Minuten dauerten. So wurden knapp zehn Stunden an Interviewmaterial aufgezeichnet und transkribiert. Es wurden acht Männer (Takshil, Himal, Ajeet, Chetak, Sakshat, Munir, Dharin, Nihir) und acht Frauen (Daya, Harjot, Bindu, Aleika, Chiti, Aneri, Miti, Mukti) interviewt. Die Befragten (B) waren zum Zeitpunkt des Gesprächs zwischen 28 und 90 Jahre alt. Insgesamt gehörten 13 Personen den *Śvetāmbaras* an, davon drei den *Terāpanthīs,* zwei den *Sthānakavāsīs* und sechs den *Derāvāsīs.* Eine Person vermerkte, sie gehöre sowohl den *Śvetāmbaras* (*Derāvāsī*) als auch den *Digambaras* an, da je ein Elternteil der entsprechenden Strömung zugehörig sei. Eine weitere Person konnte keiner der *Śvetāmbara*-Traditionen zugeordnet werden. Zwei Befragte gehörten den *Digambaras* an, wobei sich eine Person den *Digambara-Terāpanthī* zugehörig fühlte und bei der zweiten Person unklar war, wo sie sich innerhalb der *Digambaras* verortet. Während eine der Befragten in der Schweiz geboren ist, sind zehn Jainas aus Indien, einer von den Seychellen und vier aus Europa (England, Norwegen, Frankreich, Deutschland) in die Schweiz eingereist. Als Grund für die Einreise haben zehn Personen berufliche Gründe, vier ihre Hochzeit und eine Person das Studium angegeben. Vier Personen sind in den 1970er Jahren, eine in den 1980er Jahren, vier um die Jahrtausendwende und sechs Personen in den letzten 10 Jahren in die Schweiz eingereist. Alle befragten Jainas haben mindestens einen universitären Bachelor-

Abschluss, wobei bei Harjot nicht bekannt ist, welches ihr höchster Schulabschluss ist. Drei Gespräche fanden auf Wunsch der Interviewten telefonisch statt. Fünf der Interviewten erhielten die Fragen vorab zugesandt. Die Interviews wurden je nach Wunsch der Interviewpartner/innen auf Englisch oder auf Deutsch geführt. Dies führte dazu, dass alle Interviews bis auf ein Gespräch, das in deutscher Sprache geführt wurde, auf Englisch stattfanden.

6.3.1.1 Ablauf der Interviews

Zu Beginn der Interviews wurde das Thema der Forschung (Jainas in der Schweiz) erklärt. Diese Information barg die Gefahr, dass sich die Interviewten von Beginn an auf das Thema Jainismus fokussieren. Dies war aber unumgänglich, da die meisten Interviewpartner/innen die Forschende bereits auf religiösen Veranstaltungen kennengelernt hatten und wussten, dass sie sich für das Themengebiet Religion interessiert. Trotz dieser Gefahr gab es Interviewpartner/innen, die sich explizit als nicht praktizierende Jainas beschrieben, weshalb davon ausgegangen werden kann, dass die offenen Fragen genug Spielraum für verschiedene Arten von Antworten zuließen. Zu Beginn der Interviews wurden des Weiteren die Interviewpartner/innen über die Anonymisierung der Daten informiert und um Erlaubnis gefragt, das Interview elektronisch aufzuzeichnen.

Im Anschluss an das eigentliche Interview wurden die Interviewpartner/innen gebeten, einen schriftlichen Fragebogen auszufüllen, in dem sie Basisinformationen, wie Name, Alter, Herkunftsland, Schulbildung oder jainistische Strömung angaben.[18] Der schriftliche Fragebogen variierte, analog zum Leitfaden, je nachdem ob die Interviewpartner/innen in die Schweiz migriert oder in der Schweiz aufgewachsen sind.[19] Die Fragebögen schränkten die Antworten durch die vorgegebenen Auswahlmöglichkeiten ein. Dies zeigte sich bei ei-

18 Drei Interviews wurden telefonisch durchgeführt, weshalb den Interviewpartner/innen kein Fragebogen vorgelegt werden konnte. Die im Fragebogen erhobenen Daten konnten aber jeweils aus dem Gespräch eruiert oder im Anschluss per E-Mail erfragt werden.

19 Der schriftlichen Fragebögen sind im Anhang unter 12.3 bis 12.6 aufgeführt.

ner Interviewpartnerin, die keinen passenden Vorschlag einer Strömung, zu der sie sich zugehörig fühlt, fand. Sie nutzte die Möglichkeit, ›andere‹ anzukreuzen, um ihre Zugehörigkeit genauer zu spezifizieren. Durch dieses zusätzliche Feld konnte der Nachteil einer standardisierten Befragung abgeschwächt werden. Es zeigte sich aber, dass nicht alle Begrifflichkeiten des standardisierten Fragebogens verständlich waren. So wurde im Fragebogen zu Beginn der Begriff ›*Mūrtipūjaka*‹ verwendet. Den Interviewpartner/innen aber waren die Begriffe ›*Derāvāsī*‹ und ›*Mandirmārgī*‹ geläufiger, was im Rahmen des vierten Interviews ersichtlich war. Aus diesem Grund wurde der Fragebogen für die weiteren Befragungen um die beiden zusätzlichen Begriffen ergänzt. Nach dem Interview wurden jeweils Notizen zum Interviewverlauf, zu den Befragten, zur Umgebung und zu ihrer eigenen Befindlichkeit gemacht.

Im Folgenden werden die einzelnen Interviews, welche im Rahmen der vorliegenden Forschungsarbeit erhoben wurden, genauer beschrieben.

6.3.1.2 Interviewpartner/innen

Der Interviewpartner Himal war bereits als Organisator mehrerer Jaina-Treffen in Erscheinung getreten. Auffällig war, dass die anwesenden Jainas ihm und seiner Frau, Harjot, jeweils zur Begrüßung die Füße berührten, was in Indien als Zeichen des Respekts gilt. Unter anderem aus diesem Grund galt die erste Interviewanfrage ihm. Mit der Bereitschaft, ein Interview durchzuführen, lud er (ohne Absprache) weitere Jainas für ein Interview ein. So wurden am 23. September 2015 (eine Woche nach *Paryuṣaṇa*) vier Interviews im Wohnzimmer von Himal durchgeführt, der in einer größeren Stadt in der Westschweiz lebt. Dabei konnten sowohl Einzel- als auch Gruppeninterviews mit insgesamt sieben Jainas geführt werden, u. a. eines mit Himal. Während der weiteren Interviews betrat Himal aus unterschiedlichen Gründen für einen kurzen Moment das Wohnzimmer, so bspw., um (eierfreien) Kuchen zu reichen, nachzufragen, ob alles in Ordnung sei, das Telefon aufzuladen etc., weshalb die folgenden Interviews nicht ohne Unterbrechungen durchgeführt werden konnten.

Im ersten Interview wurde eine ungefähr 40-jährige Frau befragt, Daya (B1), die in der Schweiz geboren ist. Sie arbeitet im medizinischen Bereich und verfügt über einen Doktortitel. Daya ist ledig und wohnt in einer größeren Stadt in der Westschweiz. Die Interviewte kreuzte beim an das Interview anschließenden schriftlichen Fragebogen sowohl *Digambara* als auch ›others‹ an und vermerkte dort: *Derāvāsī*. Das Interview dauerte über eine Stunde und fand auf Englisch statt. Mit Daya wurde bereits im Rahmen der Masterarbeit ein Interview durchgeführt (T3).

Das zweite Interview wurde mit einem rund 60 Jahre alten Mann namens Takshil (B2) auf Englisch geführt, der verheiratet ist, Kinder hat und im Grenzgebiet zur Schweiz lebt. Er hat einen Masterabschluss und war zum Interviewzeitpunkt bereits pensioniert. Er migrierte in den 1980er Jahren aufgrund seiner Tätigkeit in einer internationalen Firma in die Schweiz. Die Antworten von Takshil waren an einigen Stellen zurückhaltend und reserviert, während er sich an anderen Stellen gesprächig zeigte. Er stellte einige Fragen an die Interviewerin bzgl. deren Intention und kehrte damit die Interviewsituation um. Oft generalisierte er seine Aussagen und versuchte für alle Jainas in der Schweiz zu sprechen. Gemäß der schriftlichen Erhebung sieht er sich den *Derāvāsī* zugehörig, was er beim schriftlichen Fragebogen unter *others* vermerkte. Während des Interviews, das 40 Minuten dauerte, gab es keinerlei Störungen seitens Himal.

Im dritten Interview wurde der knapp 90-jährige Himal (B3) befragt, in dessen Wohnung das Interview stattfand. Während des Interviews waren sowohl die Frau des Interviewten, Harjot (B4), als auch der zweite Interviewpartner, Takshil, im Raum anwesend, da dieser gerade am Computer dabei war, einen Brief für Himal zu verfassen. Himal ist verheiratet und hat Kinder, welche außerhalb der Schweiz leben und bereits selbst Eltern sind. Er ist zusammen mit Harjot in den 1970er Jahren im Auftrag der indischen Regierung in die Schweiz gereist und blieb auf eigenen Wunsch hin. Der Interviewpartner gab bei allgemeinen Fragen über den Jainismus sehr ausführlich Auskunft, bei persönlichen Fragen war er eher zurückhaltend. Da die Hörkapazität von Himal eingeschränkt ist, verstand er akustisch nicht alle Fragen, weshalb die Antworten manchmal von den Fragen abwichen. An einigen Stellen griff Takshil ins Gespräch ein und wiederholte die gestellten Fragen, wenn Himal sie (akustisch) nicht verstand. Himal und Harjot wurden im Anschluss an das Interview keine Fragebögen vorgelegt. Situativ wurde eine Entscheidung gegen das Austeilen des Fragebogens getroffen, da sämtliche zu erhebenden Daten im Interviewverlauf bereits besprochen wurden. Himal verortete sich im Gespräch als den *Terāpanthī* zugehörig. Das Interview wurde auf Englisch durchgeführt, dauerte 80 Minuten und wurde durch das Eintreffen weiterer Jainas beendet.

Das vierte Interview begann mit der Befragung der damals ungefähr 30-jährigen Bindu (B5). Sie hat einen Masterabschluss, lebt in einer größeren Westschweizer Stadt und kam 2012 in die Schweiz, da ihr Mann ein Jobangebot in der Schweiz erhielt. Sie selbst verortet sich als *Derāvāsī*, was sie im Fragebogen hinter *Mūrtipūjaka* vermerkte. Nach fünf Minuten stieß ein Paar zum Interview dazu. Der Mann, Ajeet (B7), war damals über 30 Jahre alt. Er verfügt über einen Masterabschluss und lebt seit 2005 in der Schweiz. Zu Beginn des Interviews wollte er nicht daran teilnehmen, sondern die Zeit mit Himal im Nebenraum verbringen. Die Frau von Ajeet, Aleika (B6), bat ihn jedoch zu bleiben. Aleika ist gut 30 Jahre alt und hat einen universitären Masterabschluss. Beide kreuzten an, dass sie den *Sthānakavāsī* angehören. Sie leben in einer kleinen Westschweizer Stadt. Der Ehemann wohnt seit 2005 aus beruflichen Gründen in der Schweiz, er ist selbständig Erwerbender. Seine Frau reiste ein Jahr nach der Hochzeit, also 2012, in die Schweiz ein.[20] Da im Vorfeld nicht bekannt war, dass mehrere Personen gleichzeitig am Gespräch teilnehmen würden, wurde keine Gruppendiskussion vorbereitet. So wurden dieselben Fragen an alle drei Interviewteilnehmenden gestellt, welche entweder einzeln antworteten oder aufeinander Bezug nahmen. Bindu vertrat häufig konträre Ansichten, was bei mehreren Antworten klar zu erkennen war. Sie traute sich aber, eigene Standpunkte darzulegen, was darauf schließen lässt, dass sie sich in der Interviewsituation wohlfühlte, trotz der weiteren Anwesenden. Während des Interviews betrat Himal mehrmals den Raum, um nachzufragen, ob alles in Ordnung sei. Des Weiteren klingelte zweimal das Telefon, welches auf der Ladestation stand, sodass Himal den Interviewraum betrat, um den Telefonanruf entgegenzunehmen. Das Interview fand auf Englisch statt und dauerte rund eine Stunde.

20 Bzgl. Heiratsverbindungen vgl. Kapitel 7.4.8.

Das fünfte Interview wurde im August 2019 geführt. Es dauerte ca. 75 Minuten und wurde auf Englisch geführt. Geplant war, das Interview mit Chiti (B9), einer rund 40-jährigen Jaina durchzuführen, welche 2016 in die Schweiz eingereist ist. Am Interview nahm aber auch ihr Mann, Chetak (B8) teil, mit dem bereits im Rahmen der Masterarbeit (T5) ein Interview geführt wurde. Beide Interviewpartner stammen ursprünglich aus Indien. Chetak reiste 2006 aufgrund seiner Arbeit in die Schweiz ein, Chiti folgte ihm nach der Hochzeit im Jahr 2016. Während Chiti über einen Bachelor-Abschluss verfügt und Hausfrau ist, schloss Chetak sein Studium mit einem Master-Abschluss ab. Er arbeitete zum Interviewzeitpunkt bei einer international tätigen Privatfirma. Beide gehören den *Derāvāsī*-Jainas an und wohnen in der Deutschschweiz. Vor dem Gespräch zeigte Chetak den Hausschrein. Zu Beginn des Interviews antwortete er oft anstelle seiner Frau. Diese Tendenz verflüchtigte sich aber im Laufe des Gesprächs. Da das Interview auf der Terrasse stattfand und es zu regnen begann, zeigte sich Chetak besorgt, dass eine Schnecke, die er auf der Terrasse entdeckte, zu Schaden kommen könnte. So erhob er sich während des Gesprächs, um die Schnecke mit einer Gartenschaufel von der Terrasse zu entfernen und auf die Wiese zu tragen. Am Ende des Gesprächs erhielten Chetak und Chiti die Möglichkeit, das Interview mit den Themen, die ihrer Meinung nach nicht oder zu wenig berücksichtigt worden waren, zu ergänzen. Dabei gab Chiti Ideen auf Hindi vor, welche Chetak dann ins Englische übersetzte, obwohl sie sich sehr gut auf Englisch ausdrücken kann. Dies lässt darauf schließen, dass Chiti von Chetak überprüfen lassen wollte, ob es sich dabei um relevante Inhalte handelt. Den Fragebogen, welcher am Ende des Interviews ausgefüllt werden sollte, füllte Chetak sowohl für sich als auch für seine Ehefrau aus. Nach dem Interview wurde gemeinsam das Abendessen eingenommen und dabei fanden weitere informelle Gespräche statt. So war die Sorge, wie der Jainismus in der Schweiz an die nächste Generation vermittelt werden kann, ein Thema, genauso wie die berufliche Zukunft von Chiti, der Bau eines Tempels in ihrem Garten oder die Idee, nach Indien zurückzukehren. Die Interviewerin wurde dabei als Akteurin angesprochen, als Chetak sie bat, ihn mit Jainas in Verbindung zu setzen, die das Projekt eines Tempelbaus unterstützen würden, worauf die Interviewerin ausweichend antwortete. Da während des selektiven

Kodierens Kategorien auftauchten, die Rückfragen an Chetak und Chiti erforderten, wurde ein erneutes Treffen abgemacht. Dies kam Chetak und Chiti entgegen, da sie der Interviewerin eine Gebetskette von *Ācārya śrī* Rajyash Suriji Maharaj Saheb übergeben wollten. So kam es im Januar 2020 zu einem weiteren, informellen Treffen, das nicht aufgezeichnet wurde. Es wurde im Anschluss aber eine vollständige Feldnotiz mit den besprochenen Inhalten erstellt.

Das sechste Interview fand mit der ungefähr 30-jährigen Aneri (B10) statt, welche 2013 in die Schweiz eingereist ist, um ihr Masterstudium aufzunehmen. Nach Abschluss des Studiums ist sie in der Schweiz geblieben, um eine Doktorarbeit zu verfassen. Sie wohnt in einer größeren Stadt in der Deutschschweiz. Aneri gehört den *Digambaras* an, wusste aber nicht genau, welcher Tradition. Das Interview verlief in einer sehr angenehmen und entspannten Atmosphäre und fand in der Nähe von Aneris Arbeitsplatz in einem Park statt. Aufgrund des vorherrschenden Windes gab es bei den Aufnahmen einige Nebengeräusche, was das Interview selbst aber nicht beeinträchtigte. Das Gespräch dauerte knapp 45 Minuten und wurde auf Englisch geführt.

Das siebte Interview fand im September 2019 mit Miti (B11) statt. Sie bestand darauf, dass das Gespräch per Telefon durchgeführt wird. Zum Interviewzeitpunkt war Miti ca. 40 Jahre alt und verheiratet. Sie lebt zusammen mit ihrem Mann und ihrem Kind in der Deutschschweiz. Im Jahr 2009 ist sie aufgrund eines Jobangebotes ihres Mannes in die Schweiz eingereist. Sie gehört der Strömung der *Śvetāmbaras* an. Auffallend war, dass Miti häufig versuchte, den englischen Begriff »religion« zu umgehen, um ihn stattdessen durch »discipline« zu ersetzen, dies gelang ihr jedoch nicht immer. Die Interviewerin verpasste es in diesem Interview, den von Miti verwendeten Begriff »discipline« zu verwenden, und blieb beim Wort »religion«. Das Gespräch an sich dauerte rund eine Stunde und fand auf Englisch statt, jedoch wurde der Anruf zweimal durch Miti unterbrochen, da sie Telefonanrufe erhielt. Aufgrund der Telefonsituation wurde Miti im Anschluss an das Gespräch kein Fragebogen vorgelegt. Die Informationen gingen aber aus dem Gespräch hervor, bis auf das genaue Alter von Miti und ihre genaue Strömungszugehörigkeit. Das Interview wurde aufgezeichnet, wies jedoch eine etwas schlechtere Tonqualität auf.

Das achte Interview wurde auf Wunsch von Mukti (B12), einer rund 60-jährigen *Digambara*-Jaina, im September 2019 telefonisch durchgeführt. Sie ist mit einem Hindu verheiratet, hat zwei Kinder und arbeitet für eine internationale Organisation. Sie wünschte die Fragen vorab per E-Mail zu erhalten, entschuldigte sich aber am Telefon, dass sie sich aus zeitlichen Gründen nicht vorbereiten konnte. Aufgrund eines Jobangebots ihres Vaters reiste sie 1979 mit ihren Eltern in die Schweiz ein. Zu jenem Zeitpunkt hatte sie ihre Ausbildung bereits mit einem Master abgeschlossen. Sie hielt ihre Antworten eher kurz, sodass das Interview eine halbe Stunde dauerte. Das Interview wurde auf Englisch geführt.

Im September 2019 fand ein Interview mit Sakshat (B13) statt. Das Interview wurde in den Büroräumlichkeiten seiner Firma in der Deutschschweiz durchgeführt, dauerte 75 Minuten und wurde anschließend bei einem Mittagessen, welches zwei weitere Stunden dauerte, weitergeführt. Der zweite Teil des Interviews wurde nicht aufgezeichnet, es wurde jedoch im Anschluss eine vollständige Feldnotiz über das während des Mittagessens geführte Gespräch erstellt. Bei Sakshat handelt es sich um einen über 70-jährigen Mann, der aus beruflichen Gründen 1977 mit seiner Frau und den beiden Kindern aus England in die Schweiz einreiste. Auf Wunsch von Sakshat wurden ihm im Voraus die Interviewfragen zugeschickt und er erschien zum Interview mit Notizen und dem bereits ausgefüllten Fragebogen. In diesem bezeichnete sich Sakshat als *»dosa osval vani/ shravak Jain«*, er kreuzte aber nicht an, ob er als solcher den *Digambara* oder *Śvetāmbara* angehörig ist. Er meinte dazu, dass seine Mutter *Digambara* und sein Vater *Śvetāmbara* gewesen sei. Laut Singh (2004, 1597) gehören die *dosa osvāls* mehrheitlich den *Śvetāmbaras* an. Dies war das einzige Interview, das auf Hochdeutsch geführt wurde, da Sakshat bereits bei der telefonischen Vereinbarung des Interviewtermins meinte, das Gespräch könne auf Deutsch geführt werden und er die Interviewerin beim Treffen auf Deutsch in Empfang nahm.

Das zehnte Interview wurde mit Munir (B14) in einer größeren Stadt in der Deutschschweiz geführt und dauerte 45 Minuten. Es fand in der Cafeteria seines Arbeitgebers statt. Munir ist zwischen 40 und 50 Jahre alt und schloss die Universität mit einem Bachelor ab. Er migrierte Ende 2017 aufgrund eines Jobangebotes in die Schweiz. Nach kurzer Zeit reisten seine Frau und seine beiden Kinder nach, jedoch verließen diese die Schweiz bereits nach einem Jahr aus unterschiedlichen Gründen. Munir lebt deshalb allein in der Schweiz. Er hegt den Wunsch, bei der nächstmöglichen Gelegenheit zu seiner Familie nach Indien zurückzukehren. Munir sprach sehr undeutlich, was zu Verständnisproblemen führte. So wurden Nachfragen zu Themen gestellt, die bereits beantwortet waren, wie sich im Rahmen der Transkription zeigte. Munir nahm dies während des Interviews aber gelassen. Obwohl er eher kurze Antworten gab, war er am Gespräch sehr interessiert, sodass er das Interview mehrmals verlängerte. Das Interview fand in einer angenehmen Atmosphäre, jedoch lauten Umgebung auf Englisch statt. Die Interviewfragen wurden ihm im Voraus per E-Mail zugesandt.

Anfang Oktober 2019 sollte ein Gespräch mit Dharin (B15) und seiner Frau stattfinden. Aufgrund einer Erkrankung des gemeinsamen Kindes erschien Dharin alleine zum Interviewtermin. Dharin ist verheiratet, zwischen 30 und 40 Jahre alt, hat ein Kind und verfügt über einen universitären Bachelor-Abschluss. Er bezeichnet sich als *Derāvāsī*-Jaina. Im Sommer 2018 reiste er aufgrund eines Job-Transfers innerhalb seiner Firma mit seiner Familie in die Schweiz ein. Zu Beginn wollte er nur wenige Monate in der Schweiz bleiben, jedoch änderte er seine Pläne im Laufe des Jahres. Das Interview fand in einem Café in einem Vorort einer größeren Deutschschweizer Stadt statt, weshalb es einige Nebengeräusche gab, jedoch ließ sich der Interviewte dadurch nicht ablenken. Das Interview wurde auf Englisch geführt und dauerte knapp eine Stunde. Auf Wunsch von Dharin wurden ihm die Interviewfragen vorab per E-Mail zugesandt.

Abschließend wurde im Oktober 2019 mit Nihir (B16) ein telefonisches Interview geführt, da er aus zeitlichen Gründen zu keinem Treffen bereit war. Er migrierte vor 26 Jahren aufgrund eines Jobangebots in die Schweiz. Damals reiste er allein ein, heute ist er aber verheiratet und Vater erwachsener Kinder. Er ist über 50 Jahre alt und schloss sein Studium mit einem Doktortitel einer deutschen Universität ab, an der er sowohl sein Magisterstudium absolvierte als auch promovierte. Nihir gehört den *Derāvāsī*-Jainas an, wie er auf Nachfrage per E-Mail ausführte. Die Interviewfragen wurden ihm im Voraus per E-Mail zugesandt. Das Gespräch dauerte 30 Minuten und wurde auf Englisch geführt.

Nebst den beschriebenen zwölf Interviews wurden auch die Transkripte (T) der fünf Gespräche verwendet, welche im Jahr 2012 im Rahmen der Masterarbeit durchgeführt wurden. Dabei wurden neun Personen in Einzel- und Gruppengesprächen interviewt: Akash (T1), Marudevi und Takshil (T2), Daya (T3), Sangar, Vaishali, Shanti und Nirmal (T4) sowie Chetak (T5).[21] Dabei gab es drei Überschneidungen: Mit Takshil, Daya und Chetak wurde sowohl im Rahmen der Masterarbeit als auch bei der Datenerhebung der vorliegenden Forschungsarbeit ein Interview geführt.[22] Die Interviewpartner/innen waren zum Zeitpunkt der Gespräche zwischen 21 und 58 Jahre alt. Drei der Interviewpartner/innen waren in der Schweiz geboren, zwei Personen reisten um die Jahrtausendwende, drei in den 80er und eine in den 70er Jahren in die Schweiz ein. Die damals interviewten Jainas waren entweder aus Indien, Afrika oder England in die Schweiz eingereist. Auch hier wurden als Beweggründe für die Einreise das Studium, ein Jobangebot oder ihre Heirat angegeben. Eine Person fühlte sich den *Śvetāmbaras* und fünf Personen den *Digambaras* zugehörig. Drei Personen gaben nicht an, welcher Strömung sie angehören. Alle Interviewpartner/innen verfügten mindestens über einen universitären Bachelor-Abschluss.

6.3.2 Besuchte Veranstaltungen

Insgesamt wurden sechs Veranstaltungen teilnehmend beobachtet, zweimal *Mahāvīra Jayantī* (2012 und 2016)[23], dreimal *Gaṇeśa-Catūrthi*

21 Vgl. dazu Iseli (2012).

22 Diese Überschneidung gab es, da Himal aus Eigeninitiative zusätzliche Interviewpartner/innen (Takshil und Daya) zu sich nach Hause einlud, als ein Interview mit ihm für die vorliegende vorliegenden Forschungsarbeit geplant war. Während mit Daya bereits ein einstündiges Interview im Rahmen der Masterarbeit geführt wurde, war Takshil nur die ersten fünf Minuten beim damaligen Gespräch mit seiner Frau, Marudevi, anwesend. Des Weiteren war ursprünglich ein Interview mit Chiti geplant, jedoch war ihr Wunsch, dass auch Chetak daran teilnehmen kann.

23 *Mahāvīra Jayantī* wurde 2010, 2011, 2012, 2013 und 2016 gesamtschweizerisch gefeiert.

(2012, 2013, 2014)[24] und einmal auf Einladung von Jainas die interreligiöse Veranstaltung Nacht der Religionen (2016).[25]

Der jainistische Festtag anlässlich *Mahāvīra Jayantīs* fand 2012 in einem Gemeinschaftszentrum in der Deutschschweiz statt. Es nahmen Personen unterschiedlichen Alters (auch Kinder) daran teil und es waren nebst Jainas auch Freunde und Bekannte von diesen anwesend. Alexander Zeugin, der sich selbst als jainistischer Mönch beschreibt und nach eigenen Angaben in Indien den Auftrag erhielt, nach den 50 Gerechten in Europa Ausschau zu halten,[26] nahm zusätzlich an der Veranstaltung teil.[27] Mit dem *namaskāra*-Mantra wurde die Zusammenkunft eröffnet und es wurden verschiedene Themen, wie Meditationsposen, *ahiṃsā* oder die Überwindung von Gefühlen, angesprochen. Das Hauptthema der Veranstaltung waren die *Tīrthaṅkaras*, allen voran *Ṛṣabha* und *Mahāvīra,* wobei bei letzterem hauptsächlich die Umweltschutzanliegen seiner Lehren im Vordergrund standen. An dieser Zusammenkunft waren zwei Dinge auffallend: Einerseits berührte eine Mehrheit der Anwesenden zur Begrüßung die Füße von Himal und seiner Frau Harjot und andererseits legte Zeugin seine Ausführungen mehrmals ausführlich dar. Dies endete darin, dass sich einige Jainas erhoben und mit dem Aufräumen begannen oder versuchten, seine Erklärungen durch Klatschen zu unterbrechen.

Vier Jahre später fand das *Mahāvīra Jayantī* in einem kirchlichen Zentrum in der Deutschschweiz statt und es nahmen 17 Personen teil. An diesem Treffen waren ausschließlich erwachsene Personen anwesend und es wurden zwei Gastrednerinnen des Institute of Jainology (IoJ) eingeladen. Auf Wunsch der Veranstaltenden hielten diese einerseits einen Vortrag über die Entstehung des Jainismus und andererseits legten sie das Leben von *Pārśvanātha* dar. Auffallend war, dass die Gastrednerinnen explizit einen strömungsüber-

24 Seit 2014 wurde *Gaṇeśa-Catūrthi* nicht mehr durchgeführt.

25 Vgl. dazu Tabelle 1.

26 Vgl. dazu Anhang 12.7.

27 Zeugin bat die Forschende vorab per E-Mail, ihn mit Schweizer Jainas bekannt zu machen. Dieser Bitte kam sie nicht nach, jedoch konnte er durch eine Internetrecherche selbst den Kontakt zu Schweizer Jainas herstellen, worauf er anschließend von einer Familie zu der Zusammenkunft eingeladen wurde.

FEIER	DATUM	JAHR
Mahavīra Jayantī	5. Mai	2012
Gaṇeśa-Catūrthi	22. September	2012
Gaṇeśa-Catūrthi	14. September	2013
Gaṇeśa-Catūrthi	7. September	2014
Mahavīra Jayantī	7. Mai	2016
»Nacht der Religionen«	12. November	2016

Tabelle 1: Teilnahme an Veranstaltungen

greifenden Jainismus postulierten, was bspw. am *namaskāra*-Mantra ersichtlich war, das sie gar als »universal prayer« bezeichneten.

In den drei Jahren, in denen an *Gaṇeśa-Catūrthi* teilgenommen wurde, wurde diese Feier stets von der gleichen Jaina-Familie organisiert. Sie initiierte das Fest im Jahre 2000 unter dem Namen ›Marathi Mandal Switzerland‹ und führte es bis 2014 jährlich durch.[28] Nebst den über 100 anwesenden Personen indischer Herkunft nahmen auch viele Schweizer aus Interesse an Indien daran teil. Bei diesem Fest stand stets eine *pūjā* zu Ehren *Gaṇeśas* im Zentrum. Die Verehrung der Gottheit wurde aber immer von kulturellen Programmpunkten, wie Tanz- und Musikvorstellungen umrahmt. An *Gaṇeśa-Catūrthi* im Jahr 2013 war auffällig, dass der Priester beim Durchführen der *pūjā* den Organisator wiederholt auf die Bühne rufen musste, damit der ihn bei den Ritualen unterstützt. Der organisierende Jaina verließ aber die Bühne bei jeder sich bietenden Gele-

28 Bis 2014 gab es zwei Vereine, die sich ›Marathi Mandal‹ nannten und z. B. im Jahr 2011 am gleichen Tag und zur selben Zeit in Bern *Gaṇeśa-Catūrthi* feierten. Dies führte zu Verwirrungen. Die Namensstreitigkeiten konnten erst im Jahr 2014 gerichtlich beigelegt werden. Der Verein, welcher von Jainas gegründet wurde, durfte den Namen Marathi Mandal behalten, während sich der andere Verein neu ›Bruhan Maharashtra Mandal Switzerland‹ nennt. Mit dem 15. *Gaṇeśa-Catūrthi* endeten die jährlichen Feierlichkeiten zu Ehren *Gaṇeśas* im Jahr 2014. Seit 2014 werden sporadisch Tanz- oder Musikveranstaltungen durch ›Marathi Mandal‹ organisiert.

genheit. Es ist davon auszugehen, dass er sich beim Durchführen der *pūjā* für *Gaṇeśa* nicht allzu wohl fühlte.

In der Nacht der Religionen im Jahr 2016 fand zweimal ein interreligiöses Gebet statt. Nacheinander sagten Vertreter/innen unterschiedlicher Religionen ein Gebet auf. Die anwesenden Jainas hatten einen Schrein für eine *pūjā* aufgestellt. Da das Durchführen einer *pūjā* aber zeitlich nicht möglich war, sprachen sie dreimal das *namaskāra*-Mantra. Im Anschluss an das interreligiöse Gebet konnte ein Wettbewerb mit Fragen über verschiedene Religionen gelöst werden. So lautete eine Wettbewerbsfrage, in welchem Land der Jainismus entstanden sei. Aus diesem Grund wurden die Jainas mehrmals angesprochen und kamen so ins Gespräch mit den Anwesenden. Oft wurde von den Anwesenden erwähnt, sie hätten noch nie etwas von dieser Religion gehört.

6.3.3 Online-Umfrage

Nach Abschluss der Interviewerhebungen wurde eine Online-Umfrage durchgeführt, um zusätzliche demographische Daten der Schweizer Jainas zu erheben. Die Online-Umfrage diente dazu, das Feld der Schweizer Jainas besser zu beschreiben und das Bild, welches durch die qualitativen Interviews (und die im Anschluss geführte Fragebogenerhebung) entstanden war, zu komplementieren. So konnten die Erkenntnisse der qualitativen Erhebung mit denen der Online-Umfrage abgeglichen werden. Es fiel auf, dass durch die Online-Umfrage keine neuen Aspekte aufkamen, einzelne Kategorien aber noch vertieft werden konnten.

Der Hyperlink zur Umfrage wurde im November 2019 an Marudevi verschickt mit der Bitte, diesen in der Google-Gruppe ›Swiss Jains‹ zu veröffentlichen. Es gab die Möglichkeit, den Fragebogen sowohl auf Englisch als auch auf Deutsch auszufüllen. Da bis Anfang Januar 2020 nur gerade vier Jainas die Umfrage beantwortet hatten, rief die Forschende erneut zum Ausfüllen der Umfrage auf, indem sie den Hyperlink selbst in der Google-Gruppe veröffentlichte. Des Weiteren wurde der Hyperlink durch Sangar in der Facebook-Gruppe ›Swiss Jain Group‹ kommuniziert. Der Hyperlink wurde zudem Jainas, welche nicht Teil der Google-Gruppe waren, direkt per E-Mail zugeschickt.

Die Online-Umfrage wurde bis Februar 2020 von insgesamt 17 Jainas ausgefüllt, von neun Frauen und acht Männern. Sie waren zum Zeitpunkt der Umfrage zwischen 29 und 73 Jahre alt und wohnten sowohl in der Deutsch- als auch in der Westschweiz. Sechzehn Personen füllten die Umfrage auf Englisch und eine Person auf Deutsch aus, wobei vier Teilnehmende die Umfrage begonnen, aber nicht abgeschlossen haben. Von den 17 Befragten verfügen acht Personen über einen indischen Reisepass, sieben Jainas besitzen die Schweizer Staatsbürgerschaft und weitere zwei Personen verfügen entweder über die französische oder die britische Staatsbürgerschaft. Drei Jainas sind in der Schweiz geboren. Die Mehrheit der Teilnehmenden ist in die Schweiz migriert, jedoch gaben alle, die diese Frage beantwortet haben, an, im letzten Jahr mindestens einmal nach Indien gereist zu sein. Als Gründe für die Einreise in die Schweiz wurde meist der Beruf, das Studium oder ihre Heirat genannt.

Die Strömungszugehörigkeit der Teilnehmenden war sehr divers. So nahmen sowohl *Śvetāmbaras* als auch *Digambaras* an der Umfrage teil, genauso wie Personen, die laut ihren Aussagen nicht wussten, welcher Strömung sie zugehörig sind. Zwölf der Befragten leben in einer Partnerschaft, wobei die Hälfte davon mit einem/einer Jaina liiert ist. Bei fünf von sechs Personen dieser Gruppe gehören die Partner/innen derselben Strömung an.

Es zeigte sich, dass eine überwiegende Mehrheit mindestens über einen Bachelor-Abschluss verfügt. Bei der Frage zum Einkommen wurde mehrheitlich das Feld ›keine Angaben‹ gewählt, weshalb keine Aussagen dazu gemacht werden können. Die Frage 15 wurde von niemandem beantwortet, da die Anzeigelogik fehlerhaft programmiert war und man bei der vorherigen Frage 14 alle Antworten hätte anklicken müssen, um zur darauffolgenden Frage zu gelangen.[29]

29 Vgl. dazu Anhang 12.9. Die Fragen der Online-Umfrage sind an den Umfragebogen ›Wirtschaftliche und soziale Situation der Bevölkerung‹ des Bundesamts für Statistik (2016) angelehnt.

6.3.4 Google-Gruppe

Die Google-Gruppe ›Geneva Jains‹ wurde am 7. Juni 2008 gegründet. Das Ziel der Google-Gruppe wurde folgendermaßen definiert: »This is a discussion and learning group for those interested in Jainism. We hold meetings in Geneva, Switzerland every few months.« Ein Jahr nach der Eröffnung der Google-Gruppe wurde sowohl der Name als auch das Ziel geändert. Seit damals heißt die Gruppe ›Swiss Jains‹ und ihr Ziel ist wie folgt umschrieben:

> »This group is for Jains in Switzerland who want to learn and impart knowledge of their religion to others. Open to anyone who wishes to practise Jainism, whether by learning rituals or just using the Jain principles to live well. A place to exchange ideas and practices.«

Obwohl die Gruppe laut Informationstext für alle Interessenten offensteht, handelt es sich um eine geschlossene Gruppe, weshalb man von der Moderatorin akzeptiert werden muss. Die Aufnahmeanfragen werden durch Marudevi verwaltet. Im Moment[30] gehören der Google-Gruppe 46 Mitglieder an, darunter auch Johannes Beltz, stellvertretender Direktor des Museums Rietbergs in Zürich, welcher vor einigen Jahren im Rahmen einer Museumsausstellung eine Veranstaltung mit Jainas in der Schweiz durchführte. An den Beitrittsdaten der Google-Gruppe zeigt sich, dass bereits am Eröffnungsdatum der Google-Gruppe die in der Schweiz (und im angrenzenden Umland) lebenden Personen, denen man zusprach, Jaina zu sein oder sich für den Jainismus zu interessieren und über deren E-Mailadressen man verfügte, der Gruppe hinzugefügt wurden. Es wurden damals keine Unterschiede zwischen den Strömungen, *jāti, varṇa* oder *gaccha* gemacht. So sind in der Google-Gruppe sowohl *Digambaras* als auch *Śvetāmbaras* vertreten.

Bereits im ersten Monat nach der Eröffnung der Online-Gruppe wurden 23 Beiträge veröffentlicht. Dabei wurden Informationen über Vegetarismus, über die weltweiten Standorte von Jaina-Tempeln, über den von JAINA organisierten Kongress der Young Jains

30 Stand April 2020.

JAHR	ANZAHL BEITRÄGE
2008	59
2009	64
2010	76
2011	92
2012	103
2013	72
2014	50
2015	44
2016	42
2017	39
2018	13
2019	13
Insgesamt	667

Tabelle 2: Anzahl veröffentlichter Beiträge in der Google-Gruppe

of America, über *pratiṣṭhā*-Zeremonien in *Śvetāmbara*-Tempeln in den USA, Hinweise auf politische Entwicklungen in Indien, Veranstaltungshinweise sowie Protokolle erster Treffen, welche zwischen Jainas in der Westschweiz stattfanden, aufgeschaltet. Die Google-Gruppe wird nicht nur verwendet, um Beiträge zu veröffentlichen, sondern auch, um Texte auszutauschen oder via Kalender die nächsten Termine bekanntzugeben.

Wie in der Tabelle 2 ersichtlich, variiert die Anzahl der neu verfassten Beiträge pro Jahr stark. Während in den ersten fünf Jahren die Anzahl neu verfasster Beiträge stetig stieg und im Jahr 2012 die Veröffentlichung von Beiträgen ihren Höhepunkt erreichte, sank die Anzahl der Nachrichten nach 2012 kontinuierlich und endete bei dreizehn Beiträgen in den Jahren 2018 und 2019. Die Anzahl der neu verfassten Beiträge sagt aber noch nichts darüber aus, wie oft diese rezipiert wurden. Grundsätzlich wurden Beiträge bis auf einige wenige Ausnahmen selten kommentiert. Auf eine Nachricht, in der es um

VERFASSER/IN	ANZAHL BEITRÄGE
Marudevi	472
Himal	196
Daya	61
Ronak	24
Bharam	24
Rathesh	24
Sangar	23
Akash	23
Bindu	20
Vaishali	17
Insgesamt	884

Tabelle 3: Aktivste Autoren/innen von Beiträgen

das Verschenken von Büchern (aufgrund eines Umzugs ins Ausland) ging, wurde zwölfmal geantwortet, was ein einmaliges Maximum darstellt. Beiträge mit vielen Rückmeldungen[31] betrafen meist Geburtsanzeigen, Todesanzeigen, Grüße zum Neujahr (an *Dīvālī* und nach gregorianischem Kalender), die Bitte um Vergebung (*micchāmi dukkaḍaṃ*) am letzten Tag von *Paryuṣaṇa* und die Aufrufe zu gemeinsamen Treffen (z. B. *Mahāvīra Jayantī*).

Tabelle 3 zeigt, welches die aktivsten Mitglieder der Google-Gruppe hinsichtlich des Schreibens und Beantwortens von Beiträgen sind. Es ist ersichtlich, dass die aktivsten Mitglieder insgesamt 884 Beiträge verfasst und kommentiert haben. Dies stimmt nicht mit der Zahl aus Tabelle 2 überein, die besagt, dass zwischen 2009 und 2019 insgesamt 667 Beiträge veröffentlicht wurden. Diese Diskrepanz rührt daher, dass in Tabelle 2 nur Beiträge aufgeführt sind, die

31 Darunter werden mehr als vier Antworten verstanden.

ein neues Thema betrafen. Tabelle 3 hingegen berücksichtigt auch Kommentare auf bereits bestehende Beiträge. Es wird deutlich, dass Marudevi und Himal den Diskurs in der Google-Gruppe anführen. Sie verfassten zusammen 668 der 884 Beiträge, wobei Marudevi, welche auch als Moderatorin der Gruppe fungiert, mehr als doppelt so viele Beiträge veröffentlichte wie Himal.

Die Inhalte der in der Google-Gruppe veröffentlichten Beiträge können in vier thematische Bereiche eingeteilt werden: (1) Organisation von Zusammenkünften, (2) Grußbotschaften (3) Informationsaustausch über jainistische Themen und (4) nicht genuin jainistische Themen. Die Beiträge der Bereiche (3) und (4) können zusätzlich in zwei Untergruppen eingeteilt werden: (a) Einerseits in Posts, die durch Jainas in der Schweiz aktiv generiert werden, und (b) andererseits in solche, die Informationen bestehender Organisationen enthalten und die durch die Schweizer Jainas unverändert weitergeleitet werden.

(1) Eine Mehrheit der geposteten Beiträge befasst sich mit der Organisation gemeinsamer Treffen. Dabei geht es um das Bestimmen von Terminen, Reservieren von Räumlichkeiten oder das Organisieren von Essensbeiträgen für das gemeinsame Buffet, welches jeweils im Anschluss an eine Veranstaltung angerichtet wird. Häufig zeigen sich bei der Terminfindung Koordinationsschwierigkeiten. In diesen Bereich sind es hauptsächlich Vaishali und Marudevi, die das Veröffentlichen der Beiträge und damit die Organisation übernehmen. Zum Bereich der Organisation gehört auch die Verwaltung der Adressliste. Anhand der Diskussionen in der Google-Gruppe und der darin veröffentlichten Beiträge können sämtliche Treffen, die zwischen der Eröffnung der Gruppe Mitte 2008 und Anfang 2020 durchgeführt wurden, nachvollzogen werden.

(2) An Feiertagen wie *Dīvālī*, *Mahāvīra Jayantī* oder dem gregorianischen Neujahr werden jedes Jahr Grußbotschaften an die Gruppenmitglieder versandt. Am Ende von *Paryuṣaṇa* oder *Daśalakṣaṇa parvan* wird von den meisten Mitgliedern jeweils um *micchāmi dukkaḍaṃ* gebeten. Die zeitliche Terminierung der Grußbotschaften kann abhängig von den Strömungen variieren. Auch Geburts- oder Todesanzeigen werden in der Google-Gruppe veröffentlicht, um die anderen Jainas zu informieren.

(3a) Die von Marudevi verfassten Protokolle werden zu den Beiträgen mit jainistischem Inhalt gezählt, welche von Schweizer Jainas selbst generiert werden. Dies können Protokolle von *Pāṭhśālā*-Sitzungen,[32] gesamtschweizerischer Treffen oder auch der Unterweisungen der *Samaṇīs* sein. Dazu gehören auch Diskussionsbeiträge über spezifische jainistische Themen. So wurde z. B. im Jahr 2012 in der Google-Gruppe darüber diskutiert, inwiefern Organspende mit dem Jainismus vereinbar sei.[33] (3b) Es gibt aber auch Nachrichten mit jainistischen Inhalten, die von den Schweizer Jainas unverändert weitergeleitet werden. So wurden Bilder von Jaina-Tempeln und -Statuen, Berichte über Jaina-Malereien, YouTube-Videos über *Mahāvīras* Leben, Audio-Dateien mit religiösen Gesängen etc. unkommentiert geteilt.

(4a) Bei den in der Google-Gruppe veröffentlichten Mitteilungen an die Gruppe handelte es sich nicht immer um rein jainistische Anliegen. So wurde bspw. von einer Schweizer Jaina der Aufruf lanciert, an einer Kundgebung für den Vegetarismus in der Westschweiz teilzunehmen. (4b) Häufig werden auch politische Anliegen weitergeleitet. Nach dem Attentat in Mumbai im November 2008 wurde bspw. das Postulat geteilt, ein friedliches Zusammenleben mit Muslimen zu suchen, und im Sommer 2012 wurde der Aufruf weitergeleitet, keine chinesischen Kiwis mehr zu kaufen, da diese Pestizide enthalten würden.[34] Bei diesen Anliegen kann zwar (im weitesten Sinne) ein Bezug zu *ahiṃsā* geschaffen werden, jedoch wurden die Nachrichten nicht weiter kommentiert, weshalb der Zusammenhang zum Jainismus maximal implizit gegeben ist. Bei Beiträgen, welche nicht selbst verfasst werden, kommt es oft vor, dass sie ohne Quellenangabe weitergeleitet werden. Dies geschah bei der Veröffentlichung von Bildern von jainistischen Artefakten, von Veranstaltungstipps, von Gebeten etc. Bei den Beiträgen, deren Quellen nachvollziehbar sind, werden am häufigsten Informationen des Educational Committee von JAINA sowie des JVB verbreitet. Nachrichten anderer Organisationen werden seltener rezipiert und/oder weitergeleitet. Bei den E-Mails des Educational Committee handelt es sich z. B. um Erklä-

32 *Pāṭhśālā*-Treffen wurden in der Westschweiz ab 2008 durchgeführt, um gemeinsam mehr über den Jainismus zu lernen.

33 GG 2012, 07.06; GG 2012, 08.06.; GG 2012, 09.06. und GG 2012, 10.06.

34 GG 2008, 02.12. und GG 2012, 23.06.

rungen, was *pratikramaṇa* ist oder wie dieses abläuft. Via JAINA werden auch Hinweise auf Veranstaltungen geteilt, wie z. B. eine biennal stattfindende und durch die Young Jains of America organisierte Jaina-Konferenz oder das ›Worldfood Revolution Seminar‹.

Am zweithäufigsten werden Beiträge des JVB in London (und etwas seltener des Zentrums in Indien) geteilt. Dabei stehen hauptsächlich Veranstaltungshinweise (*prekṣā*-Meditations-Camps, Kurse über Jainismus etc.) sowie Ton- und Filmaufzeichnungen der *Samaṇīs* im Vordergrund – sei dies beim Halten von Vorträgen oder beim Praktizieren des *pratikramaṇa*.

Eine Mehrheit der in Beiträgen verlinkten Organisationen hat ihren Hauptsitz außerhalb Indiens. Dazu gehören Websites wie jainsamaj.org (Großbritannien), mahavirfoundation.com (Großbritannien), jainpedia.org (Großbritannien), jainvegans.org (Großbritannien), jvblondon.org (Großbritannien), jainworld.com (USA), jaina.org (Nordamerika) oder herenow4u.net (Deutschland). Unter die aus Indien agierenden und in der Google-Gruppe erwähnten Websites fallen ausschließlich jainuniversity.org, jainnews.in und isjs.in[35]. Die unkommentiert geteilte Website jainsingles.net ist nicht mehr in Betrieb, weshalb nicht mit Bestimmtheit gesagt werden kann, von wo aus sie betrieben wurde. Es ist jedoch ersichtlich, dass die Schweizer Jainas hauptsächlich Beiträge von Websites, welche in der Diaspora geführt werden, weiterverbreiten. Dabei fallen jaina.org (Nordamerika) und jvblondon.org (Großbritannien) auf. Diese Beobachtung deckt sich mit der Forschung von Vekemans (2015, 114), welche die Benutzung von Websites durch Jainas in Belgien und den USA untersuchte. Sie schreibt, dass die Online-Präsenz der Jaina-Gemeinschaften in den USA, Kanada und Australien im Vergleich zu den demographischen Daten (der Anzahl von Jainas, welche in diesen Gebieten leben), überproportional hoch sei.

6.3.5 Facebook-Gruppe

Am 4. April 2016 erstelle Sangar die öffentliche Facebook-Seite Swiss Jain Group als Moderator. Bis im April 2020 haben 2'271 Personen

35 ISJS steht für ›International School for Jain Studies‹.

die Seite geliked und 2'319 Personen haben sie abonniert. Aufgrund der großen Zahl muss davon ausgegangen werden, dass auch Jainas außerhalb der Schweiz die Seite kennen. Die Facebook-Seite wurde als religiöse Gemeinschaft selbst-klassifiziert. In der Beschreibung der Seite wird auf die Google-Gruppe verwiesen, um weitere Informationen über Jainas in der Schweiz zu erhalten. Die enge Verknüpfung der beiden Plattformen sieht man am Beschreibungstext, da derjenige der Facebook-Seite mit dem der Google-Gruppe wörtlich übereinstimmt. Es ist davon auszugehen, dass Sangar diesen übernommen hat.

Seit 2016 wurden rund 100 Beiträge auf der Facebook-Seite veröffentlicht, wobei die Beiträge der Facebook-Gruppe mit denjenigen der Google-Gruppe vergleichbar sind. Via Facebook wird auch auf Veranstaltungen hingewiesen (bspw. *Mahavīra Jayantī* im Jahr 2016), wobei oft die Veranstaltungshinweise aus der Google-Gruppe übernommen werden, um sie so einem größeren Publikum zugänglich zu machen. Marudevi veröffentlichte gar das Protokoll von *Mahavīra Jayantī* auf Facebook (mit den Namen aller Anwesenden und deren Wohnorten), während Sangar die Veranstaltung mit Fotos dokumentierte. Nicht nur jainistische Veranstaltungen werden erwähnt, sondern auch interreligiöse. So sind Fotos von Sangar am Weltyogatag oder an interreligiösen Veranstaltungen aufgeführt.

Im Unterschied zur Google-Gruppe werden in der Facebook-Gruppe größtenteils Bilder und Filme verschiedener Jaina-Tempel und -Statuen veröffentlicht. Mehrmals verlinkte Sangar Ansprachen oder Tweets des amtierenden indischen Premierministers Narendra Modi, welche in Zusammenhang mit dem Jainismus stehen, so z. B. Grußnachrichten an *Paryuṣaṇa*. Sangar veröffentlichte auch einen Beitrag des indischen Fernseḥsenders DD News, in dem er (und weitere in der Schweiz lebende indische Personen) interviewt wurden, als Narendra Modi Ende 2015 die Schweiz besuchte. Auffallend ist, dass die Seite zudem von Jainas außerhalb der Schweizer Jaina-Gemeinschaft verwendet wird. So gibt es Beiträge, in denen sich Reisende erkundigen, wo in der Schweiz Jaina-Tempel ständen oder in denen Jainas aus Indien anbieten, während ihrer Ferien in der Schweiz Kurse über den Jainismus zu halten. Alexander Zeugin veröffentlichte mehrmals Beiträge auf der Facebook-Seite. So postete er im Juli 2017 einen Text über den Jainismus und fragte im selben Monat danach, wie viele Jaina-Gelübde die Schweizer Jainas einhalten würden. Der

Beitrag wurde von niemandem kommentiert.[36] Des Weiteren werden Werbungen von ausländischen Jainas veröffentlicht, welche verschiedene Produkte anbieten, von elektronischen Büchern, Immobilien, astrologischen Online-Beratungen, Antivirenprogrammen für Computer bis hin zu Verkaufsangeboten für Safran und Teppiche.

6.3.6 Protokolle

Marudevi verfasste über eine Mehrheit der jainistischen Anlässe Protokolle, um so die Informationen und besprochenen Inhalte allen Mitgliedern der Google-Gruppe zugänglich zu machen. Insgesamt hat sie 30 unterschiedliche Anlässe protokolliert, wie in Tabelle 4 ersichtlich ist. Für die Besuche der *Samaṇīs* im Jahr 2010 und 2011 hat sie jeweils sieben unabhängige Protokolle erstellt. Die Protokolle enthalten meist Angaben zu den anwesenden Personen und eine Zusammenfassung der besprochenen Inhalte. In einigen Protokollen wurden auch Fragen aufgeführt, die an den Treffen unbeantwortet blieben. Diese Fragen wurden oft mit Internetlinks versehen, die mögliche Antworten boten. Am Ende der Protokolle sind jeweils die Daten zukünftiger Feierlichkeiten und Treffen aufgeführt.

Es ist zu beachten, dass es sich bei den von Marudevi verfassten Protokollen um Dokumente handelt, welche ihrer Interpretation und Wahrnehmung entsprechen. Sie bieten aber nichtsdestotrotz einen vertieften Einblick in die Treffen und die besprochenen Inhalte.

6.3.7 Broschüren und Flyer

Sowohl bei den Interviews als auch bei religiösen Treffen wurden oft Dokumente ausgehändigt. Dies konnten Gebete sein (wie z. B. die Verschriftlichung des *namaskāra*-Mantras), Vortragsnotizen der Jainas, welche einen kurzen Vortrag hielten, oder auch Informationstexte wie *Jainism. A way of life*. Häufig erhielt die Forschende emische Literatur, damit sie sich in den Jainismus einlesen könne. Dies waren bspw.

36 Betreffend A. Zeugin in Zusammenhang mit der Schweizer Jaina-Gemeinschaft vgl. auch Kapitel 6.3.2.

FEIER	DATUM	JAHR
Pāṭhśālā	6. Juni	2008
Besuch der Samaṇīs	9. Juli – 14. Juli	2008
Paryuṣaṇa	3. September	2008
Pāṭhśālā	22. September	2008
Pāṭhśālā	12. Oktober	2008
Dīvālī	31. Oktober	2008
Pāṭhśālā	10. November	2008
Pāṭhśālā	10. Dezember	2008
Pāṭhśālā	8. Februar	2009
Pāṭhśālā	8. März	2009
Mahavīra Jayantī	7. April	2009
Besuch der Samaṇīs	11. Juli – 17. Juli	2009
Pāṭhśālā	26. September	2009
Pāṭhśālā	26. Oktober	2009
Mahavīra Jayantī	27. März	2010
Pāṭhśālā	18. April	2010
Besuch der Samaṇīs	4. Mai – 10. Mai	2010
Dīvālī	16. November	2010
Mahavīra Jayantī	16. April	2011
Besuch der Samaṇīs	5. August – 15. August	2011
Pāṭhśālā	4. Juni	2012
Mahavīra Jayantī	5. Mai	2012
Pāṭhśālā	6. Februar	2013
Pāṭhśālā	20. März	2013
Dīvālī	9. November	2013
Mahavīra Jayantī	27. April	2013
Akṣaya-tṛtīyā	21. April	2015
Dīvālī	14. November	2015
Mahavīra Jayantī	7. Mai	2016
Besuch der Samaṇīs	4. August – 7. August	2017

Tabelle 4: Protokollierte Feiern

Lehrmittel für Kinder oder kurze Einführungstexte in den Jainismus. Auch Flyer von Veranstaltungen (wie z. B. *Gaṇeśa-Catūrthi*) wurden als Daten analysiert.

6.4 Datenanalyse

Im Folgenden wird der Ablauf der dieser Arbeit zugrunde liegenden Datenanalyse besprochen, weshalb die verschiedenen Arten des Kodierens (offenes, axiales und selektives), das Verfassen von Memos und das Sampling vorgestellt werden. Durch das Kodieren werden laut Strauss und Corbin (2010, 39) die Daten aufgebrochen und neu zusammengesetzt. Diese Vorgehensweise stellt ihrer Meinung nach das Herzstück der Datenanalyse der (pragmatistischen) GTM dar. Dies sei der zentrale Prozess, um Theorien aus den Daten entwickeln zu können.[37] Ein weiteres Kernelement sei das theoretische Sampling, anhand dessen die spezifische Wahl der Datenquellen getroffen werde. Alle geführten Interviews wurden sowohl offen, axial als auch selektiv kodiert und aufgrund des theoretischen Samplings erhoben.

6.4.1 Offenes Kodieren

In einem ersten Schritt wurden die Interviews, welche im September 2015 durchgeführt wurden, genauso wie die Interviews der Masterarbeit, die Beiträge der Facebook- und Google-Gruppe, die Protokolle der Veranstaltungen, die Feldnotizen sowie die Broschüren und Flyer offen kodiert, indem Zeile für Zeile Kodes vergeben wurden.[38] Das Kodieren wurde mit der Software MAXQDA vorgenommen.

Im Rahmen des offenen Kodierens der Interviews 1 bis 4 wurden über 200 verschiedene Kodes vergeben. Dabei variierte die Häufigkeit der einzelnen Kodes von einer bis zu 130 Nennungen in einem Datensatz, wobei nicht alle Kodes in allen Dokumenten verwendet

37 Vgl. dazu Kapitel 5.2.2.3.

38 Die im weiteren Verlauf des Forschungsvorhabens erhobenen Daten wurden jeweils nach der Erhebung immer auch offen kodiert, da dies den ersten Schritt des Kodier- und Auswertungsverfahrens darstellt.

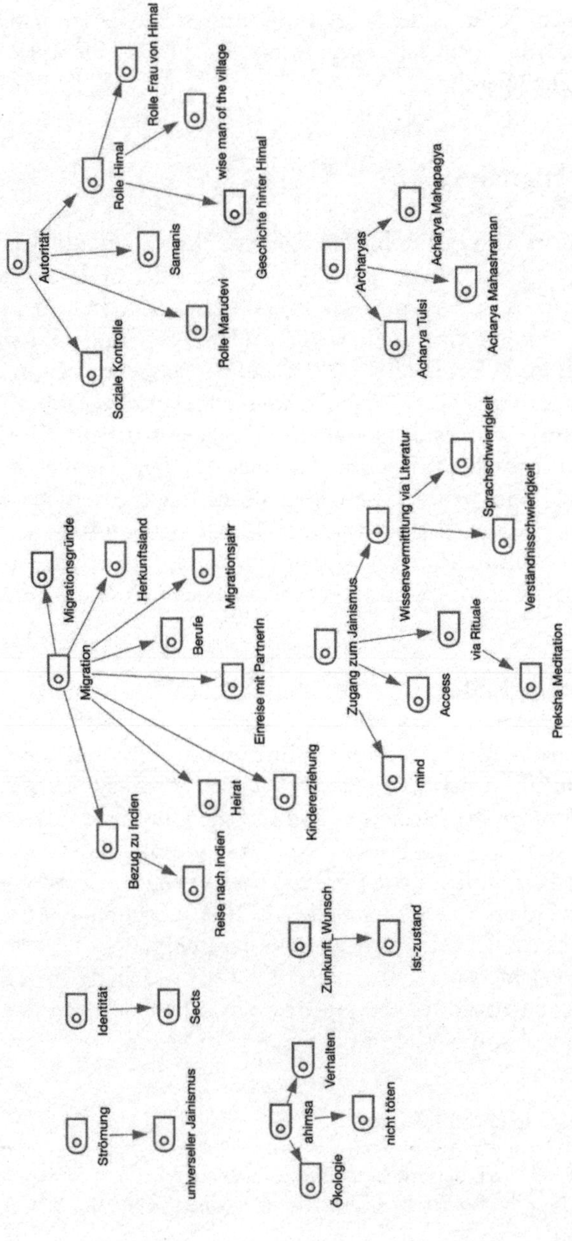

Abbildung 3: Darstellung des offenen Kodierens mit MAXQDA (Interviews I1-I4)

wurden. Von der rein numerischen Anzahl eines Kodes lässt sich aber nicht auf dessen Bedeutung schließen, diese ergibt sich vielmehr in Zusammenhang mit den Kategorien, welche aufgrund der Kodes entstehen.

In einem zweiten Schritt wurden jeweils die verschiedenen Kodes u. a. mit dem Creative Coding von MAXQDA zu Kategorien gruppiert.[39] Im Laufe dieser Konzeptualisierung haben sich verschiedene Kategorien gebildet, wie Identität, Zugang zum Jainismus, Migration, Autorität etc. Durch das axiale Kodieren der weiteren Interviews konnten die entstehenden Kategorien immer wieder erweitert und verfeinert werden. Als folgender Schritt fand jeweils das Dimensionalisieren statt. So sollen gemäß Strauss und Corbin (2010, 53) die einzelnen Kategorien auf ihre Häufigkeit, das Ausmaß, die Intensität und die Dauer analysiert werden. Mögen diese Kategorien bei einem Phänomen wie ›Schmerz‹ durchaus sinnvoll angewandt werden, gestaltet sich dies bei Kategorien wie ›Identität‹ eher schwierig. Eine der wichtigsten Prämissen der (pragmatistischen) GTM ist die Auffassung, dass Kategorien aus den Daten emergieren müssen und nicht vorgegebene Strukturen auf die Daten gepresst werden sollen. Aus diesem Grund wurde das Dimensionalisieren nur dann angewandt, wenn sich dies sinnvoll durchführen ließ, was dazu führte, dass oftmals nicht auf alle vier Eigenschaften des Dimensionalisierens eingegangen wurde.

In Tabelle 5 sind die Schwierigkeiten des Dimensionalisierens anhand der Kategorie ›Zugang zum Jainismus – Wissensvermittlung via Literatur‹ ersichtlich: So führten zwei Interviewpartner/innen aus, dass sie sich gerne mehr Wissen über den Jainismus aneignen wollten und sich deshalb jainistische Lehrbücher gekauft hätten.[40] Zu Beginn sei die Motivation hoch gewesen, jedoch seien die Texte meist inhaltlich zu anspruchsvoll, sprachlich zu schwierig oder (wenn auf Kinderlehrmittel zurückgegriffen wurde) zu vereinfacht gewesen. Aus diesem Grund sei ihre Motivation gesunken und das Selbststudium abgebrochen worden. Die Häufigkeit, mit welcher auf Literatur zurückgegriffen wurde, war also schwankend. Die Intensität ist, vergleichbar mit der Häufigkeit, schwankend. Wurde zu Be-

39 Vgl. dazu Abbildung 3.
40 I1: 76 und T2: 800-841.

KATEGORIE	EIGENSCHAFTEN	DIMENSIONALE AUSPRÄGUNG PRO EREIGNIS
Wissensvermittlung via Literatur	Häufigkeit	Schwankend (oft–niemals)
	Ausmaß	Allein – in Gruppe
	Intensität	schwankend (Texte zu schwierig)
	Dauer	Monatlich – jährlich

Tabelle 5: Dimensionalisieren von Kategorien

ginn sehr intensiv versucht, die Inhalte zu verstehen, sank die Intensität parallel zur Motivation. Auffallend war oft, dass rund um die Besuche der *Samaṇīs* die Intensität und Häufigkeit des Literaturstudiums zunahm, dies zeigte sich bspw. in der Häufung von *Pāṭhśālās* vor und nach deren Besuchen. Die Dauer solcher Literaturstudien konnte deshalb von Phasen des Selbststudiums bis zu monatlichen *Pāṭhśālās* oder jährlichen Treffen variieren.

Im Rahmen des offenen Kodierens der ersten vier Interviews zeigte sich, dass einerseits die Bedeutung und Rolle der Gemeinschaft mehr ins Zentrum gerückt werden muss und dass andererseits bis jetzt nur mit Personen gesprochen wurde, die eine aktive Rolle bei Treffen einnehmen. Aus diesen Gründen wurde der Fragebogen ab dem vierten Interview mit folgenden Fragen ergänzt:

- Did you get in contact with Jains in Switzerland? / Can you tell me more about it? / Would you like to get in contact with Jains in Switzerland?

- Did you participate in Jain events in Switzerland? Can you tell me more about it? / What does it mean to you to participate in such Jain events?

- Please describe the role of the Swiss Jain Community in your life.

- What does it mean to you (... praying, doing a *pūjā*)?
- Would you prefer to do it (... praying, doing a *pūjā*) in a community? Would there be a difference?

Die Fragen wurden wie immer an den Gesprächsverlauf angepasst. So wurde bei den letzten beiden Fragen jeweils auf die Begrifflichkeiten Bezug genommen, welche die Befragten bereits im Laufe des Gesprächs verwendet hatten.

6.4.2 Axiales Kodieren

Beim axialen Kodieren geht es laut Strauss und Corbin (2010, 75–93) darum, die Daten nach dem offenen Kodieren neu zusammenzusetzen. Dies geschieht, indem die Kategorien anhand des Kodierparadigmas miteinander verbunden werden. Das Kodierparadigma basiert gemäß Strauss und Corbin (2010, 75–93) auf der Idee, dass Subkategorien durch einen Satz von Beziehungen mit einer Kategorie verknüpfbar sind. So werden sämtliche erhobenen Daten anhand (A) der ursächlichen Bedingungen, (B) des Phänomens, (C) des Kontexts, (D) der intervenierenden Bedingungen, (E) der Handlungs- und interaktionalen Strategien sowie (F) anhand der Konsequenzen systematisiert. Zugunsten der Verständlichkeit wird mit (B) begonnen.

(B) Als Phänomen, um das sich die Kategorien gruppierten, emergierte der Gemeinschaftsbildungsprozess der Schweizer Jainas und dessen Stagnation.[41] (A) Als ursächliche Bedingungen für den Gemeinschaftsbildungsprozess ließen sich die Migrationssituation an sich, der Wunsch nach einem vertieften Wissen über den Jainismus und die Besuche der *Samaṇīs* eruieren. So haben einige Schweizer Jainas ab 2008 den Kontakt zu anderen Jainas gesucht, um mehr über ihre Religion zu erfahren. Die *Samaṇīs* fungierten dabei als Katalysator: So fand ein erstes schweizweites Jaina-Treffen im Sommer

41 In einem ersten Schritt wurde das Kodierparadigma tabellarisch angewandt, wie dies Strauss und Corbin (2010, 78–84) vorschlagen und in Tabelle 6 ersichtlich ist. Aufgrund der Übersichtlichkeit wurde aber eine grafische Darstellung des Kodierparadigmas bevorzugt, vgl. Abbildung 4.

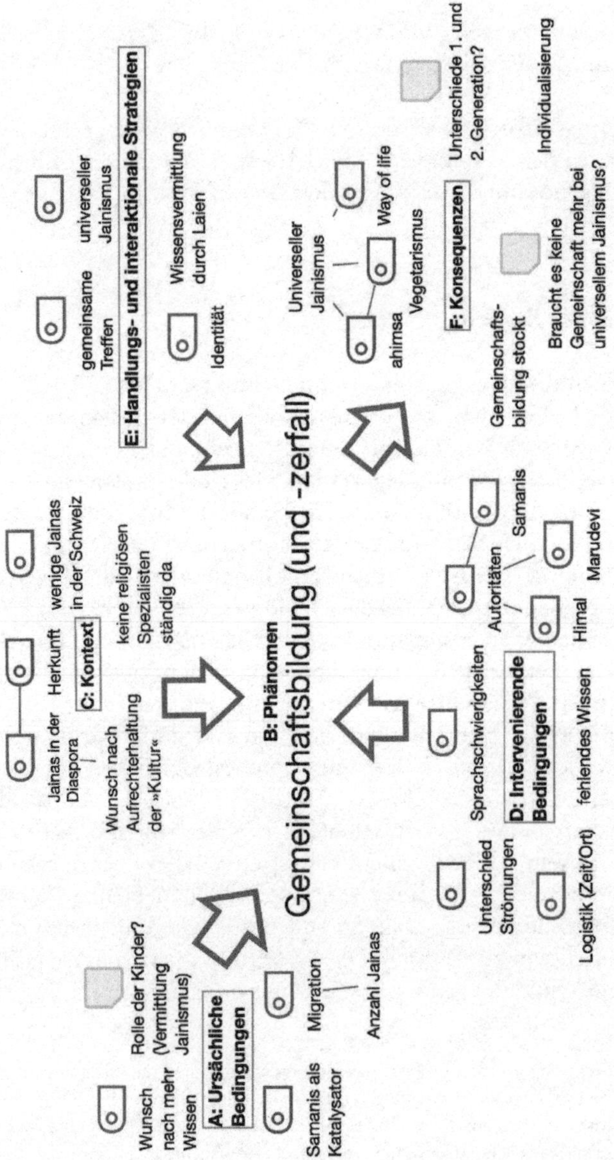

Abbildung 4: Angewandtes Kodierparadigma; erstellt mit MAXQDA

URSÄCHLICHE BEDINGUNG (A)	→	PHÄNOMEN (B)
1) Migration		Gemeinschaftsbildung
2) Wunsch nach Wissen		
3) Vermittlung Jainismus		
4) *Samaṇīs*		
1) Eigenschaften der Migration	Spezifische Dimensionen der Gemeinschaftsbildung	
Berufliche Gründe	Häufigkeit	1- bis 2-mal im Jahr
Studium	Ausmaß	Lokal und schweizweit
Heirat	Dauer	1–4 Stunden
2) Eigenschaften des Wunsches nach Wissen		
Fehlen von religiösen Spezialisten		
Selbststudium		
Rolle der Laien		
3) Eigenschaften der Vermittlung von Jainismus		
Kindererziehung		
Weitergabe von Werten		
Weitergabe von Kultur		
Identität		
4) Eigenschaften der *Samaṇīs*		
Einzige zugängliche religiöse Spezialisten		
Motivatorinnen		
Wissensvermittlung		
KONTEXT (C)		
Diaspora-Situation		
Anzahl Jainas in der Schweiz		
Fehlen religiöser Spezialisten		
INTERVENIERENDE BEDINGUNGEN (D)		
Verschiedene Strömungen		
Sprachschwierigkeiten		
Autoritäten		
Fehlendes Wissen		
Logistische Herausforderungen		
HANDLUNGS- UND INTERAKTIONALE STRATEGIEN (E)		
Wissensvermittlung durch Laien		
Identität		
Universeller Jainismus		
Gemeinsame Treffen		
KONSEQUENZEN (F)		
Universeller Jainismus		
Gemeinschaftsbildung stockt		
Individualisierung		

Tabelle 6: Angewandtes Kodierparadigma

2008 in deren Beisein statt. Während des axialen Kodierens kam die Frage auf, inwiefern der Wunsch, den eigenen Kindern den Jainismus näherzubringen, auch eine ursächliche Bedingung darstellt. Daraufhin wurden einerseits bereits erhobene Daten rekodiert und andererseits bei Neuerhebungen auf diesen Aspekt geachtet.

(C) Der Kontext des Gemeinschaftsbildungsprozesses beinhaltet die Diaspora-Situation der Schweizer Jainas. So sind bspw. in der Schweiz keine Jaina-Asketen/innen permanent anwesend, weshalb nur punktuell ein Austausch mit religiösen Spezialisten/innen stattfinden kann. Zudem erwähnen mehrere Interviewpartner/innen, dass die geringe Anzahl von Jainas in der Schweiz einen Einfluss auf den Gemeinschaftsbildungsprozess hat, da sich aus diesem Grund Jainas unterschiedlicher Strömungen in der Schweiz gemeinsam treffen würden.[42]

(D) Auf den Gemeinschaftsbildungsprozess wirken verschiedene Faktoren intervenierend. So gehören die Schweizer Jainas unterschiedlichen Strömungen an, was sich in Diskussionen (bspw. darüber, wie Gebete ablaufen sollen) bemerkbar machte. Den einzelnen Schweizer Jainas wird zudem eine unterschiedliche Autorität[43] zugesprochen. Dies führt dazu, dass Aussagen und Handlungen abhängig von den Akteuren anders gewichtet werden. Aspekte wie Sprachschwierigkeiten oder logistische Herausforderungen wirken zusätzlich auf den Gemeinschaftsbildungsprozess intervenierend.

(E) Die am Gemeinschaftsbildungsprozess teilnehmenden Jainas wenden unterschiedliche Handlungs- und interaktionale Strategien an. So wird in der Schweiz die Vermittlung von Wissen von Laien übernommen, da religiöse Spezialisten/innen fehlen. Zudem werden neue Arten von Ritualen kreiert, da Jainas aus verschiedenen Strömungen an den Zusammenkünften teilnehmen.

(F) Als Konsequenz des Gemeinschaftsbildungsprozesses etablierte sich ein universeller Jainismus, der insbesondere sämtliche Strömungen umfasst und einen Einfluss auf die Identität der Jainas hat. Häufig wird heute das Jaina-Sein auf ein vegetarisches Leben reduziert und gemeinsame Rituale werden marginalisiert. Dies führt dazu, dass die Gemeinschaft zugunsten eines individualisierten Jainismus in den Hintergrund rückt und an Bedeutung verliert.

42 I2: 7 und I12: 14, 44.

43 Vgl. dazu Kapitel 7.4.7.

Aufgrund der ersten Anwendung des Kodierparadigmas tauchten neue Fragen und Aspekte auf, die eine Vertiefung erforderten. Anhand dieser wurden die bereits erhobenen Daten rekodiert, indem u. a. explizit auf die Rolle der Kindererziehung (und des Mitgebens von Jaina-Werten) geachtet wurde und inwiefern dies Anstoß für den Gemeinschaftsbildungsprozess war. Zudem wurde ein Fokus auf die Unterschiede zwischen der ersten und der zweiten Generation von Jainas in Bezug auf das Jaina-Sein gelegt, genauso wie auf Adaptionen des Jainismus in der Schweiz. Bei der Erhebung der weiteren Daten wurden die genannten Aspekte vertieft, indem der Leitfaden um die folgenden drei Fragen ergänzt wurde:

- Please compare the everyday life after moving to Switzerland to the everyday life in your prior country.

- If you think about your children / (Imagine you had children), what would you tell them about Jainism?

6.4.3 Selektives Kodieren

Beim selektiven Kodieren geht es laut Strauss und Corbin (2010, 94–117) um das systematische In-Beziehung-Setzen der Kernkategorie mit anderen Kategorien sowie um die Validierung dieser Beziehungen und um das Entdecken von Mustern und Auffüllen von Kategorien, die erst spärlich ausgebildet sind. Dadurch entsteht die Grounded Theory. Beim selektiven Kodieren wurden hauptsächlich bereits erhobene Daten rekodiert, um die Kategorien aufzufüllen. So wurde z. B. die Kategorie der Rituale rekodiert, da sich zeigte, dass die Befragten unter diesem Begriff verschiedene Aspekte verstanden. Zudem wurden spezifische Daten neu erhoben. So standen bspw. bei einem zweiten, informellen Gespräch mit Chetak transnationale Verbindungen bei Hochzeiten im Vordergrund.

Im Rahmen des selektiven Kodierens wurden sämtliche erhobenen Daten mit der Bedingungsmatrix[44] analysiert, da vermehrt lokale, nationale und internationale Verbindungen ins Zentrum rückten.

44 Vgl. dazu Strauss und Corbin (2010, 132–147).

So wurde ersichtlich, dass Schweizer Jainas oft auf Informationen von international agierenden Jaina-Organisationen reagieren und diese auch rezipieren. Diese Verbindungen wurden während des selektiven Kodierens ausgearbeitet und ausformuliert. Das bereits beim axialen Kodieren angewandte Kodierparadigma wurde während des selektiven Kodierens überarbeitet und verfeinert.[45] Das selektive Kodieren wurde auch während der Verschriftlichung der Forschungsarbeit weitergeführt, da trotz der theoretischen Sättigung beim Schreiben häufig Kategorien auffielen, die einer vertiefteren Analyse bedurften. Durch das selektive Kodieren der bereits erhobenen Daten konnten diese Lücken jeweils geschlossen werden.

6.4.4 Verfassen von Memos

Birks und Mills (2015, 179) definieren das Verfassen von Memos als einen fundamentalen analytischen Prozess jeder Forschung, welche auf der GTM basiert. Das Memoschreiben beinhalte das Notieren von Prozessen, Gedanken, Gefühlen, analytischen Erkenntnissen, Entscheidungen und Ideen in Bezug auf die Forschungsarbeit. Während des ganzen Forschungsverfahrens sollten Memos verfasst werden, wobei diese gerade beim Kodieren und bei der Datenanalyse besonders hilfreich sein können. Charmaz (2006, 72) betont, dass Memos das Bindeglied zwischen der Datenerhebung und dem Verfassen von Arbeiten sind. Anhand von Memos können bereits in einem frühen Prozess der Datenerhebung erste Analysen stattfinden, so Lempert (2007, 247–254). Für sie stellen Memos eine Art private Unterhaltung zwischen den Forschenden und den von ihnen erhobenen Daten dar. Dabei kann die Art der Memos stark variieren. So können in Memos erste, noch völlig unstrukturierte Ideen verfasst, die eigene Forschungstätigkeit reflektiert, andere Memos analysiert und kommentiert oder in komplexeren Memos mit Literaturhinweisen Theorieansätze diskutiert werden. Im Laufe der Forschung werden laut Lempert (2007, 254) Memos immer komplexer. Memos können laut ihr gar als Gerüst einer Arbeit angesehen werden, mit Hilfe dessen der abschließende Text verfasst wird.

45 Siehe Abbildung 6 am Ende des Kapitels.

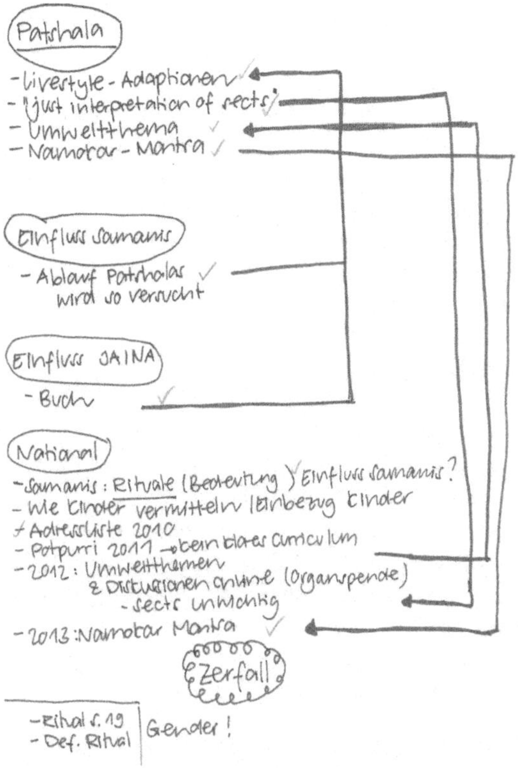

Abbildung 5: Memo aus dem Forschungstagebuch

Während der ganzen Analysephase wurden Memos angefertigt, wobei diese im Laufe des Prozesses an Inhalt und Komplexität zunahmen.[46] Zu Beginn wurden die Memos verwendet, um beim Kodieren Auffälliges zu vermerken oder die eigene Rolle zu reflektieren. So lautet bspw. das Memo 33: »Er redet von ›they‹, obwohl er von sich selbst spricht.« Das Memo, welches nach *Gaṇeśa-Catūrthi* 2012 erstellt wurde, sieht folgendermaßen aus: »Ich half beim Aufräumen und organisierte Besen, Putzmittel etc. Dies führte dazu, dass ich zur Ansprechperson dafür wurde, was noch aufgeräumt werden musste.

46 Vgl. dazu Abbildung 5.

Schlussendlich wurde ich zur Koordinatorin des Putzvorganges, was mir einerseits unangenehm war, da ich keine allzu aktive und tragende Rolle einnehmen wollte, andererseits merkte ich, dass die organisierende Familie froh war, dass ich die Koordination übernommen hatte. Am Ende des Putzvorganges wurde ich von der organisierenden Familie als Dankeschön auf ein Abendessen bei ihnen zu Hause eingeladen.« Für die Verschriftlichung der Memos wurden einerseits die Memo-Funktion von MAXQDA und andererseits ein Forschungstagebuch verwendet.

6.4.5 Theoretisches Sampling

Nachdem erste Daten analysiert und erste Kategorien gebildet wurden, soll laut Morse (2007, 240) das weitere Datenmaterial im Rahmen der pragmatistischen GTM aufgrund der entstehenden Theorie erhoben werden. Die Auswahl an Interviewpartner/innen wird also z. B. nicht anhand demographischer Aspekte getroffen, sondern aufgrund der etablierten Kategorien. Dadurch kann gemäß Morse (2007, 240) die Theorie dichter werden und Kategorien können sich zu Kernkategorien entwickeln. Negative Fälle sollten dabei nicht entmutigen. Vielmehr müsse in solchen Fällen der Frage nachgegangen werden, welches die Umstände sind, in denen der/die entsprechende Interviewpartner/in anders agierte. So könne die Theorie überarbeitet und verdichtet werden, was erneut dazu führt, dass aufgrund der Theorie oder aufgrund auftauchender Fragen ein theoretisches Sampling durchführt werden kann. Das theoretische Sampling schließe nicht aus, dass man mit einer bereits befragten Person erneut eine Befragung durchführt oder bereits erhobene Daten neu analysiert werden. Das Erheben der Daten solle vielmehr durch die sich entwickelnde Theorie geleitet sein.

Truschkat et al. (2011, 344f.) weisen darauf hin, dass das theoretische Sampling einen Idealtypus darstellt und man im Forschungsalltag oft auch pragmatische Lösungen finden muss. Dies zeigt sich auch bei Morse (2007, 235), der unter dem ›Convenience Sampling‹ die Auswahl von Teilnehmenden aufgrund ihrer Verfügbarkeit versteht. Gerade zu Beginn einer Datenerhebung biete sich diese Art des Samplings an, um erste Daten zu erhalten. Es solle aber darauf geachtet werden, möglichst schnell einen Übergang zum theoretischen Sampling zu finden. Zu jeder Phase des Kodierens (offenes, axiales und selektives) gehört ein entsprechendes Sampling.

6.4.5.1 Theoretisches Sampling im Rahmen des offenen Kodierens

In einer ersten Phase der Datenerhebung wurde Himal für ein Interview angefragt, da er, wie sich im Rahmen der Feldforschung der Masterarbeit gezeigt hatte, oft als Organisator von Jaina-Zusammenkünften in Erscheinung trat, jeweils die *Samaṇīs* beherbergte und von Schweizer Jainas als Respektsperson angesehen wurde. Da er als aktives und anerkanntes Mitglied der Gemeinschaft bekannt war, versprach ein Interview mit ihm für die Forschende Einblicke in das (Gemeinschafts-)Leben von Jainas in der Schweiz. Ohne Absprache lud Himal weitere Jainas zum Interviewtermin ein. Strauss und Corbin (2010, 153–155) schreiben, dass es in einer ersten Phase darum geht, möglichst viele relevante Kategorien aufzudecken, weshalb das Sampling offen gegenüber den Personen, Plätzen und Situationen sein müsse. Dies biete die größte Chance, die relevanten Daten des untersuchten Phänomens zu gewinnen. Aus diesem Grund wurde die Gelegenheit genutzt und sämtliche anwesende Jainas interviewt.

Während dieses Nachmittags wurden vier Interviews mit insgesamt sieben Personen (Daya, Takshil, Himal, Harjot, Bindu, Aleika und Ajeet) durchgeführt. Laut Kruse und Schmieder (2014, 255–256) ist die Rekrutierung von Interviewpartner/innen via Gatekeeper/in aber nicht unproblematisch, da der/die Gatekeeper/in eigene Strategien der Fallauswahl verfolgen kann. In der Retroperspektive zeigte sich, dass die von Kruse und Schmieder erwähnte Problematik durchaus vorhanden war, hatte Himal ausschließlich aktive Jainas ausgewählt, welche sich unmittelbar am Gemeinschaftsbildungsprozess beteiligt haben. Da diese Art des Samplings aber nur zu Beginn der Forschung verwendet wurde, konnte diese Gefahr im Laufe der Forschung umgangen werden.

6.4.5.2 Theoretisches Sampling im Rahmen des axialen Kodierens

In einem zweiten Schritt des Samplings geht es laut Strauss und Corbin (2010, 156–158) darum, Beziehungen zwischen Bedingungen, Kontext, Handeln/Interaktion und Konsequenzen aufzudecken und zu validieren. Dabei sollten so viele Unterschiede wie möglich gefunden werden, um eine große Variation zu erhalten. Dabei kann man sich gemäß ihnen entweder von Situation zu Situation begeben und dabei Daten zu theoretisch relevanten Kategorien erheben oder absichtlich Personen, Orte oder Dokumente auswählen, die die Chance maximieren, Variationen zu generieren. Dieser Prozess solle zugleich vom axialen Kodieren begleitet werden.

Um eine möglichst große Variation zu erhalten, wurden Interviewpartner/innen ausgewählt (Aneri und Sakshat), die zwar mit anderen Jainas in der Schweiz Kontakt aufgenommen hatten, sich aber schließlich nicht am Gemeinschaftsbildungsprozess beteiligt haben. Das Ziel war es, die Kategorie ›Gründe für Gemeinschaftsbildung‹ zu erweitern, indem die Gründe für die Nichtteilnahme an diesem Prozess beleuchtet werden. Aneri besuchte, wie die Protokolle zeigen, ein Jaina-Treffen. Sie erscheint aber ansonsten weder in der Adressliste noch in der Google-Gruppe ›Swiss Jains‹. Aufgrund einer E-Mail, in welcher Aneri in einem anderen Kontext im Kopie-Verteiler (CC) erschien, wurde die Forschende auf sie aufmerksam und konnte ein Interview mit ihr arrangieren. Auf Sakshat wies sie der stellvertretende Direktor des Museums Rietberg, Johannes Beltz, im Rahmen eines Vortrages hin. Sakshat ist zwar seit der Gründung Mitglied der Google-Gruppe, hatte bis jetzt aber nur einen Beitrag veröffentlicht, in dem er um *micchāmi dukkaḍaṃ* bat. In dieser Phase des Samplings wurden zudem Munir und Ajit als Interviewpartner ausgewählt, da sie erst vor Kurzem in die Schweiz eingereist sind, genauso wie Chiti, die Frau von Chetak. So konnte ein Augenmerk auf Unterschiede und Gemeinsamkeiten zwischen den schon länger in der Schweiz wohnenden und den erst kürzlich in die Schweiz migrierten Jainas gelegt werden. Im Laufe des Gesprächs mit Chiti und Chetak wurde durch diese immer wieder Bezug auf die Rolle des Jainismus bei der Kindererziehung genommen, weshalb diese Kategorie emergierte.

Die Auswahl der Interviewpartner/innen wurde aufgrund des theoretischen Samplings getroffen. Dies geschah nicht immer linear, wie sich im Vergleich mit Kapitel 6.4.5.2 zeigt. So wurde z. B. Sakshat beim Sampling im Rahmen des axialen Kodierens als Interviewpartner ausgewählt, jedoch konnte das Interview mit ihm aufgrund einer Operation erst als eines der letzten geführt werden. Solche organisatorischen Herausforderungen aufgrund von äußeren, nicht zu beeinflussenden Umständen stellten sich mehrmals. So war jederzeit klar, aufgrund welcher Kategorien die einzelnen Interviewpartner/innen ausgewählt wurden, jedoch fanden die Interviews nicht immer zum gewünschten Zeitpunkt statt. Da es sich bei der GTM um einen zirkulären (und nicht linearen) Prozess handelt, beeinflusste dies die in der vorliegenden Arbeit gewonnenen Erkenntnisse nur marginal.

6.4.5.3 Theoretisches Sampling im Rahmen des selektiven Kodierens

Das Sampling beim selektiven Kodieren wird auch diskriminierendes Sampling genannt. Dabei geht es gemäß Strauss und Corbin (2010, 258f.) darum, Orte, Personen und Dokumente auszuwählen, welche die Chance zum Verifizieren des Fadens der Geschichte und der Beziehung zwischen den Kategorien sowie zum Auffüllen spärlich entwickelter Kategorien maximieren. Dies kann, wie Truschkat et al. (2011, 375) schreiben, sowohl das Erheben von neuen Daten als auch den Rückbezug auf bereits erhobene Daten beinhalten, welche rekodiert werden.

So wurde im weiteren Sampling-Verfahren ein Fokus auf Jainas gelegt, welche sich am Gemeinschaftsbildungsprozess beteiligt haben, und ein Interview mit Miti, Mukti und Nihir durchgeführt. Diese konnten anhand der Protokolle ausfindig gemacht werden, da sie jeweils an den Jaina-Treffen anwesend waren. Durch das Gespräch mit Miti, Mukti, Nihir (sowie Sakshat und Munir) konnte die Bedeutung von Kindern im Gemeinschaftsprozess vertieft werden. Miti ging im Interview sehr stark auf ökologische Zusammenhänge mit dem Jainismus ein und betonte jeweils die wissenschaftlichen Begründungen des Jainismus. Des Weiteren sprach sie von Adaptionen, welche im Ausland in Bezug auf religiöse Praktiken gemacht werden müssten. Anhand dieser neuen Kategorien wurden bestehende Daten rekodiert.

Bei der Analyse des Interviews von Munir und Mukti kamen keine neuen Kategorien mehr auf, schon bestehende konnten aber verdichtet werden. Diese Tendenz verstärkte sich bei der Analyse von Nihirs Interview, weshalb sich eine theoretische Sättigung abzeichnete und mit dem Verfassen der Theorie begonnen wurde. Eine theoretische Sättigung ist gemäß Truschkat et al. (2011, 372f.) dann der Fall, wenn alle Kategorien und alle Beziehungen zwischen den Kategorien gut ausgearbeitet und validiert sind. Im Rahmen der Verschriftlichung fanden weiterhin diskriminierende Samplings statt, indem die erhobenen Daten nach bestimmten Kriterien rekodiert wurden, wenn sich Kategorien als noch nicht vollständig ausgearbeitet erwiesen. So wurde Sangar bspw. per E-Mail kontaktiert, um die genaue Verbindung innerhalb der Deutschschweizer Jainas eruieren zu können. Da er als aktives (Deutschschweizer) Mitglied in Erscheinung trat, wurde diese Frage an ihn gerichtet. Wichtig ist zu erwähnen, dass die theoretische Sättigung nicht als definitives Ende verstanden werden kann, sondern vielmehr als ein momentaner, situativer Schlusspunkt, der jederzeit als neuer Ausgangspunkt für weitere Forschungsvorhaben verwendet werden kann.[47]

Am Schluss einer Forschung, welche auf der pragmatistischen GTM nach Strauss und Corbin (2010) beruht, steht eine Grounded Theory. In diesem Fall handelte es sich um eine materiale Theorie.[48]

47 Vgl. dazu Kapitel 5.2.2.1.
48 Vgl. dazu Abbildung 6.

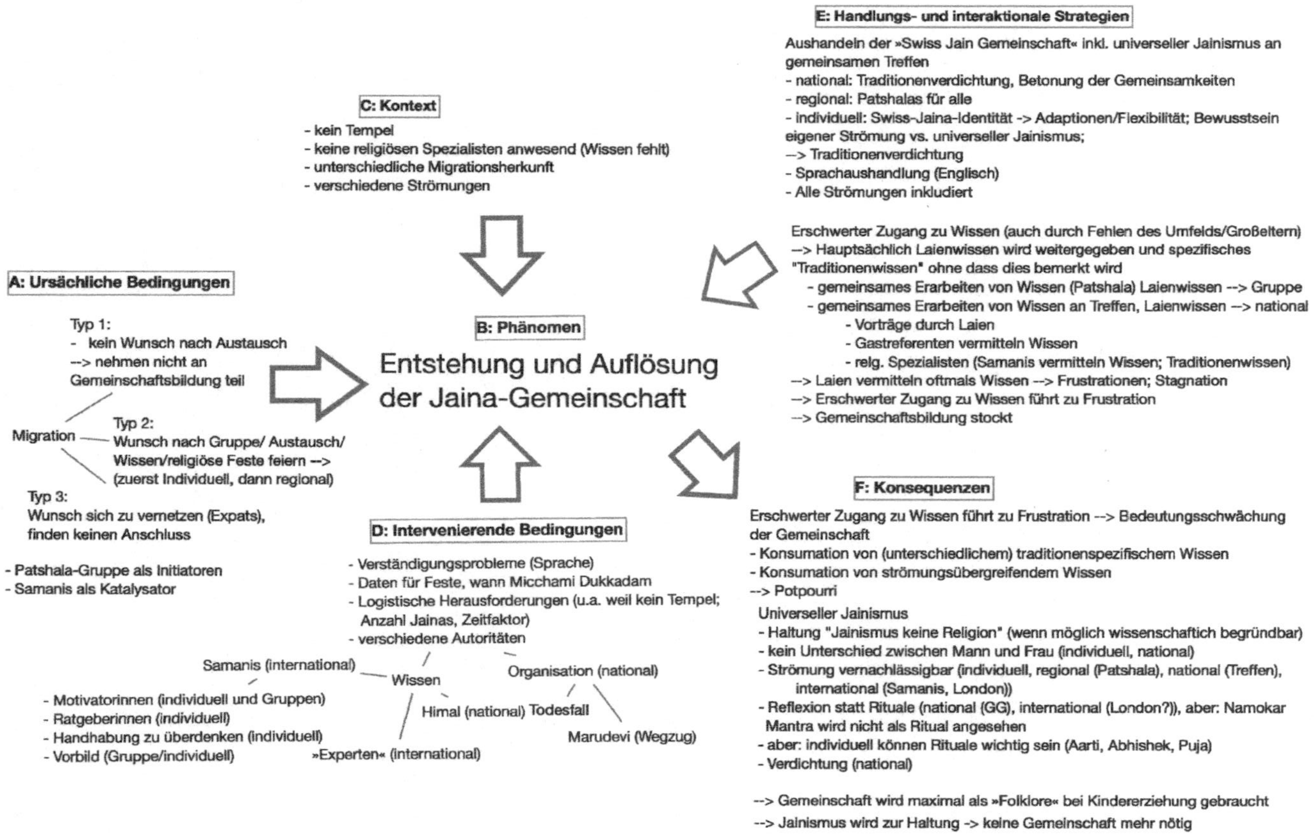
C: Kontext
- kein Tempel
- keine religiösen Spezialisten anwesend (Wissen fehlt)
- unterschiedliche Migrationsherkunft
- verschiedene Strömungen
E: Handlungs- und interaktionale Strategien
Aushandeln der »Swiss Jain Gemeinschaft« inkl. universeller Jainismus an gemeinsamen Treffen
- national: Traditionenverdichtung, Betonung der Gemeinsamkeiten
- regional: Patshalas für alle
- individuell: Swiss-Jaina-Identität -> Adaptionen/Flexibilität; Bewusstsein eigener Strömung vs. universeller Jainismus;
--> Traditionenverdichtung
- Sprachaushandlung (Englisch)
- Alle Strömungen inkludiert
Erschwerter Zugang zu Wissen (auch durch Fehlen des Umfelds/Großeltern)
--> Hauptsächlich Laienwissen wird weitergegeben und spezifisches "Traditionenwissen" ohne dass dies bemerkt wird
- gemeinsames Erarbeiten von Wissen (Patshala) Laienwissen --> Gruppe
- gemeinsames Erarbeiten von Wissen an Treffen, Laienwissen --> national
- Vorträge durch Laien
- Gastreferenten vermitteln Wissen
- relg. Spezialisten (Samanis vermitteln Wissen; Traditionenwissen)
--> Laien vermitteln oftmals Wissen --> Frustrationen; Stagnation
--> Erschwerter Zugang zu Wissen führt zu Frustration
--> Gemeinschaftsbildung stockt
A: Ursächliche Bedingungen
Typ 1:
- kein Wunsch nach Austausch
--> nehmen nicht an Gemeinschaftsbildung teil
Migration
Typ 2:
Wunsch nach Gruppe/ Austausch/ Wissen/religiöse Feste feiern --> (zuerst Individuell, dann regional)
Typ 3:
Wunsch sich zu vernetzen (Expats), finden keinen Anschluss
- Patshala-Gruppe als Initiatoren
- Samanis als Katalysator
B: Phänomen
Entstehung und Auflösung der Jaina-Gemeinschaft
D: Intervenierende Bedingungen
- Verständigungsprobleme (Sprache)
- Daten für Feste, wann Micchami Dukkadam
- Logistische Herausforderungen (u.a. weil kein Tempel; Anzahl Jainas, Zeitfaktor)
- verschiedene Autoritäten
Samanis (international)
Wissen
Organisation (national)
- Motivatorinnen (individuell und Gruppen)
- Ratgeberinnen (individuell)
- Handhabung zu überdenken (individuell)
- Vorbild (Gruppe/individuell)
Himal (national) Todesfall
Marudevi (Wegzug)
»Experten« (international)
F: Konsequenzen
Erschwerter Zugang zu Wissen führt zu Frustration --> Bedeutungsschwächung der Gemeinschaft
- Konsumation von (unterschiedlichem) traditionenspezifischem Wissen
- Konsumation von strömungsübergreifendem Wissen
--> Potpourri
Universeller Jainismus
- Haltung "Jainismus keine Religion" (wenn möglich wissenschaftich begründbar)
- kein Unterschied zwischen Mann und Frau (individuell, national)
- Strömung vernachlässigbar (individuell, regional (Patshala), national (Treffen), international (Samanis, London))
- Reflexion statt Rituale (national (GG), international (London?)), aber: Namokar Mantra wird nicht als Ritual angesehen
- aber: individuell können Rituale wichtig sein (Aarti, Abhishek, Puja)
- Verdichtung (national)
--> Gemeinschaft wird maximal als »Folklore« bei Kindererziehung gebraucht
--> Jainismus wird zur Haltung -> keine Gemeinschaft mehr nötig

Abbildung 6: Materiale Grounded Theory

7 Schweizer Jaina-Diaspora

In diesem Kapitel werden in einem ersten Schritt die Schweizer Jainas anhand der Definition von Cohen (2008, 15f.) als Diaspora-Gemeinschaft verortet, um sie in einem zweiten Schritt mit den analytischen Werkzeuge der Diaspora-Forschung zu beschreiben. Zusätzlich werden vier Phasen der Gemeinschaftsbildung der Schweizer Jainas beleuchtet und die damit einhergehenden Aushandlungsprozesse dargelegt. Dabei sollen die Eigenheiten der Schweizer Diaspora-Gemeinschaft im Fokus stehen, welche in einen größeren theoretischen Kontext eingebettet werden. Die Schwerpunkte der ausgewählten theoretischen Konzepte basieren auf den empirischen Daten.

7.1 Schweizer Jainas als Diaspora-Gemeinschaft

Wie in Kapitel 4.1 ausgeführt, können Diaspora-Gemeinschaften gemäß Cohen (2008, 15f.) anhand von vier Werkzeugen analysiert und definiert werden: (a) Selbstbezeichnung, (b) Zeitkomponente, (c) gemeinsame Eigenschaften und (4) Idealtypen. (a) Die in der Schweiz wohnhaften Jainas bezeichneten sich zwar weder im Rahmen der Interviews noch in den analysierten Textquellen als in der Diaspora lebend, jedoch werden die weiteren Aspekte von Cohens Diaspora-Definition erfüllt.[1] (b) Die ersten Jainas, über die Daten erhoben werden konnten, sind in den 1970er Jahren in die Schweiz eingereist, wobei erst ab 2008 Treffen unter Jainas organisiert wurden. Ziel der Zusammenkünfte war es jeweils, mehr über den Jainismus zu erfahren, sich auszutauschen und gemeinsam religiöse Feste zu begehen. Im Zent-

1 Gemäß Cohen (2008, 15f.) müssen nicht alle Punkte seiner Definition erfüllt sein, damit man von einer Diaspora sprechen kann.

rum stand die Bewahrung ihrer Religion. Es zeigt sich also, dass ab 2008 eine Gruppenmobilisation aufgrund der gemeinsamen Religion, dem Jainismus, stattgefunden hat.

Als drittes Werkzeug (c) benennt Cohen neun gemeinsame Eigenschaften von Diaspora. Acht der neun von Cohen vorgeschlagenen Aspekte treffen auf die Schweizer Jaina-Gemeinschaft zu: (1) Bei den in der Schweiz lebenden Jainas fand ein Wegzug aus dem Ursprungsland (Indien) statt, (2) jedoch hatte die Migration keinen zwingenden traumatisierenden Hintergrund, sondern fand aus beruflichen Gründen oder aufgrund von Hochzeiten statt. (3) Die in der Schweiz wohnhaften Jainas haben verschiedene kulturelle und sprachliche Hintergründe. Alle verbindet die gemeinsame Erinnerung an ihr Ursprungsland, weshalb Indien eine besondere Stellung zugeschrieben wird. Dies zeigt sich, da Indien in den Interviews oft als Heimatland bezeichnet wird, auch von Jainas, welche in der Schweiz aufgewachsen sind und nie in Indien gelebt haben.[2] (4) Dass der kollektive Wunsch besteht, Indien (zumindest in religiösen Belangen) zu unterstützen, ist an den Spendenaufrufen und am aktiv gesammelten Spendenbetrag für ein Jaina-Kloster in Indien im Jahr 2009 ersichtlich. Eine Idealisierung von Indien findet statt, da es laut den Interviewpartner/innen in Indien einfacher möglich sei, die Religion auszuüben und dort der »wahre« Jainismus existiere.[3] (5) Die in der Schweiz lebenden Jainas führen einen engen Kontakt zu Indien, so reisen alle befragten Jainas mindestens einmal im Jahr nach Indien. (6) Das Gruppenbewusstsein basiert bei den Jainas in der Schweiz auf der religiösen Zugehörigkeit, auch wenn sie unterschiedlichen Strömungen des Jainismus angehören und sprachlich und kulturell über verschiedene Hintergründe verfügen. So bezeichnen sie sich selbst als ›Swiss Jains‹. (7) Eine angespannte Beziehung zur Schweiz lässt sich nicht aufzeigen, dies aber auch, da Jainas von der Schweizer Öffentlichkeit nur vereinzelt wahrgenommen werden und deshalb Konfliktmöglichkeiten gar nicht entstehen können. (8) Es ist ersichtlich, dass ein Interesse an Jainas in anderen Diaspora-Ländern besteht, da oft Beiträge von Jainas aus anderen Diaspo-

2 U. a. T3: 315 und T4: 518.

3 I1: 24; I3: 123; I4: 63 und 79; I5: 86; I11: 56; I12: 22; T3: 338-377, T4: 556 und T5: 301-320, 619.

ra-Gemeinschaften in der Google-Gruppe geteilt werden. Es wurden bspw. Informationen über die Eröffnung neuer Jaina-Zentren oder über Jaina-Aktivitäten und Veranstaltungen anderer (in der Diaspora lebender) Jainas weitergeleitet.[4] Anliegen anderer Diaspora-Jainas werden zudem unterstützt, weiterverbreitet und diskutiert. Damit geht hervor, dass sie Empathie für andere Jainas besitzen.[5] (9) Dass der Pluralismus in der Schweiz von den Jainas als Bereicherung wahrgenommen wird, lässt sich aufgrund ihrer Teilnahme an interreligiösen Veranstaltungen beobachten.

Als viertes Werkzeug der Analyse soll (d) das spezifische Charakteristikum der jeweiligen Diaspora benannt werden (Opfer, Arbeit, Imperialismus, Handel oder Deterritorialisierung). Sämtliche Jaina-Männer sind im Rahmen ihrer beruflichen Tätigkeit oder aufgrund des Studiums in die Schweiz eingereist, weshalb sie dem Idealtypus Arbeit entsprechen. Die Frauen reisten entweder aufgrund derselben Gründe oder infolge ihrer Hochzeit in die Schweiz ein.

Es zeigt sich also, dass es sich bei den Schweizer Jainas gemäß der Definition von Cohen (2008, 15–19) um eine Diaspora handelt.

Im Folgenden werden die verschiedenen Phasen der Migration und Integration der Schweizer Jaina-Gemeinschaft mit Bezug auf die von Baumann (2004a) beschriebenen Phasen dargelegt.

7.2 Phase 1: Ankunft und Reorganisation des sozialen und kulturellen Lebens

Heute leben ungefähr 30 Jaina-Familien – oder anders gesagt: über hundert Jainas – in der Schweiz.[6] Sie sind hauptsächlich im Raum Genf, Bern, Zürich und Basel wohnhaft und aus unterschiedlichen Ländern, wie z. B. Kenia oder England, in die Schweiz eingereist. Eine Mehrheit der in der Schweiz lebenden Jainas stammt jedoch ursprünglich aus Indien. Es gibt auch Jainas der zweiten (und dritten) Generation, die in der Schweiz geboren und aufgewachsen sind. Die

4 GG 2008, 09.10.; GG 2010, 11.08.; GG 2012, 04.09; GG 2013, 02.05. und GG 2015, 02.11.

5 GG 2016, 22.06. und GG 2018, 26.08.

6 Stand April 2020.

in der Schweiz lebenden Jainas gehören den unterschiedlichen Strömungen an, so gibt es sowohl *Digambaras* als auch *Śvetāmbaras* der verschiedenen Subtraditionen, wobei die Anzahl der *Śvetāmbaras* leicht überwiegt. Bei den Schweizer Jainas handelt es sich um Fachkräfte, was man an ihrem Ausbildungsstand erkennt. Sie verfügen mindestens über einen Bachelor-Abschluss einer Fachhochschule. Dies deckt sich mit der Schweizer Einwanderungspolitik für Arbeitsmigrierende. So werden seit 1970 aus Drittstaaten ausschließlich gut qualifizierte Arbeitskräfte via Kontingente zugelassen.[7]

Im Folgenden werden die vier Phasen der Gemeinschaftsbildung der Schweizer Jainas beschrieben, wobei beachtet werden muss, dass es sich bei den beschriebenen Zeitabschnitten um eine grobe Einteilung handelt. Zwischen den einzelnen Phasen kann es vereinzelt zu Vermischungen oder Überlappungen kommen.

Die ersten Jainas, über die Daten erhoben werden konnten, sind in den späten 1970er und frühen 1980er Jahren aufgrund des Studiums oder aus beruflichen Gründen in die Schweiz eingereist. Häufig arbeiteten sie entweder für multinational tätige (Handels-)Firmen oder internationale Organisationen wie die Vereinten Nationen. Diese Erkenntnisse decken sich mit der damaligen indischen Wirtschaftslage. So schreibt Balasubramanyam (1984, 198), dass in den späten 70er Jahren in Indien ein Umdenken stattfand und der Außenhandel gestärkt wurde. Dies habe dazu geführt, dass in der Zeit zwischen 1970 und 1980 der Handel u. a. mit den europäischen Staaten expandierte, so Rothermund (1985, 180), und es in Indien ab den 1980er Jahren ein Wirtschaftswachstum gab, wie Kapila (2010, 575f.) ausführt. Des Weiteren hat Indien laut Faridi (2010, 18–45) während jener Zeit intensiv in einem Ad-hoc-Komitee der Vereinten Nationen mitgearbeitet, um den Indischen Ozean als Friedenszone zu deklarieren. Dadurch lässt sich erklären, weshalb damals in Indien die Arbeit für internationale Organisationen an Bedeutung gewann. Dass beim Zuzug in die Schweiz die berufliche Tätigkeit im Vordergrund stand, zeigt sich auch an den von den Jainas gewählten Niederlassungsorten. So wurden die Räume Genf mit den dort ansässigen internationalen Organisationen, für die man arbeitete, oder Zürich als Finanzplatz und Studienort gewählt. Zu den während die-

7 Vgl. dazu Staatssekretariat für Migration (SEM) (Art. 23 AIG).

ser Zeit in die Schweiz migrierten Jainas gehören sowohl Männer, die mit ihren Familien einreisten, als auch solche, die allein in die Schweiz migrierten. Nach einigen Jahren in der Schweiz heirateten die alleinstehenden Männer oft Frauen aus Indien oder anderen Diaspora-Ländern, wie z. B. England oder Kenia. Es kann davon ausgegangen werden, dass es sich dabei um arrangiere Ehen handelt, da die betroffenen Männer bereits mehrere Jahre ihren Wohnsitz in der Schweiz hatten.

Eine zweite Gruppe von Jainas reiste ab den 1990er Jahren aus denselben Gründen wie die frühere Gruppe in die Schweiz ein. Waren es erst nur einzelne Jainas, migrierten ab den 2000er Jahren kontinuierlich Jainas in die Schweiz. Wenn dies aus beruflichen Gründen geschah, waren es nicht mehr hauptsächlich internationale Organisationen, welche die Jainas in die Schweiz führten, sondern insbesondere multinational agierende Privatfirmen. So kam als Niederlassungsraum nebst der Westschweiz und Zürich neu auch Basel als Pharmazentrum der Schweiz hinzu. Die Bedeutung von Zürich als Wohn- und Arbeitsraum verstärkte sich ab den 2000er Jahren durch den Ausbau der IKT-Abteilungen im Bankensektor und den dadurch neu geschaffenen Arbeitsstellen. Als weitere Einreisegründe lassen sich bei dieser zweiten Gruppe nebst den beruflichen Gründen erneut die Aufnahme eines Studiums oder die Heirat nennen.

Diese erste Phase des Gemeinschaftsbildungsprozesses, die ungefähr von Ende der 1970er Jahre bis 2008 andauerte, wird in Anlehnung an Baumann (2004a, 83f.) ›Ankunft und Reorganisation des sozialen und kulturellen Lebens‹ genannt. Während dieser Zeit stand das Sich-Zurechtfinden in der Schweiz und auf dem schweizerischen Arbeitsmarkt für die migrierten Jainas im Zentrum. Der Fokus der Schweizer Jainas lag während dieser Phase hauptsächlich auf der Arbeitsintegration. Typischerweise wurden religiöse Handlungen in privater Umgebung durchgeführt. Gemeinsame Treffen mit anderen Jainas fanden meist in einem größeren Kontext statt, z. B. in indischen Kulturvereinen. In dieser ersten Phase stand nicht der Jainismus, sondern vielmehr die Vermittlung der eigenen (indischen)

Kultur[8] im Vordergrund. Wenn vereinzelte Treffen zwischen Jainas stattfanden, dann geschah dies entweder aus verwandtschaftlichen Gründen oder aufgrund einer längeren Bekanntschaft. Diese Zusammenkünfte fanden aber immer in kleinem Rahmen statt. Inwiefern der Identifikations- und Interessenfokus der damaligen Jainas ausschließlich auf der Migrationsgruppe selbst lag, wie dies Baumann (2004a, 90–92) für diese Phase beschreibt, lässt sich nicht eruieren. Diese erste Phase der Ankunft und des Sich-Zurechtfindens dauerte bis 2008 an, da ab dann gemeinsame Jaina-Treffen im größeren Rahmen organisiert wurden und dadurch eine zweite Phase eingeleitet wurde.

Während für eine Mehrheit der Jainas die erste Phase abgeschlossen ist, gibt es Jainas, die erst in den letzten fünf Jahren in die Schweiz migriert sind und sich (noch) in der Ankunftsphase befinden. Jainas, welche in den letzten fünf Jahren in die Schweiz migriert sind, hatten gemäß den Interviews oft nicht die Absicht, sich für längere Zeit in der Schweiz niederzulassen, da es sich bei ihnen um ›multiple migrants‹ oder ›Expatriates‹ handelt. Sie sehen die Schweiz als eine berufliche Station unter weiteren und sind jederzeit bereit, das Land zu verlassen, sei es aufgrund eines neuen Jobangebots oder aufgrund einer weiteren Auslandsentsendung. Dies lässt sich exemplarisch an Kushali darlegen, die 2015 in der Google-Gruppe ›Swiss Jains‹ in Erscheinung trat, als sie Werbung für einen Schönheitswettbewerb in der Schweiz machte und um Unterstützung in einem Online-Voting bat. Zum damaligen Zeitpunkt arbeitete und wohnte sie in der Schweiz. Kushali gewann schließlich den Schönheitswettbewerb, verließ aber kurz darauf aufgrund eines Arbeitswechsels die Schweiz. Die Tendenz, dass es sich bei den in der Schweiz wohnhaften Jainas um ›multiple migrants‹ oder ›Expatriates‹ handelt, ist kein neues Phänomen. Seit den 1970er Jahren lässt sich eine starke Fluktuation beobachten, wie sich einerseits in den Interviews zeigt und andererseits ab 2008 am Mitgliederverzeichnis der Google-Gruppe ersichtlich ist. Es wird sich in Zukunft weisen, ob sich die Jainas, wel-

8 Kultur wird in diesem Zusammenhang als eine vom Menschen hervorgebrachte, gesellschaftliche und geschichtliche Größe angesehen, wie dies Angehrn (1994, 4) vorschlägt. Zum Kulturbegriff vgl. auch Hauck (2006).

che in den letzten fünf Jahren migriert sind, definitiv in der Schweiz niederlassen oder nicht.

Oft stehen die kürzlich in die Schweiz eingereisten Jainas im Austausch mit indischen Vereinen und versuchen über verschiedene Kanäle, mit den in der Schweiz wohnhaften Jainas in Kontakt zu treten, jedoch finden sie (im Moment) nur sehr bedingt Ansprechpersonen.[9] Fest steht, dass bei ihnen zum jetzigen Zeitpunkt noch keine Vernetzung mit den schon länger in der Schweiz wohnhaften Jainas stattgefunden hat.

7.3 Phase 2: Verstärkung der Beziehungen

Ab 2008 änderten sich die Beziehungen zwischen den in der Westschweiz wohnhaften Jainas, weshalb dieses Jahr den Beginn der zweiten Migrations- und Integrationsphase sowie der Vergemeinschaftung markiert, die bis ungefähr 2010 andauerte.

Anlässlich von *Mahāvīra Jayantī* im Jahr 2008 wurden Westschweizer Jainas angeschrieben und zu einem religiösen Treffen eingeladen.[10] Dafür wurden gezielt Kontakte vertieft und erneuert, welche bereits in einer informellen Art und Weise (z. B. über indische Vereine) bestanden. Im Protokoll des ersten Treffens namens *Pāṭhśālā* ist ersichtlich, dass die Teilnehmenden sich zwar kannten, aber noch keine engen Beziehungen geknüpft hatten. Darauf lässt sich insbesondere schließen, da sich die Teilnehmenden mit ihrem Nachnamen ansprachen.[11] An diesem ersten Treffen, das im April 2008 in einem vedischen Zentrum im Raum Genf stattfand, nahmen dreizehn Jainas teil. Es kann davon ausgegangen werden, dass sie an dieser Zu-

9 Da seit Ende 2016 keine gemeinsamen Treffen mehr stattgefunden haben und der Gemeinschaftsbildungsprozess stagniert, haben die in den letzten vier Jahren zugezogenen Jainas keine Möglichkeit, an diesem teilzunehmen. Vgl. dazu Kapitel 7.5.

10 Wer genau dieses Westschweizer Treffen initiiert hatte, ließ sich leider nicht eruieren. Es ist aber davon auszugehen, dass Himal und Marudevi an dieser Entwicklung beteiligt waren.

11 Seit der ersten Zusammenkunft wurden von Marudevi die Gespräche in einem Protokoll zusammengefasst und in der Google-Gruppe gespeichert. Vgl. dazu bspw. GG 2008, 09.06.

sammenkunft beschlossen, weitere Treffen zu organisieren und ein Online-Forum zu eröffnen. Zwei Monate später, im Juni 2008, wurde die Google-Gruppe ›Geneva Jains‹ gegründet. Die Idee war, eine (Online-)Diskussions- und Lerngruppe für alle am Jainismus interessierten Personen zu haben. Ab dem Jahr 2008 wurden in der Westschweiz also einerseits Treffen unter dem Namen *Pāṭhśālā* in monatlicher Frequenz organisiert und andererseits wurde eine virtuelle Online-Gruppe betrieben. Der Fokus lag dabei auf dem gemeinsamen Lernen und Diskutieren von jainistischen Prinzipien. Näherten sich jainistische Feiertage, so fanden die *Pāṭhśālās* anlässlich dieser statt und wurden entsprechend dem Fest benannt, wobei sich die Organisierenden nicht an den exakten Daten orientierten. In Tabelle 7 sind sämtliche regionalen Treffen der Westschweizer Jainas zwischen 2008 und 2013, als das letzte Westschweizer Treffen stattfand, chronologisch aufgeführt.

Während in der ersten Migrations- und Integrationsphase die Westschweizer Jainas als Individuen agierten und den Austausch mit anderen Jainas nicht vertieft suchten, änderte sich dies in der zweiten Phase. Nun wurde aktiv der Kontakt mit anderen Jainas gefördert und das Jaina-Sein rückte bei diesen Treffen in den Vordergrund. Durch die gemeinsamen Treffen wurde in der Westschweiz eine Vergemeinschaftung eingeleitet, die auf einer traditionalen Zusammengehörigkeit beruhte und die Handlungsweise der Beteiligten normierte.[12] Dies mündete in der Bildung einer Westschweizer Jaina-Gemeinschaft, die sich, so im Namen der Google-Gruppe ersichtlich, ›Geneva Jains‹ nannte. Dass es sich um eine Westschweizer Gemeinschaft handelt, lässt sich anhand der Definition von Carrithers und Humphrey (1991, 6f.) aufzeigen: (1) Die Westschweizer Jainas teilen einen gemeinsamen Glauben sowie das gemeinsame Interesse, sich zu vernetzen und sich über den Jainismus auszutauschen. Da sie aus unterschiedlichen Strömungen stammen, verfügen sie nur teilweise über gemeinsame Praktiken, sodass im Rahmen des Gemeinschaftsbildungsprozesses Aushandlungsprozesse stattfanden.[13] (2) Sie unterscheiden sich von der umgebenden Schweizer Gesellschaft in ihrer Kultur, ihrem Glauben, ihren Praktiken und Interes-

12 Vgl. dazu Weber (1984, 70f.).
13 Vgl. dazu nachfolgend Kapitel 7.3.2.

ANLASS	JAHR	DATUM	LOKALITÄT
Mahavīra Jayantī	2008	18.04.	Vedisches Zentrum
Pāṭhśālā	2008	06.06.	Vedisches Zentrum
Pāṭhśālā mit Samaṇīs	2008	09.07.–13.07.	Deutsch- und Westschweiz
Pāṭhśālā	2008	13.07.	bei Marudev
Pāṭhśālā	2008	13.08.	bei Ayushi
Paryuṣaṇa	2008	03.09.	bei Ayushi
Pāṭhśālā	2008	22.09.	bei Ayushi
Pāṭhśālā	2008	12.10.	bei Ayushi
Dīvālī	2008	31.10.	Vedisches Zentrum
Pāṭhśālā	2008	10.11.	bei Ayush
Pāṭhśālā	2008	10.12.	bei Ronak
Pāṭhśālā	2009	11.01.	bei Marudevi
Pāṭhśālā	2009	08.02.	unklar
Pāṭhśālā	2009	08.03.	unklar
Pāṭhśālā	2009	07.04.	Vedisches Zentrum
Pāṭhśālā	2009	26.04.	bei Ayushi
Pāṭhśālā mit Samaṇīs	2009	11.07.–16.07	Deutsch- und Westschweiz
Pāṭhśālā	2009	26.09.	bei Marudevi
Pāṭhśālā	2009	26.10.	bei Ayushi
Pāṭhśālā	2009	16.11.	bei Ayushi
Pāṭhśālā	2010	31.01.	bei Marudevi
Pāṭhśālā	2010	28.02.	bei Marudevi
Pāṭhśālā	2012	22.01.	bei Marudevi
Pāṭhśālā	2012	23.04.	unklar
Pāṭhśālā	2012	04.06.	bei Ayushi
Pāṭhśālā	2012	09.06.	Wird abgesagt
Pāṭhśālā	2013	06.02.	unklar
Pāṭhśālā	2013	20.03.	unklar
Pāṭhśālā	2013	15.05.	unklar

Tabelle 7: Regionale Treffen der Westschweizer Jainas 2008–2013[14]

14 Die gelb hinterlegten Felder weisen auf die Besonderheit hin, dass an diesen Zusammenkünften nicht ausschließlich Westschweizer Jainas teilgenommen haben. Dies wird ausführlicher im Kapitel 7.4 besprochen.

JAHR	DATUM	LOKALITÄT	BESONDERES
2008	06.06.	Vedisches Zentrum	13 Personen anwesend
2008	13.07.	Marudevi	Zusammen mit *Samaṇīs*
2008	13.08.	Ayushi	Durchführung nicht bestätigt
2008	22.09.	Ayushi	12 Personen anwesend, wird in der GG als erster *Pāṭhśālā* bezeichnet
2008	12.10.	Ayushi	8 Personen anwesend
2008	10.11.	Ayushi	14 Personen anwesend
2008	10.12.	Ronak	9 Personen anwesend
2009	11.01.	Marudevi	Keine weiteren Angaben
2009	08.02.	unklar	Keine weiteren Angaben
2009	08.03.	unklar	6 Personen anwesend
2009	26.04.	Ayushi	Keine weiteren Angaben
2009	26.09.	Marudevi	16 Personen anwesend, Diskussion, wie es weitergehen soll
2009	26.10.	Ayushi	Keine weiteren Angaben
2009	16.11.	Ayushi	Keine weiteren Angaben
2010	31.01.	Marudevi	Keine weiteren Angaben
2010	28.02.	Marudevi	*Holī* wird gefeiert
2010	18.04.	Ayushi	Marudevi klagt im Januar 2011 den *Samaṇīs*, dass es keine Treffen mehr gäbe
2012	22.01.	Marudevi	Durchführung nicht bestätigt
2012	23.04.	unklar	Keine weiteren Angaben
2012	27.05.	Online	Live-Unterweisung durch *Śvetāmbara*-Mönch Shri Uday Muniji Maharaj
2012	04.06.	Ayushi	6 Personen plus 3 Personen per Skype (1 Person aus der Deutschschweiz, 1 aus Indien, 1 unbekannt) anwesend
2013	06.02.	unklar	6 Personen anwesend
2013	20.03.	unklar	4 Personen plus 1 Person per Skype anwesend
2013	15.05.	unklar	Durchführung nicht bestätigt

Tabelle 8: Pāṭhśālās

sen. Bei den Interessen gibt es auch Überschneidungen. Jainas setzen sich stark für den Tier- und Umweltschutz ein, was auch vielen Schweizern ein Anliegen ist.[15] Solche Schnittmengen lassen sich anhand Welschs (2017, 17) Konzept der Transkulturalität erklären.[16] (3) Dass sich die Westschweizer Jainas ihrer Identität als Jainas bewusst sind, ist in zwei Punkten ersichtlich: Einerseits wurden explizit Jainas zu den gemeinsamen Treffen eingeladen und andererseits nennen sie sich selbst ›Geneva Jains‹. (4) Die Westschweizer Jaina-Gemeinschaft konnte durch informellen Druck Interessen bis zu einem gewissen Grad durchsetzen, was sich im Rahmen des Aushandlungsprozesses zeigt. (5) Bei der Durchführung der *Pāṭhśālās* bemühten sich die Genfer Jainas nicht um den Einbezug von Kindern und Jugendlichen. Dieses Angebot richtete sich trotz des Namens (Bedeutung: Schule, Kindergarten) ausschließlich an Erwachsene. Für mehrere Jahre stellte dies kein Problem dar, jedoch ist dieser Punkt u. a. wohl ausschlaggebend dafür, dass sich ab 2013 die Westschweizer Jaina-Gemeinschaft auflöste.

Während sich die Westschweizer Jainas gemeinsam trafen und sich eine regionale Jaina-Gemeinschaft formierte, fand bei den Deutschschweizer Jainas während der zweiten Phase keine vertiefte Vernetzung zwischen den einzelnen Jainas statt. Die Deutschschweizer Jainas begannen sich aber außerhalb des beruflichen Umfeldes zu engagieren. So initiierte eine Jaina-Familie ab dem Jahr 2000 ein Fest zu Ehren von *Gaṇeśa*. Dabei stand nicht der Kontakt mit anderen Jainas im Vordergrund, sondern vielmehr das Ziel, den Kindern die indische Kultur näherzubringen. Das Organisieren einer solchen Großveranstaltung mit über 100 Teilnehmenden erforderte das sich vertiefte Auskennen mit Schweizer Gegebenheiten, was bspw. die Raummiete, Hausordnung etc. betrifft. Ein weiterer Aspekt der zweiten Integrationsphase beinhaltet aus diesem Grund das Sich-Auskennen mit den Schweizer Strukturen.

Es kann gesagt werden, dass der Fokus der Westschweizer Jainas Anfang 2008 auf der Formierung einer religiösen Gemeinschaft lag. In der Schweiz wurde der Gemeinschaftsbildungsprozess klar durch die Westschweizer Jainas initiiert und fand erstmals nur regional statt. Des

15 Vgl. dazu Eidgenössisches Departement für auswärtige Angelegenheiten (2019).

16 Vgl. dazu Kapitel 4.2.4.1.

Weiteren wurde der Austausch mit dem Einwanderungsland (im Gegensatz zum Auswanderungsland) verstärkt, was sich am Beispiel der Deutschschweizer Jainas zeigt. Aus diesem Grund wird anders als bei Baumann nicht von ›Intensifying Relations Between Diaspora Group and Country of Emigration‹ gesprochen, sondern von ›Verstärkung der Beziehungen zwischen der Westschweizer Diaspora-Gruppe und dem Einwanderungsland im Allgemeinen‹. Baumann spricht in seinem Phasenmodell von Institutionen, welche in einer zweiten Phase geschaffen werden. Der Begriff der Institutionen ist für die Aktivitäten der Schweizer Jainas zu stark. In der Westschweiz wurde zwar die Gruppe ›Geneva Jains‹ gegründet, die über eine gewählte Moderatorin (Marudevi) verfügte,[17] jedoch gab es keine weitere formale Organisation. Die Schweizer Jainas hatten zu diesem Zeitpunkt auch kein Bedürfnis, religiöse Zentren zu errichten, was nicht mit den Beobachtungen von Baumann (2004a, 83–93) korreliert.[18]

Im Folgenden werden die unterschiedlichen Treffen, welche während dieser zweiten Phase stattfanden, besprochen. Im Anschluss werden die Aushandlungsprozesse, welche im Rahmen der regionalen Gemeinschaftsbildung abliefen, analysiert. Es muss beachtet werden, dass die folgenden Feste nicht ausschließlich während der zweiten Integrationsphase stattfanden, welche grob die Jahre 2008 bis 2010 umfasst, sondern auch während der darauffolgenden Phase auf regionaler Ebene fortgeführt wurden. Jedoch wurden die aufgeführten Feste während der zweiten Integrationsphase initiiert und ein erstes Mal durchgeführt.

7.3.1 Regionale Treffen – *Pāṭhśālās*

Das erste *Pāṭhśālā*-Treffen fand im Juni 2008 in einem vedischen Zentrum in der Westschweiz statt.[19] Bei diesem ersten Treffen wurde u. a. besprochen, welches Ziel mit den *Pāṭhśālā*s verfolgt werden soll und wo die jeweiligen Treffen stattfinden können. Als Ziel der Zusammen-

17 GG 2008, 09.06.

18 Vgl. dazu Kapitel 4.2.3.

19 Vgl. dazu auch Tabelle 8.

künfte wurde Folgendes definiert (GG 2008, 09.06.): »Everyone discussed this and the general idea is to have a steady topic on tenets and principles of Jainism.« Der Wunsch, einen ständigen Austausch über die Lehren und Prinzipien des Jainismus zu haben und sich dadurch vertieft mit dem Jainismus auseinanderzusetzen, kann also als Grundimpetus für die Durchführung der Pāṭhśālās genannt werden. Fünf Jahre später wurde das Ziel folgendermaßen umformuliert (GG 2013, 19.02.):

> »This pathshala session was for planning a programme of study for the following months. The general consensus was that we should have a structure and curriculum to help us develop our spirituality and understanding of Jainism and it's [sic] tenets. The aim is not to follow rituals but to use the knowledge to lead a better way of life.«

Auch 2013 lag der Fokus der *Pāṭhśālā*-Treffen noch immer auf einem vertieften Verständnis des Jainismus, jedoch wurde neu die Entwicklung der Spiritualität betont. Zusätzlich wurden zu jenem Zeitpunkt Rituale, im Gegensatz zur Umsetzung der jainistischen Prinzipien im Alltag, als vernachlässigbar deklariert. Das Ziel war neu, anhand des erworbenen Wissens über den Jainismus ein besseres Leben zu führen.

Vom Juni 2008 bis April 2010 fanden monatlich *Pāṭhśālās* in der Westschweiz statt, mit einer jeweils dreimonatigen Sommerpause. Nach dem ersten *Pāṭhśālā*-Treffen im Jahr 2008 wurde die Lokalität gewechselt und die Treffen fanden nicht mehr im vedischen Zentrum, sondern alternierend bei jemandem zu Hause statt, was laut den Protokollen oft mit einem Abendessen verbunden wurde. An den Treffen wurde von Beginn an Englisch gesprochen (anstatt Französisch oder einer indischen Sprache), wahrscheinlich aufgrund der heterogenen kulturellen und sprachlichen Hintergründe der in der Westschweiz wohnhaften Jainas.

Der Ablauf der *Pāṭhśālās* fand immer in einem ähnlichen Rahmen statt. So wurde zu Beginn das *namaskāra*-Mantra aufgesagt, worauf inhaltliche Auseinandersetzungen folgten, so z. B. Vorträge über jainistische Inhalte oder ein gemeinsames Lesen und Analysieren von Lektüretexten. Lektüren wurden oftmals als Hausaufgabe vorbereitet. Als Lehrmittel wurde das vom JAINA-Ausbildungskomitee erstellte Arbeitsbuch *The First Step to Jainism* gewählt. Dieses Lehrmittel wurde für jugendliche Jainas in der Diaspora konzipiert und entsprach dem Niveau 2 von möglichen vier Levels der JAINA-Skala. Nach einem inhaltlichen Input wurde an den *Pāṭhśālā*-Treffen jeweils erneut das *namaskāra*-Mantra gesprochen und man ließ den Abend bei einem Abendessen ausklingen. Dass die *Pāṭhśālās* Auswirkungen auf das Leben von einzelnen Jainas hatten, sieht man am Beispiel von Daya, die im Anschluss an ein Treffen in der Google-Gruppe schrieb, der *Pāṭhśālā* habe sie dazu inspiriert, *pratikramaṇa* durchzuführen.[20]

Der *Pāṭhśālā*-Gruppe stellten sich einige Herausforderungen. Diese konnten sowohl organisatorischer als auch inhaltlicher Art sein. So gab es oft (kurzfristige) Abmeldungen aufgrund anderer Termine. Zudem wollten die Anwesenden gleich beim ersten Treffen ein Gedicht des Gelehrten Daulat Ram aus dem 19. Jahrhundert lesen. Dabei stellten sie Folgendes fest (GG 2008, 09.06.):

> »This was a little too complex for everyone, even after reading the English translation. It was felt yet again that perhaps we should start less ambitiously and go back to basics.«

Es zeigte sich also eine gewisse Konsternation, da die anwesenden Jainas das Gefühl hatten, sie verfügten nicht über genügend Wissen, um das Gedicht verstehen zu können. Diese Tendenz verstärkte sich, als Vasupal, welcher die *Pāṭhśālās* oft geleitet hatte, Ende 2009 zurück nach Indien ging. Ungefähr zur selben Zeit wurde diskutiert, wie es mit den *Pāṭhśālās* weitergehen solle, da nur vier Familien regelmäßig daran teilnähmen – am Tag jener Diskussion waren jedoch 16 Personen anwesend.[21] Nach der Abreise von Vasupal fanden im Jahr 2010 noch drei *Pāṭhśālās* statt. So klagte Marudevi bereits im Januar 2011 den *Samaṇīs*, dass seit einem halben Jahr keine *Pāṭhśālās* mehr stattgefunden hätten[22] und in der Google-Gruppe wurde folgender Aufruf veröffentlicht (GG 2011, 21.12.): »We are looking for someone

20 GG 2012, 30.09.
21 GG 2009, 29.09.
22 GG 2011, 20.01.

knowledgeable to lead this group as most of us are beginner or intermediate levels.« Der Beitrag wurde von niemandem beantwortet oder kommentiert. Auch während des restlichen Jahres wurden keine *Pāṭhśālās* mehr durchgeführt, erst nach dem Besuch von zwei *Samaṇīs* Ende 2011, also nach einer eineinhalbjährigen Pause, fanden wieder vereinzelt *Pāṭhśālās* statt. Nun wurden die Treffen nicht mehr monatlich, sondern maximal dreimal pro Jahr durchgeführt. Zu dieser Zeit kam die Idee auf, Jainas aus anderen Schweizer Landesteilen per Skype zuzuschalten, um so die Gruppe zu vergrößern, was zweimal funktionierte. Im Mai 2012 wurde im Rahmen eines *Pāṭhśālā*-Treffens der *Śvetāmbara*-Mönch *śrī* Uday Muniji Maharaj per Skype zugeschaltet.

Seit Mai 2013 fanden keine weiteren *Pāṭhśālās* mehr statt. Auffallend ist, dass das Stagnieren der *Pāṭhśālā*-Treffen mit dem Wegzug von Vasupal einherging und zeitgleich nach einer Führungsperson für die *Pāṭhśālās* gesucht wurde. Dass seit seinem Wegzug nur noch vereinzelte *Pāṭhśālās* durchgeführt wurden, deutet darauf hin, dass es den Westschweizer Jainas nicht gelang, die (Wissens-)Lücke, welche durch Vasupals Emigration entstand, zu schließen. Der Ausfall der *Pāṭhśālās* kann also durch den schwierigen Zugang zu Wissen über den Jainismus erklärt werden, da weder religiöse Spezialisten/innen noch Laien mit einem vertieften Wissen erreichbar waren.

Zwischen 2008 und 2010 traf sich die *Pāṭhśālā*-Gruppe viermal anlässlich jainistischer Feiertage, nämlich aufgrund von *Mahāvīra Jayantī*[23] und *Dīvālī*[24]. Die Treffen an religiösen Feiertagen verliefen im selben Rahmen wie die *Pāṭhśālās*, mit der Ausnahme, dass jeweils besprochen wurde, weshalb diese bestimmten Feste im Jainismus gefeiert werden. Dass den Feiertagen aber von Beginn an eine besondere Rolle innerhalb der Treffen eingeräumt wurde, erkennt man daran, dass sie immer in einem vedischen Zentrum durchgeführt wurden, im Gegensatz zu den regulären *Pāṭhśālās*. Ab 2010 wurden die Treffen anlässlich von Feiertagen zusätzlich aufgewertet, da *Mahavīra Jayantī* (und ab 2011 *Dīvālī*) nicht nur von der *Pāṭhśālā*-Gruppe, sondern zusammen mit Jainas aus anderen Schweizer Landesteilen gefeiert wurde. Die Wichtigkeit dieser Feierlichkeiten ist auch in den

23 April 2008 und 2009.
24 Oktober 2008 und November 2010.

Protokollen ersichtlich, weil Marudevi[25] neu von »Hauptdaten« für gemeinsame Treffen spricht und dabei auf *Mahāvīra* und *Dīvālī* verweist. Da ab 2010 diese Feste auf nationaler Ebene gefeiert wurden, werden sie in den Kapiteln 7.4.3.4 und 7.4.3.5 genauer beleuchtet.[26]

7.3.1.1 *Paryuṣaṇa/Daśalakṣaṇa parvan*

Wenn in der Google-Gruppe vom wichtigsten Fest des Jainismus gesprochen wird, dann ist jeweils von *Paryuṣaṇa* die Rede. Dies ist der Name des achttägigen Festes aus Sicht der *Śvetāmbara*-Jainas. *Digambaras* nennen das Fest *Daśalakṣaṇa parvan* und es dauert bei ihnen zehn Tage, jedoch ist es auch für sie das wichtigste Jaina-Fest. Dass in der Google-Gruppe ausschließlich von *Paryuṣaṇa* gesprochen wird, kann wohl dadurch erklärt werden, dass die Mehrheit der Schweizer Jainas den *Śvetāmbaras* angehört.[27] Zudem ist es Himal, der seit 2010 jedes Jahr an *Paryuṣaṇa* zu sich nach Hause einlädt, und er gehört den *Śvetāmbaras* an.[28]

Das erste regionale Treffen anlässlich *Paryuṣaṇa* wurde 2008 durch die *Pāṭhśālā*-Gruppe initiiert und organisiert. Das zweite gemeinsame *Paryuṣaṇa* fand 2010 bei Himal statt, genauso wie sämtliche zukünftige Treffen an *Paryuṣaṇa*, die jedes Jahr gefeiert werden.[29] Bei ihm treffen sich die Schweizer Jainas jeweils am letzten Tag der Fastenzeit, an *saṃvatsarī*.

An *Paryuṣaṇa* wird bei Himal zu Hause das von den *Samaṇīs* in London aufgenommene *pratikramaṇa* abgespielt. Danach wird jeweils um *micchāmi dukkaḍaṃ* gebeten und diese Nachricht per Google-Gruppe, SMS und E-Mail versandt.

Obwohl die Termine von *Paryuṣaṇa* jeweils vorab in der Google-Gruppe versandt werden, nehmen ausschließlich Jainas aus der Westschweiz an diesen Treffen teil. Es handelt sich also um ein Fest, das

25 GG 2010, 16.11.
26 Siehe Kapitel 7.4.3.4 und 7.4.3.5.
27 Da in der Google-Gruppe ausschließlich von *Paryuṣaṇa* gesprochen wird, wird dies im Folgenden auch so gehandhabt.
28 Vgl. dazu Tabelle 9.
29 Stand Mai 2019.

JAHR	DATUM	LOKALITÄT	BESONDERES
2008	03.09.	Ayushi	Nur *Pāṭhśālā*-Gruppe
2010	05.09.	Marudevi	Treffen, um *pratikramaṇa* zu üben; Durchführung ist nicht bestätigt.
2010	12.09.	Himal	Man trifft sich an *saṃvatsarī*.
2011	02.09.	Himal	Man trifft sich an *saṃvatsarī*.
2012	18.08.	Marudevi	*pratikramaṇa* auf Englisch; Durchführung ist nicht bestätigt.
2012	21.08.	Himal	2012 wird *Paryuṣaṇa* zweimal gefeiert aufgrund spezieller Gestirnskonstellation, u.a. an *saṃvatsarī*.
2012	19.09.	Himal	2012 wird *Paryuṣaṇa* zweimal gefeiert aufgrund spezieller Gestirnskonstellation.
2013	01.09.	Himal	Zwischen dem 1.9.13 und 9.9.13 kann man täglich bei Himal vorbeigehen; am 9.9 (*saṃvatsarī*) soll das Haupttreffen stattfinden.
2013	09.09.	Marudevi	*pratikramaṇa* auf Englisch; wird abgesagt
2014	29.08.	Himal	Man trifft sich an *saṃvatsarī*.
2014	29.08.	Marudevi	*pratikramaṇa* auf Englisch; wird abgesagt
2015	17.09.	Himal	Man trifft sich an *saṃvatsarī*.
2016	06.09.	Himal	Man trifft sich an *saṃvatsarī*.
2017	26.08.	Himal	Man trifft sich an *saṃvatsarī*.
2018	14.09.	Himal	Man trifft sich an *saṃvatsarī*.
2019	03.09.	Himal	Man trifft sich an *saṃvatsarī*.

Tabelle 9: Feiern zu Paryuṣaṇa[30]

ausschließlich auf regionaler Ebene gefeiert wird. Dafür gibt es wahrscheinlich zwei Gründe: Einerseits ist *Paryuṣaṇa* das einzige Fest, das am offiziellen Datum (oft unter der Woche) gefeiert wird. Die An- und Rückreise an Werktagen ist für Deutschschweizer Jainas wahrscheinlich zu umständlich. Andererseits ist *Paryuṣaṇa* das wichtigste Fest im Jainismus, weshalb davon ausgegangen werden kann, dass

30 Bei den dunkelgrau hinterlegten Feldern handelt es sich um Treffen, die abgesagt wurden.

man dieses Fest entsprechend den eigenen Traditionen feiern will, was am Beispiel von Vaishali ersichtlich ist. Sie bedankte sich via Google-Gruppe für die *micchāmi dukkaḍaṃ*-Nachrichten, merkte jedoch an, dass bei den *Digambaras Daśalakṣaṇa parvan* erst beginne.[31] So versenden *Digambara*-Jainas ihre *micchāmi dukkaḍaṃ*-Nachrichten jeweils zehn Tage nach den *Śvetāmbara*-Jainas. Dass *Paryuṣaṇa* gerne traditionell gefeiert wird, sieht man auch an Marudevis Aufruf: Dreimal lud sie Jainas ein, das *pratikramaṇa* auf Englisch bei ihr zu Hause durchzuführen, anstelle des traditionellen *pratikramaṇa* auf Sanskrit/Prakrit bei Himal. Zweimal musste Marudevi die Feier aber aufgrund mangelnden Interesses absagen, da sich niemand auf ihre Einladung meldete. Ob ihrer dritten Einladung gefolgt wurde, lässt sich anhand der Beiträge in der Google-Gruppe nicht eruieren.

7.3.1.2 *Akṣaya-tṛtīyā*

Bei einer Gelegenheit, nämlich im April 2015, wurde in der Westschweiz das Fest *Akṣaya-tṛtīyā* gefeiert. Für diese Feierlichkeiten meldeten sich gemäß Protokoll »nur« drei Familien an, weshalb das Fest abgesagt wurde. Die angemeldeten Personen beschlossen dann aber spontan, *Akṣaya-tṛtīyā* trotzdem zu feiern. In der Google-Gruppe wurde die geringe Anzahl von Teilnehmenden aber konsterniert vermerkt.[32]

An *Akṣaya-tṛtīyā* wurde das *namaskāra*-Mantra aufgesagt und der Anlass des Festes besprochen. Anschließend wurde die Verbreitung des Jainismus in den USA diskutiert. Im Protokoll sind diese Ausführungen mit mehreren Hyperlinks zu Informationen über die Diaspora-Gemeinschaft in den USA versehen. Der Konsens war, dass junge Jainas in den USA oft religiöser seien als Jugendliche in Indien. Was unter »Religiös-Sein« genau verstanden wird, wurde nicht genauer ausgeführt. Der Abschluss des Treffens bildete das Rezitieren des *namaskāra*-Mantras.

31 GG 2010, 13.09.

32 GG 2015, 18.04. und GG 2015, 21.04.

7.3.1.3 Interreligiöse Veranstaltungen

Eine Jaina-Familie aus der Deutschschweiz beteiligte sich an den interreligiösen Veranstaltungen. So organisierten sie von 2000 bis 2014 unter dem Namen ›Marathi Mandal‹ jährlich ein Fest anlässlich *Gaṇeśa-Catūrthi,* an dem jeweils über hundert Personen teilnahmen. *Gaṇeśa-Catūrthi* fand jedes Jahr an einem anderen Ort in der Deutschschweiz (D-CH) statt, meist im Raum Bern in kirchlichen Gemeindehäusern oder Mehrzweckräumen.[33] Da nur die letzten drei *Gaṇeśa-Catūrthi*-Feste recherchiert werden konnten, sind ausschließlich diese in der Tabelle 10 ersichtlich.

FEIER	JAHR	DATUM	LOKALITÄT	BESONDERES
Gaṇeśa-Catūrthi	2012	22.09.	Mehrzweckraum (D-CH)	Um die 100 Personen; Forschende anwesend
Gaṇeśa-Catūrthi	2013	14.09.	Mehrzweckraum (D-CH)	Um die 100 Personen; Forschende anwesend
Gaṇeśa-Catūrthi	2014	07.09.	Mehrzweckraum (D-CH)	Um die 100 Personen; Forschende anwesend

Tabelle 10: Feiern zu Gaṇeśa-Catūrthi

An *Gaṇeśa-Catūrthi* standen die Kultur und Sprache Maharashtras (sowie Indiens) im Vordergrund. Dies zeigte sich am Tanz- und Kulturprogramm dieser Veranstaltungen. So wurden Kinder bspw. als *Gaṇeśa* geschminkt oder das schönste *Gaṇeśa*-Kostüm prämiert. Nebst Bastel- und Malwettbewerben für die Kinder wurden jeweils auch musikalische Gäste aus Indien eingeladen. Jedes Jahr nahmen zudem Vertreter der indischen Botschaft an der Veranstaltung teil. Durch die Verehrung *Gaṇeśas,* welche im Zentrum dieser Veranstaltung stand, zeigt sich, dass es sich nicht um ein jainistisches Fest handelte, auch wenn es von Jainas organisiert und initiiert wurde.[34]

33 Bei diesem Fest handelte es sich spätestens ab 2013 um eine interreligiöse Veranstaltung, die von der reformierten Kirche unterstützt wurde. So konnte die Veranstaltung jeweils in kirchlichen Räumlichkeiten stattfinden und der Druck der Flyer wurde von der reformierten Kirche übernommen.

34 Dieser Umstand fiel einer Teilnehmerin auf. So fragte gegen Ende der Veranstaltung im Jahr 2014 eine anwesende Person, ob es nicht seltsam sei, dass eine Jaina-Familie dieses Fest organisieren würde.

7.3.2 Aushandlungsprozesse auf regionaler Ebene

Zu den *Pāṭhśālās* sowie zu den weiteren regionalen Treffen wurden Westschweizer Jainas aus unterschiedlichen Strömungen eingeladen, so nahmen *Digambaras* und *Śvetāmbaras* an den gemeinsamen Treffen teil.[35] Dies wäre für indische Verhältnisse ungewöhnlich, verfügen dort doch die einzelnen Strömungen (und Untergruppen) über unterschiedliche religiöse Stätten und treffen sich für religiöse Zusammenkünfte klassischerweise nicht untereinander.[36] Diese Besonderheit der Schweizer Situation kann dadurch erklärt werden, dass durch die Migration in die Schweiz eine Verschiebung des Feldes stattfand.[37] So konnte der eingeübte Habitus eines religiösen indisch-jainistischen Umfelds in dieser neuen Situation nicht übernommen werden. Aus diesem Grund wurden neue Formen gesucht, wobei Jainas unterschiedlicher Strömungen eingeladen wurden. Wer genau die Einladungen an Jainas verschiedener Strömungen aussprach, lässt sich nicht eruieren. Es ist aber ersichtlich, dass von Beginn an strömungsspezifische Unterschiede kein Hinderungsgrund für gemeinsame Treffen waren. Dies zeigt sich auch am folgenden Beispiel: Im April 2009 feierten die Westschweizer Jainas *Mahavīra Jayantī* und lasen im JAINA-Lehrbuch das Kapitel über *Mahāvīra.* Im dortigen Text wird auf Seite 49 darauf hingewiesen, dass *Mahāvīras* Mutter laut den *Śvetāmbaras* in einem Traum 14 Objekte erschienen, während die *Digambaras* die Überzeugung haben, dass es 16 Objekte waren. Dabei wird im Lehrbuch nicht weiter auf die Thematik der unterschiedlichen Strömungen eingegangen. Die Genfer Jainas waren nach dem Lesen dieses Abschnittes der Auffassung, dass es sich dabei ausschließlich um »Interpretationen« der verschiedenen Strömungen handelt.[38] Durch diese Aussage ist ersichtlich, dass den trennenden Faktoren wenig Gewicht beigemessen und ein Fokus auf die gemeinsamen Inhalte gelegt wurde. So schufen sie eine strömungsübergreifende regionale

35 Dies ließ sich anhand der Anwesenheitsnotizen in den Protokollen im Abgleich mit den erhobenen Daten eruieren.

36 Vgl. dazu Banks (1986, 456).

37 Vgl. dazu Bourdieu und Wacquant (1996, 127).

38 GG 2009, 16.04.

Jaina-Gemeinschaft (namens ›Geneva Jains‹), was den Entwicklungen in anderen Diaspora-Ländern entspricht.[39]

Im ersten *Pāṭhśālā* wurden Themen der Jaina-Philosophie (u. a. Toleranz und Wahrheit) besprochen und Himal erwähnte die Wohltätigkeitsaktivitäten des JVB in Ladnun. Es fällt auf, dass trotz des strömungsübergreifenden Treffens bereits bei der ersten Zusammenkunft durch Himal die Ausbildungsstätte einer spezifischen Strömung, nämlich die der *Samaṇīs*, erwähnt wurde. Der JVB steht klar in der religiösen Tradition der *Śvetāmbara-Terāpanthī*.[40] Obwohl von Anfang an Jainas verschiedener Strömungen an den *Pāṭhśālās* teilnahmen, wurden bei diesem Treffen ausschließlich die Aktivitäten einer bestimmten Strömung erwähnt.

Dass die *Terāpanthī*-Strömung einen besonderen Einfluss auf die Gemeinschaftsbildung in der Westschweiz hatte, lässt sich auch am folgenden Beispiel darlegen: Das dritte gemeinsame Treffen der Westschweizer Jainas fand im Beisein von zwei *Samaṇīs* statt, da die religiösen Spezialistinnen der *Terāpanthī*-Strömung durch die Westschweizer Jainas in die Schweiz eingeladen wurden. Beim Austausch mit ihnen stellten die Westschweizer Jainas die Frage, wie man am besten *Pāṭhśālās* durchführen sollte. Laut dem Protokoll schlugen die *Samaṇīs* vor, ein Lehrbuch zu verwenden, und nannten zeitgleich einige Beispiele.

Zudem erwähnten die *Samaṇīs*, dass es bei *Pāṭhśālās* hilfreich wäre, immer einem bestimmten Ablauf zu folgen, der folgendermaßen aussehen soll (GG 2008, 15.07.):

»Patshala-session:
Unit 1: 20mins Arhat Vandana and Yoga[41]

39 Vgl. dazu u. a. Radford (2004, 43), Vallely (2002a; 2004), Jain (1998, 295) und Kumar (1996a, 105).

40 Wenn im Folgenden von *Terāpanthī* gesprochen wird, sind immer die *Śvetāmbara-Terāpanthī* gemeint.

41 Laut Wiley (2004, 241) können im Jainismus unter ›Yoga‹ verschiedene Aspekte verstanden werden, so beispielsweise auch Meditation. Sowohl die *Samaṇīs* als auch die Interviewpartner verstehen unter ›Yoga‹ meist geistliche und körperliche Übungen, wie sie aus den Hindu-Religionen bekannt sind. Vgl. dazu Protokoll Mai 2010 (per E-Mail zugesandt); I3: 173 und I7: 47.

Unit 2: 20mins Discuss 2-3 Stanzas of Arhat Vandana. (One person prepares).
Unit 3: 20mins Introduction to Jainism, 1 or 2 chapters (second person prepares)
Unit 4: 20mins Discuss essence of Pratikraman. (third person prepares)
10mins, conclusion and any other questions, topics for next discussion.«

Die *Samaṇīs* schlugen vor, die *Pāṭhśālās* mit dem *arhat vandana* zu beginnen. Das *arhat vandana* wurde 1968 von *Ācārya* Tulsī etabliert und wird heute täglich von den Asketen/innen des *Terāpanthī*-Ordens gesungen. Das *arhat vandana* startet mit dem *namaskāra*-Mantra. Man erkennt, dass der Vorschlag der *Samaṇīs* in der *Terāpanthī*-Tradition steht, da nur dort das *arhat vandana* gesungen wird.

Die Genfer Jainas übernahmen den von den *Samaṇīs* vorgeschlagenen Ablauf der *Pāṭhśālās* in groben Zügen, wie sich an den nächsten regionalen *Dīvālī*, *Mahāvīra Jayantī*- und *Pāṭhśālā*-Treffen zeigt. Das *arhat vandana* wurde von Beginn an weggelassen und nur das *namaskāra*-Mantra weitergeführt, das jeweils zu Beginn eines Treffens dreimal gesprochen wurde. Nur an wenigen *Pāṭhśālās* wurde über die Bedeutung des *arhat vandanas* diskutiert, dafür wurde mit dem gemeinsamen Studium der JAINA-Lektüre *The First Step of Jainism* begonnen, mit welcher bei ungefähr acht Treffen gearbeitet wurde, bevor man mit einem neuen Lehrbuch begann. Bei jedem Treffen wurde durch die Laien etwas vorbereitet, ganz dem Vorschlag der *Samaṇīs* entsprechend. An diesem Beispiel erkennt man den Einfluss des *Terāpanthī*-Ordens (und der *Samaṇīs* im Speziellen) auf die Westschweizer Jainas. Die *Samaṇīs* hatten aber auch auf inhaltlicher Ebene einen Einfluss auf die Westschweizer Jainas, was sich am Beispiel der Diskussion über Rituale zeigt.

Bei einem der ersten *Pāṭhśālā*-Treffen im Jahre 2008 wurde im Beisein der *Samaṇīs* über Rituale[42] gesprochen. So ist im Protokoll zu

42 Ein Überblick darüber, was in der Forschung unter ›Ritual‹ verstanden werden kann, geben folgende Bücher: Bell (1992), Harth und Schenk (2004), Belliger und Krieger (2013), Brosius et al. (2013) sowie Stewart und Strathern (2014). Zu Ritualen im Jainismus vgl. Humphrey und Laidlaw (1994). Unter

lesen, dass laut den Asketinnen Rituale zwar den ersten Schritt Richtung Glauben darstellen würden, aber nicht alle Menschen Rituale bräuchten, um ein Leben im Sinne des Jainismus zu führen. Laut Protokoll negierten die *Samaṇīs* also die Wichtigkeit von Ritualen. Diese Haltung wurde von den *Pāṭhśālā*-Teilnehmenden übernommen, was spätestens bei der Reformulierung des Ziels der *Pāṭhśālā*-Zusammenkünfte aus dem Jahr 2013 ersichtlich ist (GG 2013, 09.02.): »The aim is not to follow rituals but to use the knowledge to lead a better way of life.« Explizit wurde dabei die Bedeutung von Ritualen ab- und die Umsetzung von jainistischem Wissen im Alltag aufgewertet. Es stellt sich nun die Frage, was die Westschweizer Jainas genau unter ›Ritual‹ verstehen. Obwohl der Begriff in den Protokollen nie genau definiert wird, wird er oft in Zusammenhang mit »blindem Folgen« verwendet. Rituale würden unreflektiert durchgeführt, was negativ und nicht wünschenswert sei, wie dies viele der Befragten ausführten.[43] Aufgrund der Interviews ist ersichtlich, dass unter Ritualen hauptsächlich das Durchführen von *pūjās* verstanden wird. In diesem Sinne stimmt die Haltung der an den *Pāṭhśālās* Teilnehmenden mit der Auffassung der *Samaṇīs* überein, denn im *Terāpanthī*-Orden wird dem Praktizieren von *pūjās* keinen religiösen Verdienst zugeschrieben.[44] Es ist ersichtlich, dass die *Samaṇīs* als Vertreterinnen der *Terāpanthī*-Tradition zumindest zu Beginn die Teilnehmenden der *Pāṭhśālās* sowohl auf inhaltlicher (religiöser) als auch auf organisatorischer Ebene beeinflusst haben.

Dass von den Westschweizer Jainas *pūjās* eine geringere Bedeutung zugesprochen wurden, ist auch aus mehreren Gründen nachvollziehbar. Gerade beim Durchführen von solchen religiösen Verehrungen kommen die bestehenden Unterschiede zwischen den Strömungen offenkundig zum Vorschein. So gehören die West-

›Ritual‹ werden im Folgernden im Sinne von Durkheim (2017, 610–614, 627) die kollektiven Durchführungen von Handlungen verstanden, die immer wieder wiederholt werden, wenn diese nützlich sind, und in denen gemeinsame Inhalte sowohl generiert als von der Gemeinschaft als wahr erfahren werden. Durkheim verwendet in seiner Definition aber nicht durchgehend den Begriff ›Ritual‹, sondern auch verwandte Ausdrücke wie Zeremonie, Kult oder Riten.

43 U. a. GG 2016, 06.03.; I1: 50; I4, 232; I5: 91; I7: 51; I8: 60 und I12: 32.

44 Vgl. dazu Flügel (1995, 123–125).

schweizer Jainas sowohl den bilderverehrenden Strömungen als auch solchen an, die dies ablehnen. Es lässt sich sagen, dass an Westschweizer Jaina-Treffen zu keinem Zeitpunkt *pūjās* durchgeführt wurden,[45] jedoch *prekṣā*-Meditationen stattfanden, das *namaskāra*-Mantra rezitiert oder *ślokas* und *bhajans* vorgetragen wurden. Da in den *Pāṭhśālās* (laut dem offiziellen Ziel) keine Rituale praktiziert werden, die genannten Praktiken aber immer durchgeführt wurden, kann davon ausgegangen werden, dass sie laut den an den Treffen teilnehmenden Jainas nicht unter den Begriff ›Ritual‹ fallen. Daraus lässt sich schließen, dass die Westschweizer Jainas aufgrund ihres spezifischen Verständnisses davon, was Rituale sind, diesen nicht grundsätzlich negativ gegenüberstanden, sondern ausschließlich *pūjās* ablehnen.

Unterschiedliche Themen wie Tempel, Essensregeln oder gelebte Werte wurden im Rahmen der gemeinsamen *Pāṭhśālās* besprochen, ganz so wie es das JAINA-Lehrbuch vorschlägt. Auffällig sind zwei Themen, welche im Herbst 2008 diskutiert wurden und nicht zum Curriculum des Lehrbuchs gehören. Als erstes Thema wurde darüber gesprochen, was der Jainismus sei. Leider wurden die diskutierten Inhalte im Protokoll nicht genauer aufgeführt. Es ist jedoch auffällig, dass bereits beim ersten *Pāṭhśālā*-Treffen in Zusammenhang mit dem Jainismus von »Philosophie« oder einer »Lebensweise« gesprochen wird, was auch beim Treffen im Jahr 2009 der Fall war.[46] An dieser Stelle zeigt sich zudem der Einfluss des JAINA-Lehrmittels auf die *Pāṭhśālā*-Mitglieder. So setzten sich diese im Jahr 2008 an mehreren Treffen mit dem zweiten Kapitel *Jainism. A Way of Life* des Lehrmittels *First Step of Jainism Level 2* auseinander. Im Jahre 2012 wurde der Jainismus von der *Pāṭhśālā*-Gruppe gar als auf »moderner Wissenschaft« beruhend definiert, wie sich im Gespräch mit dem *Terāpanthī*-Mönch *śrī* Uday Muniji Maharaj zeigte.[47] Dass der Jainismus als wissenschaftlich fundiert beschrieben wird, entspricht einem aktuellen Zeitgeist, wie Aukland (2016, 202–209) darlegt, wobei er in diesem Zusammenhang von Verwissenschaftlichung spricht. Laut Neubert (2016) ist die Unterscheidung von Religion und Wis-

45 Dies bedeutet nicht, dass sich auf individueller Ebene dasselbe Bild zeigt, wie in Kapitel 7.4.6.3 dargelegt.

46 GG 2008, 09.06. und GG 2009, 29.09.

47 GG 2012, 28.05.

senschaft eine gängige Strategie der Legitimierung, da Erstere in der westlichen Gesellschaft oftmals negativ konnotiert ist. Da sich die Westschweizer Jainas mit westlichen Ansichten auskennen, kann dies durchaus als Legitimationsstrategie angesehen werden.

An den *Pāṭhśālās* wurde im Herbst 2008 als zweites Thema, das nicht den Inhalten des Lehrbuchs von JAINA entsprach, besprochen: Sie diskutierten, ob in der Schweiz die Regel, ausschließlich abgekochtes Wasser zu trinken, aufrechterhalten werden solle. Der Konsens war, dass die Umsetzung in der Schweiz zu umständlich sei und man aus diesem Grund diese Regel vernachlässigen könne.

An den genannten Beispielen zeigt sich, dass die Westschweizer Jainas ab 2008 begannen, ›den‹ Jainismus als Philosophie oder Lebensweise zu definieren und Regeln zu besprechen, welche man aus ihrer Sicht in der Schweiz nicht einhalten kann und die deshalb angepasst werden müssen. Es ist ersichtlich, dass Regeln an die Schweizer Umstände adaptiert wurden. So wurde ein Jainismus kreiert, der ihrer Situation in der Schweiz entsprach. Gemäß Shah (2014, 526) kann man dabei von einer kataphatischen Haltung sprechen, da proaktive und rationale Entscheidungen bezüglich der Konstruktion des Jainismus getroffen wurden.

7.3.3 Das Ende des Gemeinschaftsbildungsprozesses auf regionaler Ebene

Zwischen 2008 und 2010 fand ein verstärkter Gemeinschaftsbildungsprozess auf regionaler Ebene statt. Obwohl die Aushandlungsprozesse ohne Konflikte abliefen, stockte die Gemeinschaftsbildung ab Ende 2010. Ab dann wurde die Westschweizer Gemeinschaftsbildung von den nationalen Bestrebungen überlagert, eine schweizweite Jaina-Gemeinschaft zu bilden. Seit 2013 wurden auf regionaler Ebene keine Zusammenkünfte mehr organisiert, abgesehen vom jährlichen Feiern von *Paryuṣaṇa,* das jeweils bei Himal stattfindet.

Es kann davon ausgegangen werden, dass die regionalen Treffen ab 2013 gänzlich versiegten, da es niemanden gab, der die *Pāṭhśālā*-Gruppe leiten konnte. Laut dem Aufruf in der Google-Gruppe verfügte niemand über genügend Wissen, um diese Rolle übernehmen zu können. Das fehlende Wissen war auch an mehreren *Pāṭhśālā*-

Treffen ein Thema. So wurde bspw. bei vier unterschiedlichen *Pāṭhśālā*-Treffen im Laufe der Jahre die Bedeutung des *namaskāra*-Mantra besprochen,[48] ohne zu einem Abschluss zu kommen. Der erschwerte Zugang zu jainistischem Wissen führte u. a. dazu, dass sich die *Pāṭhśālā*-Gruppe und damit einhergehend die Westschweizer Jaina-Gemeinschaft auflöste. Ein weiterer Grund liegt in der fehlenden Weitergabe der Gemeinschaft. An regionalen Treffen wurde nie aktiv versucht, Kinder und Jugendliche anzusprechen, obwohl die Teilnehmenden Kinder hatten. Aus diesem Grund gelang der Westschweizer Jaina-Gemeinschaft die Reproduktion nicht, was laut Carrithers und Humphrey (1991, 6f.) eine Grundvoraussetzung für das Bestehen einer Gemeinschaft darstellt.

Obwohl Marudevi den Ausfall der gemeinsamen Treffen und damit einhergehend den Zerfall der Westschweizer Jaina-Gemeinschaft zutiefst bedauert, wie sie den *Samaṇīs* schreibt, dürfte diese Entwicklung einer Mehrheit der Westschweizer Jainas verborgen geblieben sein.[49] Die Auflösung der Jaina-Gemeinschaft in der Westschweiz bedeutete nämlich nicht, dass man sich nicht mehr traf. Zeitlich verschoben fand ab dem Jahr 2010 auf nationaler Ebene, durch die Westschweizer Jainas initiiert, eine schweizweite Gemeinschaftsbildung statt. Man fühlte sich nun vermehrt als Schweizer Jainas, weshalb der Zerfall der Westschweizer Gemeinschaft (vorerst) nicht auffiel. Dass aber eine Segmentierung auf regionaler Ebene stattfand, sieht man spätestens 2017, als Aleika in der Google-Gruppe den Wunsch äußert, *Paryuṣaṇa* nicht wie gewohnt, bei Himal zu feiern, sondern zu Hause mit Freunden. Aus diesem Grund bat sie Himal um den Hyperlink des *pratikramaṇa*-Videos, das er jeweils bei gemeinsamen Treffen abspielt. Himal kam dieser Bitte nicht nach und verwies auf das gemeinsame Treffen bei ihm zu Hause.[50]

Wie die regionale Jaina-Gemeinschaft durch den nationalen Gemeinschaftsbildungsprozess überlagert wurde, soll im Folgenden besprochen werden. Es kann bereits vorweggenommen werden, dass die Jainas im Rahmen der Gemeinschaftsbildung auf nationaler Ebe-

48 GG 2008, 15.07; GG 2013, 09.02; GG 2013, 01.05. und GG 2015, 07.05.
49 GG 2011, 20.01.
50 GG 2017, 07.07.

ne mit ähnlichen Herausforderungen wie die Westschweizer Jainas auf regionaler Ebene konfrontiert wurden.

7.4 Phase 3: Etablierung von Identifikationsmerkmalen auf nationaler Ebene

Im Jahr 2008 wurden zwei *Samaṇīs* durch die Westschweizer Jainas in die Schweiz eingeladen. Während der Organisation des Besuches wurden Jainas aus der ganzen Schweiz via Google-Gruppe angeschrieben. Es wurde versucht, alle Schweizer Jainas zu involvieren und am Besuch der *Samaṇīs* im Juni 2008 teilhaben zu lassen.[51] Dieses Vorhaben funktionierte, sodass es zur ersten nationalen Jaina-Zusammenkunft kam.[52]

Während des fünftägigen Aufenthalts der *Samaṇīs* wohnten Jainas in unterschiedlicher Zusammensetzung den religiösen Unterweisungen bei. So waren Jainas aus dem Raum Genf, Lausanne, Zürich, Basel und Bern involviert und anwesend, abhängig von ihren zeitlichen Verfügbarkeiten. Die Nonnen logierten bei jeweils einer Familie in der Deutsch- und Westschweiz.[53] Es ist davon auszugehen, dass die Zusammenkunft ein Erfolg war, da die *Samaṇīs* in den drei darauffolgenden Jahren erneut in die Schweiz eingeladen wurden.

Die nationalen Treffen fanden in den Jahren 2008 und 2009 ausschließlich im Beisein der *Samaṇīs* statt, dies änderte sich jedoch ab 2010, als anlässlich religiöser Feiertage gesamtschweizerische Zusammenkünfte organisiert wurden. Die nationale Vergemeinschaftung[54] setzte somit bereits im Jahr 2008 ein, erreichte ihren Höhepunkt jedoch in den Jahren 2010 bis 2013, als jeweils mindestens ein nationa-

---

51 Bereits vor dem Jahr 2008 wohnten die *Samaṇīs* mehrmals bei Himal in der Westschweiz. Dies geschah jeweils aufgrund ihres Wunsches, bei langen Flügen einen Zwischenhalt zu machen. Bei diesen Zwischenstopps der *Samaṇīs* waren Jainas aus anderen Regionen nicht involviert. Himal spricht 2016 davon, dass er insgesamt acht bis zehn *Samaṇī*-Gruppen beherbergt hat. Vgl. dazu I3: 7.

52 Für eine Übersicht sämtlicher nationaler Treffen vgl. Tabelle 11.

53 Vgl. dazu Tabelle 12. Deutschschweiz wird darin mit D-CH und Westschweiz mit W-CH abgekürzt.

54 Vgl. dazu Weber (1984, 70f.).

		ANLASS DES TREFFENS								ANZAHL TREFFEN AUFGETEILT NACH TEILNEHMENDEN		
Jahr	Anzahl Treffen	Besuch der *Samaṇīs*	*Pāṭhśālā*	*Mahavīra Jayantī*	*Gaṇeśa-Catūrthi*	*Dīvālī*	*Akṣaya-tṛtīyā*	*Paryu-ṣaṇa*	Interrelig. Veranstal-tungen	Nur W-CH J.	Nur D-CH J.	nationale Treffen
2008	11	1	7	1		1		1		10	0	1
2009	9	1	7	1				0		8	0	1
2010	8	1	3	1		1		2		6	0	2
2011	3	1		1				1		1	0	2
2012	8		3	1	1			3		6	1	1
2013	7		3	1	1	1		1		4	1	2
2014	3	1			1			1		2	1	0
2015	3					1	1	1		2	0	1
2016	3			1				1	1	1	1	1
2017	4	1						1	2	1	2	1
2018	1							1		1	0	0
2019	2							1	1	1	1	0
TOTAL	62	6	23	7	3	4	1	14	4	43	7	12

Tabelle 11: Übersicht der Treffen der Schweizer Jainas 2008–2019[55]

55 Die gelb hinterlegten Felder heben nationale Treffen hervor. Bei den blau hinterlegten Feldern ist nicht klar, ob an diesen Veranstaltungen ausschließlich Westschweizer Jainas teilgenommen haben oder ob auch Deutschschweizer Jainas anwesend waren. Im Jahr 2010 wird der Besuch der *Samaṇīs* den nationalen Treffen zugerechnet, da sie sechs Tage in der Schweiz weilten und so die Wahrscheinlichkeit groß ist, dass auch Deutschschweizer Jainas die *Samaṇīs* besucht haben. 2014 blieben die *Samaṇīs* nur einen Tag in der Schweiz, weshalb mit großer Wahrscheinlichkeit keine Deutschschweizer Jainas anreisten. Aus diesem Grund wird dieser Besuch nicht als nationales Treffen gezählt.

les Treffen pro Jahr ohne die *Samaṇīs* stattfand. Dass während dieser Zeit ein überaus reger nationaler Austausch geführt wurde, ist auch an der Anzahl der Beiträge in der Google-Gruppe ersichtlich.[56] Da seit Ende 2016 keine schweizweiten Treffen mehr stattfanden, geriet der Prozess der nationalen Gemeinschaftsbildung ab Ende 2016 ins Stocken und mündete in einer vierten Phase.[57]

Ziel der gemeinsamen nationalen Treffen war es, das Wissen über den Jainismus zu vertiefen und den Kindern den Jainismus zugänglich zu machen, wie in der Google-Gruppe mehrmals ausgeführt und an verschiedenen Treffen thematisiert wurde. Mehrmals wurde auch der Wunsch, religiöse Feiertage gemeinsam zu begehen, in der Google-Gruppe als Impetus für den Gemeinschaftsbildungsprozess genannt.[58] Dies zeigt sich zusätzlich in der Tatsache, dass oft rund um religiöse Feiertage, wie z. B. *Paryuṣaṇa*, neue Mitglieder der Google-Gruppe beitraten. An nationalen Treffen wurden (im Gegensatz zu den regionalen Treffen) von Beginn an Kinder und Jugendliche in die Organisation miteinbezogen und motiviert, einen inhaltlichen Beitrag zu leisten.

Durch die gemeinsamen Treffen formierte sich aus der regionalen Westschweizer Jaina-Gruppe eine schweizweite Jaina-Gemeinschaft, was an der Namensänderung der Google-Gruppe von ›Geneva Jains‹ zu ›Swiss Jains‹ beobachtet werden kann.[59] Es zeigt sich, dass die nationale Jaina-Gemeinschaft auf einer traditionalen Zusammengehörigkeit beruhte. Im Rahmen der Gemeinschaftsbildung fanden religiöse Aushandlungsprozesse statt, schließlich nahmen Schweizer Jainas unterschiedlicher Hintergründe und religiöser Strömungen an den Zusammenkünften teil. Im Zuge dieser Aushandlungen wurde eine Schweizer Jaina-Gemeinschaft mit einer eigenen Auffassung davon geformt, was den (Schweizer) Jainismus ausmacht, was auch einen Einfluss auf individuelle Identitäten der Schweizer Jainas hatte.[60]

56 Vgl. dazu Tabelle 2.
57 Die Gründe dieser Entwicklung werden in Kapitel 7.5 analysiert.
58 GG 2011, 09.08.; GG 2012, 05.05. und GG 2012, 02.08.
59 GG 2009, 30.08. Der Name wurde bereits 2009, nach dem zweiten Besuch der *Samaṇīs*, geändert.
60 Vgl. dazu die Ausführungen im Kapitel 7.4.6.

Dass man ab 2010 von einer Schweizer Jaina-Gemeinschaft sprechen kann, lässt sich anhand der Definition von Carrithers und Humphrey (1991, 6f.) aufzeigen: (1) Die Schweizer Jainas teilen einen gemeinsamen Glauben sowie das gemeinsame Interesse, sich über den Jainismus auszutauschen, diesen an die nächste Generation weiterzugeben und gemeinsam Feste zu begehen. (2) Die Schweizer Jainas unterscheiden sich in ihrem Glauben von der umgebenden Gesellschaft. (3) Dass sie sich ihrer Identität als Jainas bewusst sind, ist in zwei Punkten ersichtlich: Einerseits wurden für die Treffen explizit Jainas angeschrieben und andererseits nennt sich die Gruppe seit 2009 ›Swiss Jains‹. (4) Die Schweizer Jaina-Gemeinschaft normierte im Rahmen der Aushandlungsprozesse Auffassungen in verschiedenen Bereichen, was sich bspw. an den an Festen mitgebrachten Speisen oder an der individuellen Identität zeigt.[61] (5) Die nationale Jaina-Gemeinschaft versuchte von Beginn an, Kinder und Jugendliche miteinzubeziehen, jedoch ist spätestens ab *Mahāvīra Jayantī* im Jahr 2016 ersichtlich, dass dies nicht funktionierte, da im Gegensatz zu den vorherigen Treffen keine Kinder oder Jugendlichen mehr anwesend waren.

Im Rahmen der dritten Phase der Integration, welche ›Etablierung von Identifikationsmerkmalen auf nationaler Ebene‹ genannt wird,[62] wurden Neuerungen im Jainismus eingeführt und traditionelle Elemente ausgewählt und reinterpretiert. Im Gegensatz zu Baumanns (2004a, 85–90) Beschreibungen ist es im Schweizer Kontext jedoch so, dass diese Entwicklung bereits auf regionaler Ebene startete und im Rahmen der dritten Integrationsphase national weitergeführt und vertieft wurde. Dieser Aspekt wird in der Benennung der dritten Phase hervorgehoben. Durch die Aushandlungsprozesse wurde eine Schweizer Jaina-Identität geschaffen und Jainas begannen sich am interreligiösen Dialog zu beteiligen. So waren Deutschschweizer Jainas spätestens ab 2014 im interreligiösen Dialog aktiv. Der Unterschied zu ihrem Engagement während der zweiten Integra-

61 Dies korreliert des Weiteren mit Webers (1984, 70f.) Auffassung einer Vergemeinschaftung.

62 In Anlehnung an Baumann (2004a, 85–90), der diese dritte Integrationsphase von Hindus auf Trinidad ›The Focus of Identification Turns‹ nennt. Vgl. dazu Kapitel 4.2.3.

tionsphase liegt darin, dass sich Jainas nun als solche einer Schweizer Öffentlichkeit präsentierten und dadurch ihre Religion, den Jainismus, sichtbar machten. Sie versuchten dabei, die zweite Generation von Jainas aktiv in den interreligiösen Dialog miteinzubeziehen. Ähnliche Tendenzen lassen sich für die Westschweizer Jainas erkennen, wobei diese eher eine passive Rolle im interreligiösen Dialog einnahmen. Die von Baumann (2004, 86) beschriebenen Spannungen mit dem Migrationsland, welche durch die Forderung nach Partizipationsmöglichkeiten seitens der Migrierten auftreten können, sind im Schweizer Kontext nicht ersichtlich. Dafür gibt es zwei Erklärungen: Einerseits wurden die Jainas nur ganz vereinzelt von der Schweizer Öffentlichkeit wahrgenommen und andererseits standen den Jainas, welche als hochqualifizierte Arbeitskräfte in die Schweiz einreisten, von Anfang an Möglichkeiten der Partizipation offen.

7.4.1 Außenwahrnehmung

Die Schweizer Jaina-Gemeinschaft definierte sich nicht nur selbst als solche, sondern wurde auch von außen als Gemeinschaft wahrgenommen. Im Mai 2015 wurden die Jainas via Google-Gruppe als Schweizer Gemeinschaft angeschrieben und an die 25-Jahr-Feier des Institute of Jainology nach Großbritannien eingeladen. Die Schweizer Jainas wurden bei drei Gelegenheiten auch von Schweizer Organisationen als Gruppe angesehen und kontaktiert. So wandten sich die Herausgeber eines interreligiösen Kalenders im April 2010 an die Schweizer Jaina-Gemeinschaft und baten diese, zum gewählten Bild, das den Jainismus repräsentieren sollte, Stellung zu nehmen. Nach Intervention der Schweizer Jainas wurde das vorgeschlagene Bild geändert, weil es sich beim abgebildeten Tempel nicht um einen jainistischen Tempel handelte. Bei einer anderen Gelegenheit wurden die Schweizer Jainas vom Centre intercantonal d'Information sur les croyances kontaktiert, da dieses im Jahr 2014 eine Broschüre sowie eine interaktive Karte über die unterschiedlichen Glaubensgemeinschaften im Raum Genf veröffentlichen wollte.[63] Dabei wurden auch die Schweizer Jainas aufgeführt, wobei in der Karte das Haus einer Einzelperson

63 Centre intercantonal d'information sur les croyances (2016).

als Treffpunkt vermerkt ist. Im Jahr 2017 wurden die Schweizer Jainas von einer Mitarbeiterin der Lausanner Zeitschrift *Femina* angeschrieben, da diese eine Ausgabe über Vegetarismus publizierte und auf die jainistischen Essensregeln eingehen wollte. Auffällig ist, dass diese drei Anfragen über Himal an die Swiss Jain Group gelangten und von diesem in der Google-Gruppe veröffentlicht wurden. Vor der Beantwortung der Anfragen fand aber jeweils eine Online-Diskussion in der Google-Gruppe statt.

Die Schweizer Jainas wurden nicht nur von Jainas in der Diaspora und von der Schweizer Öffentlichkeit als Gruppe wahrgenommen, sondern auch von Jainas in Indien. So wurden die Schweizer Jaina-Gemeinschaft im Rahmen eines indischen Filmes über die Bedeutung von *Ācārya* Tulsī im Jahr 2013 kontaktiert, interviewt und gefilmt.[64]

7.4.2 Kontaktaufnahme

Während die Westschweizer Jainas aufgrund der *Pāṭhśālās* ab 2008 untereinander vertiefte Kontakte pflegten, waren die Beziehungen zu den Deutschschweizer Jainas im Jahr 2008 formeller Art. In der Google-Gruppe waren zwar seit Beginn sowohl West- als auch Deutschschweizer Jainas Mitglieder, jedoch waren zweitere zu jenem Zeitpunkt Passiv-Mitglieder. So wurden sie in den ersten Monaten nach der Gründung der Google-Gruppe weder in Beiträgen aktiv angeredet noch verfassten sie selbst Beiträge. Ab dem Sommer 2008 wurden Jainas aus anderen Regionen aktiv angesprochen, wobei dies jeweils in einer höflichen, förmlichen Art und Weise geschah. Dies lässt sich anhand der unterschiedlichen Anredeformen aufzeigen. Die Westschweizer Jainas begannen Beiträge mit »my dear« und der anschließenden Verwendung des Vornamens oder mit allgemeinen Begrüßungen wie »dear all« oder »hello everyone«.[65] Im Austausch mit Jainas aus anderen Landesteilen wurde jeweils auf das Sie umgestellt und die Nachnamen als Ansprache verwendet, so z. B. »my dear Mr.«[66] Es

64 Acharya Tulsi Janm Shatabdi Samaroh Samiti (2013).

65 U. a. GG 2008, 06.07. und GG 2008, 07.07.

66 GG 2008, 14.07.

zeigte sich also, dass Mitte 2008 formelle Kontakte zwischen den Jainas der unterschiedlichen Regionen bestanden, diese aber noch nicht allzu gefestigt waren. Nach dem Besuch der *Samaṇīs* im Sommer 2008 vereinheitlichte sich der Umgangston in der Google-Gruppe, von da an wurde von allen das »dear all« als Anrede übernommen.[67]

In den folgenden Jahren fand eine Aufnahme in die Google-Gruppe meist über zwei unterschiedliche Kanäle statt. Entweder meldete ein bereits aufgenommenes Mitglied, es habe erfahren, dass eine neuzugezogene Person gerne aufgenommen werden möchte, oder die Beitrittsanfrage traf über die Facebook-Gruppe ein. In beiden Fällen wurden die Interessenten anschließend von den entsprechenden Moderierenden (Marudevi oder Sangar) in die beiden Gruppen aufgenommen. Marudevi rief im Juni 2009 in der Google-Gruppe dazu auf, alle Bekannten und Freunde, welche sich für den Jainismus interessieren würden, in die Gruppe einzuladen, und erklärte, wie man ohne ihr Zutun Personen der Gruppe hinzufügen könne. Jedoch wurde von dieser Möglichkeit nur sehr zurückhaltend Gebrauch gemacht und die Aufnahmen erfolgten in den meisten Fällen weiterhin über sie.

In Kontakt mit (neu hinzugezogenen) Jainas trat man über verwandtschaftliche Beziehungen, Arbeitskollegen/innen, Bekannte oder sonstige Netzwerke. Es kam bspw. vor, dass über eine Website der *osvāl* Kontakte hergestellt wurden.[68] Diese Beziehungsnetze funktionierten, weshalb die Mitglieder der Google-Gruppe verschiedenste Auskunftsanfragen erreichten, so beispielsweise, wenn Durchreisende auf der Suche nach Schweizer Restaurants (mit jainistischem Essen) oder einem Jaina-Tempel waren.[69]

7.4.3 Zusammenkünfte auf nationaler Ebene

Während die Besuche der *Samaṇīs* in den Jahren 2008 und 2009 den Anlass boten, sich mit Jainas aus unterschiedlichen Schweizer Landesteilen zu treffen, fanden ab 2010 auch Treffen ohne die Anwesenheit

67 GG 2008, 25.12.

68 GG 2008, 28.04. und GG 2011, 01.04.

69 GG 2010, 28.04.; GG 2012, 18.08.; GG 2015, 17.08. und GG 2015, 15.11.

der *Samaṇīs* statt. Im selben Jahr wurde auch erstmals eine Adressliste erstellt, um so einen Überblick über die in der Schweiz lebenden Jainas zu erhalten, wodurch die (Mitgliedschaft in der) Jaina-Gemeinschaft zum ersten Mal formell erhoben wurde.[70] Feierlichkeiten wie *Mahāvīra Jayantī* oder *Dīvālī* wurden zwischen 2010 und 2017 mehrmals von Deutsch- und Westschweizer Jainas gemeinsam begangen.

Im folgenden Abschnitt werden die nationalen Feste genauer beschrieben, um dann später auf die Aushandlungsprozesse einzugehen, welche im Rahmen dieser Feste abgelaufen sind und die Formierung einer Schweizer Jaina-Gemeinschaft beeinflusst haben.

7.4.3.1 Besuche der *Samaṇīs*

Zwischen dem Sommer 2008 und Frühling 2020 besuchten die *Samaṇīs* die Schweiz sechsmal. Ihre Besuche fanden sowohl auf Einladung als auch auf deren eigenen Wunsch hin statt. Oft erfuhren die Schweizer Jainas durch ihre Kontakte mit Jainas in anderen Diaspora-Ländern von den Plänen der *Samaṇīs,* ihren Wohnort London zu verlassen, um Jainas in weiteren europäischen Städten (hauptsächlich Antwerpen) zu besuchen. Die Schweizer Jainas (allen voran Himal) baten die *Samaṇīs* in diesen Fällen, ihre Reise zu verlängern und einen Halt in der Schweiz zu machen. So besuchten die *Samaṇīs* 2009, 2011, 2014 und 2017 die Schweiz auf Einladung der (West-)Schweizer Jainas.[71] In der August-Ausgabe der *ahimsa times* aus dem Jahr 2008 erschien gar ein Bericht über den ersten offiziellen Besuch der *Samaṇīs* in der Schweiz.

Die Vorbereitungen für die Besuche der Asketinnen führten jeweils zu Herausforderungen. Eine erste Schwierigkeit lag bereits in der Datumsfindung. Die *Samaṇīs,* welche von der britischen Jaina-Gemeinschaft finanziert werden, sind aufgrund des Veranstaltungskalenders des JVB in London täglich eingebunden, weshalb sie

70 Die Adressliste wurde 2012 aktualisiert. Diese Liste ist bis zum heutigen Zeitpunkt die einzige formelle und interne Erhebung der Schweizer Jainas.

71 2008 und 2010 folgten die *Samaṇīs* der Einladung der (West-)Schweizer Jainas und reisten ausschließlich in die Schweiz. 2017 legten die *Samaṇīs* auf eigenen Wunsch einen Halt in der Schweiz ein.

Großbritannien hauptsächlich während der Sommerzeit verlassen, wenn viele britische Jainas in den Ferien weilen und das Programm am JVB pausiert. Während der Sommerzeit waren aber auch viele Schweizer Jainas landesabwesend, was die Datumsfindung erschwerte. Eine weitere Herausforderung lag in der Visumsbeschaffung. Die *Samaṇīs* verfügten bis 2012 über ein britisches Visum für religiöse Spezialisten/innen, das die Besuche anderer Diaspora-Gemeinschaften problemlos ermöglichte. Jedoch wurde ihnen diese Art des Visums (angeblich aufgrund einer restriktiveren Handhabung hinsichtlich der Olympischen Spiele in London) ab 2012 verwehrt. Deshalb beantragte eine der beiden *Samaṇīs,* welche an der SOAS in London doktorierte, ein Studierendenvisum. Die begleitende *Samaṇī* musste jeweils nach einem halben Jahr aufgrund des abgelaufenen Touristenvisums zurück nach Indien reisen und durch eine neue Asketin ersetzt werden.[72] Das Studium von *Samaṇī* Pratibha Pragya in Zusammenhang mit dem Touristenvisum der zweiten Nonne verkomplizierten die Möglichkeit, Großbritannien zu verlassen, weshalb die Diaspora-Gemeinschaften außerhalb Englands ab 2012 nur noch unter erschwerten Bedingungen besucht werden konnten.

Nebst den organisatorischen Herausforderungen führten die Besuche der *Samaṇīs* oft auch zu inhaltlichen Fragen und Verunsicherungen in der Gemeinschaft. So wurde in der Google-Gruppe diskutiert, ob man die *Samaṇīs* zum Mittagessen in ein Haus einladen dürfe, das nicht »entirely Jain cooking« sei, da Wurzelgemüse konsumiert werde.[73] Zudem wurden den *Samaṇīs* im Vorfeld ihrer Besuche jeweils Fragen per E-Mail zugeschickt. So wurden sie gefragt, wie man sie korrekt ansprechen solle und ob es in Ordnung sei, wenn sie Häuser betreten, in denen der Hausaltar mit Bildern von Gottheiten anderer Religionen (z. B. *Kṛṣṇa*) ausgestattet sei.[74] Im April 2010 wurde aus den gesammelten Antworten und Erfahrungen eine Art Anleitung für die Beherbergung der *Samaṇīs* erstellt.[75]

72 Vgl. dazu I3: 7.
73 GG 2008, 04.07.
74 GG 2009, 13.07. Die Antworten der *Samaṇīs* wurden in einem Beitrag ein Jahr später (GG 2010, 01.05.) an alle weitergeleitet.
75 Vgl. dazu Anhang 12.8.

JAHR	ANKUNFT	ABREISE	ANZAHL TAGE	AUFENTHALTSORT	REGION	BESONDERES
2008	09.07.	14.07.	5	Himal (4), Sangar (1), Mittagessen Marudevi	W-CH, D-CH	*Samaṇīs* kommen auf Einladung.
2009	11.07.	17.07.	6	Ratesh (1), Sangar (1), Himal (4)	W-CH, D-CH	*Samaṇīs* kommen auf Einladung; reisen weiter nach Paris an religiöse Konferenz.
2010	04.05.	10.05.	6	Himal (6)	W-CH	*Samaṇīs* kommen auf Einladung; *Ācārya* Mahāprajña stirbt am 9.5.10; *Samaṇīs* reisen ab.
2011	05.08.	15.08.	10	Akash (1), Sangar (1), Himal (4), Ratesh (2), Chiti (1), Marudevi (1)	W-CH, D-CH	*Samaṇīs* kommen auf Einladung; verlängern dadurch ihre Reise von Antwerpen nach London.
2014	08.05.	09.05.	1	Himal (1)	W-CH	*Samaṇīs* kommen auf Einladung; verlängern dadurch ihre Reise von Berlin nach Antwerpen.
2017	04.08.	07.08.	3	Pooja (1), Himal (2)	W-CH, D-CH	Auf Wunsch der *Samaṇīs*; verlängern dadurch ihre Reise von Antwerpen nach London.

Tabelle 12: Besuche der Samaṇīs

Die Besuche der *Samaṇīs* waren immer auch mit finanziellen Aufwänden verbunden, da die Schweizer Jaina-Gemeinschaft für die Visa-Kosten, die Flüge sowie für Kost und Unterkunft der beiden Nonnen aufkam. In den Jahren 2009 und 2010 mussten sogar mehrere Flugtickets für die *Samaṇīs* erworben werden: Beim ersten Mal trafen die beiden Nonnen aufgrund verkehrstechnischer Umstände zu spät am Flughafen in London ein und verpassten ihren Flug und beim zweiten Mal verstarb während ihres Besuchs in der Schweiz *Ācārya* Mahāprajña, weshalb sie sofort nach Indien aufbrachen. Die Kosten wurden durch gespendete Beiträge verschiedener Familien gedeckt.

Vor und nach den Besuchen der *Samaṇīs* meldeten sich Jainas in der Google-Gruppe zu Wort, die sich ansonsten nie an den Diskussionen beteiligten, jedoch bereit waren, die *Samaṇīs* zu beherbergen.[76] Des Weiteren wurden im Vorfeld der Besuche wiederholt neue Mitglieder in der Google-Gruppe aufgenommen, was zeigt, dass die Anwesenheit der *Samaṇīs* Jainas mobilisieren konnte.[77]

Die Besuche der *Samaṇīs* liefen, wie den Protokollen und Organisationsplänen entnommen werden kann, oft ähnlich ab. Der Tagesablauf der *Samaṇīs* musste bezüglich Essens- und Ruhezeiten eingehalten werden. Außerhalb dieser Zeiten fanden Yoga- und Meditationssessionen sowie religiöse Unterweisungen zu bestimmten Themen mit anschließenden Frage- und Antwortsequenzen statt. Es gab zudem jeweils Zeitfenster für das Spenden von Nahrungsmitteln an die Asketinnen. Es kann gesagt werden, dass bei den Besuchen der *Samaṇīs* die Wissensvermittlung von jainistischen Inhalten stets im Zentrum stand.

7.4.3.2 Die Rolle der *Samaṇīs*

Die *Samaṇīs* werden von einer Mehrheit der Schweizer Jainas als religiöse Spezialistinnen anerkannt, dies zeigt sich darin, dass Jainas unterschiedlicher Strömungen an den Unterweisungen teilnahmen. Sie wurden von den in der Schweiz wohnhaften Jainas als Vorbilder,

76 U. a. GG 2010, 28.04. und GG 2011, 24.07.
77 U. a. GG 2010, 21.04.

Lehrerinnen oder als diejenigen, die das Wissen besitzen, bezeichnet.[78] Die *Samaṇīs* übten in individuellen Bereichen einen Einfluss auf Schweizer Jainas aus, was daran ersichtlich ist, dass sie einerseits als Ratgeberinnen bei persönlichen Anliegen kontaktiert werden und andererseits als Motivatorinnen fungieren.[79] Eine Jaina nahm den Besuch der *Samaṇīs* zum Anlass, eine Art *darśana* zu nehmen. So erklärte sie, dass für sie die Ausführungen der *Samaṇīs* oft zu schwierig seien, weshalb sie diese nicht verstehen würde, sie aber trotzdem hingehe, da die Präsenz der *Samaṇīs* eine beruhigende Wirkung auf sie habe.[80]

Es gibt aber auch Mitglieder der Schweizer Jaina-Gemeinschaft, die den Besuchen der *Samaṇīs* fernblieben,[81] da sie nicht der entsprechenden Strömung angehören. Es gibt des Weiteren auch Jainas, die den *Samaṇīs* nicht die gleiche Autorität wie vollordinierten Asketen/innen zusprechen. Chetak (I5: 55) bspw. bezeichnete die *Samaṇīs* als »not really a guru, (…) they are like (…) their students«. Es ist ersichtlich, dass er eine Hierarchie zwischen den vollordinierten Asketen/innen und den *Samaṇīs* vornimmt, wobei er selbst der *Terāpanthī*-Tradition angehört. Trotz den Vorbehalten gegenüber *Samaṇīs* nahm er gleichwohl an den Treffen mit ihnen teil.

7.4.3.3 Die Rolle von Himal in Bezug auf die *Samaṇīs*

Die Tatsache, dass Himal eine besondere Beziehung zur *Terāpanthī*-Tradition hat, sieht man u. a. daran, dass er, obwohl in der Schweiz wohnhaft, längere Zeit eine Leitungsfunktion im JVB in Indien ausübte, das als Zentrum des *Terāpanthī*-Ordens gilt. So vertrat er das JVB an religiösen Konferenzen und nahm regelmäßig an der *dīkṣā*-Zeremonie genauso wie an den Diplomfeiern der Universität teil.

78 I2: 52; I5: 152; I8: 32 und T3: 233.

79 So wurde von einzelnen Gruppenmitgliedern den *Samaṇīs* versprochen, den Versuch zu unternehmen, einmal in der Woche *sāmāyika* durchzuführen, oder andere sahen sich durch die Gespräche mit den Nonnen motiviert, sich wieder vermehrt mit dem Jainismus auseinanderzusetzen. Vgl. dazu T3: 412 und T5: 571.

80 I1: 62.

81 I7: 118.

Dabei kam er jährlich mit dem Führer des *Terāpanthī*-Ordens, dem *Ācārya*, zusammen. Laut seinen eigenen Aussagen war er mit den letzten drei *Ācāryas* persönlich bekannt und pflegte einen regen Austausch mit diesen. Durch seinen Vater sei er mit *Ācārya* Tulsī in Kontakt gekommen und habe diesen alle ein bis zwei Jahre getroffen, um über wirtschaftliche Angelegenheiten zu sprechen. Der Nachfolger, *Ācārya* Mahāprajña, habe mit ihm jeweils über das Weltgeschehen diskutiert, während ihm *Ācārya* Mahāśramaṇa eine leitende Stelle am JVB übergab. Der enge Kontakt zu den *Ācāryas* zeigte sich, als Himal *Ācārya* Mahāprajña im Jahr 2008 persönlich um Erlaubnis bat, die *Samaṇīs* in die Schweiz einladen zu dürfen,[82] und er die Spenden der Schweizer Jainas den Vertretern des JVB direkt überreichte.[83]

Laut Himals Ausführungen ist seine Familie seit mehreren Generationen eng mit den *Ācāryas* und dem *Terāpanthī*-Orden verbunden. So habe ihn *Ācārya* Tulsī 1978 in einer Privataudienz nach den Bedürfnissen von den in der Diaspora lebenden Jainas gefragt. Dabei habe er den *Ācārya* auf die Notwendigkeit hingewiesen, Asketen/innen in die Diaspora reisen zu lassen, was nach ihm später in der Gründung des *Samaṇa*- und *Samaṇī*- Ordens gemündet habe. Inwiefern Himal tatsächlich den Anstoß für die Gründung dieses Ordens gab, lässt sich nur schwer eruieren. Dass er aber in engem persönlichem Kontakt mit den *Ācāryas* steht, ist klar ersichtlich.[84] Durch seine enge Verbindung zu den *Ācāryas* geht auch der Kontakt mit den *Samaṇīs* einher. So war es zu Beginn der Gemeinschaftsbildung ausschließlich Himal, der mit den *Samaṇīs* korrespondierte und die Reise der *Samaṇīs* in die Schweiz organisierte. Später war er es, der von den *Samaṇīs* angeschrieben und gefragt wurde, ob sie auf ihrer Reise einen Halt in der Schweiz machen können.[85] Die *Samaṇīs* logierten des Weiteren bei ihren Besuchen stets (wenn nicht sogar ausschließlich) bei Himal und seiner Frau. Himal wird u. a. aus diesen Grün-

82 GG 2008, 27.12.; GG 2009, 22.06. und GG 2009, 21.10.

83 GG 2009, 04.07 und GG 2011, 26.09.

84 So zeigte Himal im Anschluss an das mit ihm geführte Interview ein Foto der Doktoratsfeier von *Samaṇī* Prathiba Pragya auf seinem Mobiltelefon, die am Tag davor stattgefunden hatte.

85 Vgl. dazu GG 2008, 03.07.; GG 2008, 28.06.; GG 2009, 22.06. und I3: 15-21, 175.

den von den Schweizer Jainas als Autorität angesehen, was in Kapitel 7.4.7 thematisiert wird.

7.4.3.4 *Mahāvīra Jayantī*

Mahāvīra Jayantī ist das erste Fest, das, nachdem es zwei Jahre lang ausschließlich von den Genfer Jainas gemeinsam begangen wurde, im Jahr 2010 ohne die Anwesenheit der *Samaṇīs* gesamtschweizerisch gefeiert wurde. Während *Mahāvīra Jayantī* in jenem Jahr in Indien auf den 28. April fiel, zelebrierten die in der Schweiz wohnhaften Jainas das Fest im März.[86] Am ersten gemeinsamen *Mahāvīra Jayantī* nahmen um die 35 Personen unterschiedlicher Regionen und unterschiedlicher Strömungen teil. *Mahāvīra Jayantī* wurde insgesamt siebenmal durchgeführt, zweimal regional (2008 und 2009) und fünfmal gesamtschweizerisch (2010 bis 2013 und 2016). Die Örtlichkeiten variierten dabei, so wurde *Mahāvīra Jayantī* als nationale Feier zweimal bei Marudevi zu Hause sowie dreimal in unterschiedlichen Mehrzweckräumen in der Deutschschweiz gefeiert.[87]

Die Feierlichkeiten an *Mahāvīra Jayantī* liefen immer in einem ähnlichen Rahmen ab: Zur Begrüßung wurden Snacks und Tee gereicht und als Eröffnung der Feier das *namaskāra*-Mantra gesprochen. Danach standen die Lehren des Jainismus im Zentrum. Die Auseinandersetzung mit jainistischen Inhalten fand durch verschiedene Vorträge statt. Im Anschluss gab es jeweils die Möglichkeit, offene Fragen in einer Diskussionsrunde zu besprechen. Oft wurden an solchen Treffen auch Buchempfehlungen abgegeben oder die zukünftigen Veranstaltungen besprochen, bevor man zum geselligen Teil des Festes überging und ein gemeinsames Essen einnahm, zu dem alle Anwesenden einen Essensbeitrag leisteten. Nach dem gemeinsamen Aufräumen wurden die Treffen jeweils beendet.

Eine Besonderheit der *Mahāvīra Jayantī*-Feierlichkeiten in der Schweiz liegt darin, dass bei zwei Gelegenheiten (2013 und 2016)

86 Die Daten, an welchen religiöse Feierlichkeiten in der Schweiz stattfanden, variierten je nach Verfügbarkeit der Jainas abgesehen von *Paryuṣaṇa*, das immer am entsprechenden Tag gefeiert wurde.

87 Vgl. dazu Tabelle 13.

JAHR	DATUM	LOKALITÄT	BESONDERES
2008	18.04.	Vedisches Zentrum (W-CH)	*Pāṭhśālā*-Gruppe anwesend
2009	07.04.	Vedisches Zentrum (W-CH)	12 Personen anwesend; *Svamīn* anwesend
2010	27.03.	Marudevi	35 Personen aus der ganzen Schweiz anwesend
2011	16.04.	Mehrzweckraum (D-CH)	30–40 Personen aus der ganzen Schweiz anwesend
2012	05.05.	Mehrzweckraum (D-CH)	30 Personen aus der ganzen Schweiz anwesend; Forschende anwesend
2013	27.04.	Marudevi	20 Personen aus der ganzen Schweiz anwesend; Gastredner Vinod Kapashi
2016	07.05.	Mehrzweckraum (D-CH)	17 Personen aus der ganzen Schweiz anwesend; Gastrednerinnen aus dem IoJ, Forschende anwesend

Tabelle 13: Feiern zu Mahāvīra Jayantī

Gastreferierende eingeladen wurden. Dies war 2013 Vinod Kapashi, ein in England wohnhafter Jaina, der mehrere Bücher über den Jainismus publizierte. Er hielt einen Vortrag über die Bedeutung des *namaskāra*-Mantras und die Entstehung des Jainismus. Drei Jahre später wurden zwei Referierende des Institute of Jainology eingeladen, die auf Wunsch der Schweizer Jainas einen Vortrag über das Leben von *Pārśvanātha* hielten. Die Kosten für die Gastreferierenden (Flug und Unterkunft) wurden jeweils von den Schweizer Jainas übernommen. An den Treffen, zu denen keine Gastredner eingeladen waren, übernahmen Schweizer Jainas die Wissensvermittlung. Im Voraus wurde jeweils abgemacht, wer einen Beitrag zu den Feierlichkeiten leisten möchte und einen Vortrag halten wird. So wurden von Jainas verschiedener Strömungen und unterschiedlichen Alters kurze Referate vorgetragen.

7.4.3.5 *Dīvālī*

An *Dīvālī* wird im Jainismus *Mahāvīras* Austritt aus dem Wiedergeburtenkreislauf gefeiert. In den Jahren 2008 und 2010 wurde *Dīvālī* von den Westschweizer Jainas gemeinsam begangen, ab 2011 gab es Bestrebungen, dieses Fest schweizweit zu feiern. Im Jahr 2011 scheiterten zwei Versuche, eine gesamtschweizerische Feier durchzuführen.

JAHR	DATUM	LOKALITÄT	BESONDERES
2008	31.10.	Vedisches Zentrum	*Pāṭhśālā*-Gruppe anwesend
2010	14.11.	unklar	*Pāṭhśālā*-Gruppe anwesend
2011	29.10.	Marudevi	Potluck dinner für *Dīvālī* wird abgesagt.
2011	12.11.	Mehrzweckraum (D-CH)	wird abgesagt
2013	09.11.	Marudevi	ca. 20 Person anwesend
2015	14.11.	Marudevi	ca. 20 Personen anwesend

Tabelle 14: Feiern zu Dīvālī[88]

Jedoch gelang es den Schweizer Jainas, *Dīvālī* im Jahr 2013 und 2015 gemeinsam zu feiern.[89]

Der Ablauf der *Dīvālī*-Zusammenkünfte ist demjenigen von *Mahāvīra Jayantī* ähnlich. Zuerst wurde jeweils das *namaskāra*-Mantra rezitiert, bevor einzelne Jainas einen Vortrag zu jainistischen Themen hielten. So wurde bspw. über *anekāntvāda*, die *aṇuvratas* oder über den *jīva* referiert. Sowohl 2013 als auch zwei Jahre später wurden *ślokas* gesprochen, doch beide Male war das Fazit, dass das Vortragen und Verstehen von *ślokas* zu schwierig sei.[90] Da in den indischen Medien im Jahr 2015 die Diskussion stattfand, inwiefern *sallekhanā* einen Suizid darstelle oder nicht, wurde dieses Thema an *Dīvālī* im entsprechenden Jahr aufgegriffen. Nach einem Hauptteil, in dem es jeweils um die Vermittlung von Wissen ging, wurden verschiedene Bücher empfohlen und auf Veranstaltungen hingewiesen. Nach dem erneuten dreimaligen Aufsagen des *namaskāra*-Mantras fand zum Ausklang des Festes ein gemeinsames Essen statt, zu dem alle etwas beitrugen. Mit einem gemeinsamen Aufräumen wurde das Fest jeweils beendet.

88 Bei den dunkelgrau hinterlegten Feldern handelt es sich um Anlässe, die abgesagt wurden.

89 Vgl. dazu Tabelle 14.

90 2013 wurde nach dem Treffen Vinod Kapashi angeschrieben und gebeten, das vorgetragene *śloka* zu erklären. GG 2013, 10.11. und GG 2015, 15.11.

JAHR	DATUM	LOKALITÄT	ANLASS
2016	12.11.	Kirche (D-CH)	»Nacht der Religionen«, Forschende anwesend
2017	30.05.	Kirche (D-CH)	»Eat, Pray, Move«, Jaina hält Rede
2017	29.08.	Kirche (D-CH)	»Eat, Pray, Move«
2019	09.11.	Kirche (D-CH)	»Nacht der Religionen«

Tabelle 15: Interreligiöse Veranstaltungen

7.4.3.6 Interreligiöse Veranstaltungen

Einige Deutschschweizer Jainas begannen ab 2016, an interreligiösen Veranstaltungen der Landeskirchen teilzunehmen, so bspw. an der Nacht der Religionen oder an »Eat, Pray, Move«. Dabei zeigten sich diese Jainas bewusst einer Schweizer Öffentlichkeit und wurden von dieser als Repräsentanten/innen des Jainismus wahrgenommen. Im Rahmen der Nacht der Religionen wurden Vorträge über den Jainismus gehalten, das *namaskāra*-Mantra vorgetragen und Fragen zum Jainismus beantwortet. Dies waren die einzigen Anlässe, an denen der Jainismus einer Öffentlichkeit zugänglich gemacht und somit sichtbar wurde.[91]

7.4.4 Einbezug der nächsten Generation

An nationalen Zusammenkünften (im Gegensatz zu den *Pāṭhśālā*-Treffen) wurden Kinder und Jugendliche von Beginn an in die gemeinsamen Festivitäten miteinbezogen. Eines der Hauptziele der gemeinsamen Treffen lautete dementsprechend, die jüngere Generation zu motivieren und (mit ihr) die Prinzipien des Jainismus zu diskutieren.[92] Kinder und Jugendliche nahmen an Festen nicht nur eine passive Rolle ein, sondern bereiteten oft auch Beiträge vor. So wurden von Kindern und Jugendlichen Vorträge gehalten oder bspw. das

91 Vgl. dazu Tabelle 15
92 GG 2012, 06.05.; GG 2012, 02.08. und GG 2017, 07.07.

namaskāra-Mantra als Rap- und Pop-Version vorgetragen.[93] Gerade von Jainas mit Kleinkindern wurde die Wichtigkeit der Treffen für die Vermittlung des Jainismus betont, auch vor dem Hintergrund, dass in der Diaspora oft die Großeltern fehlen würden, welche klassischerweise eine wichtige Rolle bei der Vermittlung der Religion übernehmen würden.[94] Jedoch nahmen am letzten nationalen Treffen (*Mahāvīra Jayantī* im Jahr 2016) keine Kinder oder Jugendlichen mehr teil.

7.4.5 Einfluss der *Pāṭhśālā*-Gruppe auf die Gemeinschaftsbildung und umgekehrt

Die *Pāṭhśālā*-Gruppe gab nicht nur den Impetus für die nationale Gemeinschaftsbildung, indem sie den Besuch der *Samaṇīs* initiierte und dabei schweizweit Jainas anschrieb, sondern sie übte auch auf struktureller und inhaltlicher Ebene Einfluss auf die Formierung einer nationalen Jaina-Gemeinschaft aus. So liefen die nationalen Treffen in gleicher Art und Weise wie die regionalen Treffen ab, nämlich indem mit dem *namaskāra*-Mantra begonnen wurde, bevor Laien verschiedene jainistische Inhalte in Kurzreferaten vortrugen. Im Anschluss wurden jeweils Diskussionen über die vorgetragenen Inhalte geführt und ein gemeinsames Essen eingenommen. Dieser Ablauf basiert auf der von den *Samaṇīs* vorgeschlagenen *Pāṭhśālā*-Struktur.[95] Inhaltliche Einflüsse der *Pāṭhśālā*-Gruppe auf die nationalen Treffen erkennt man am Beispiel des *namaskāra*-Mantras. Anfang 2013 wurde in zwei aufeinanderfolgenden *Pāṭhśālās* über die Bedeutung dieses Gebets gesprochen, was kurz

93 GG 2012, 05.05. und GG 2010, 27.03. Das moderne Rezitieren des *namaskāra*-Mantras wurde explizit im Protokoll aufgeführt, weshalb davon ausgegangen werden kann, dass diese Handlung als positiv angesehen wurde, obwohl drei Jahre später eine Pop-Version des *namaskāra*-Mantras auf YouTube eine Diskussion in der Google-Gruppe auslöste und dazu aufgerufen wurde, den Film zu melden, da er religiöse Gefühle verletze. Vgl. dazu GG 2013, 10.11.

94 I5: 201 und I11: 39.

95 GG 2008, 15.07. Auf nationaler Ebene ließen sich keine konkreteren Einflüsse der *Samaṇīs* finden, auch wenn sie die einzigen religiösen Spezialistinnen waren, welche die Schweizer Jainas besucht haben. Für inhaltliche Einflüsse der *Samaṇīs* auf regionaler Ebene vgl. Kapitel 7.4.6.1.

darauf an den beiden nationalen Treffen (*Mahāvīra Jayantī* und *Dīvālī*) aufgenommen wurde.[96] Diese Einflüsse liefen aber nicht nur einseitig von der *Pāṭhśālā*-Gruppe auf die nationalen Treffen ab, sondern waren reziprok. So wurde an *Mahāvīra Jayantī* 2012 bei drei Gelegenheiten auf Umweltthematiken aufmerksam gemacht, was im darauffolgenden *Pāṭhśālā* aufgegriffen und vertiefter besprochen wurde.[97]

7.4.6 Aushandlungsprozesse und (religiöse) Transformationen auf nationaler Ebene

Im Folgenden werden die Aushandlungsprozesse, welche auf nationaler Ebene abliefen, aufgezeigt und die damit verbundenen religiösen Transformationen besprochen. Dabei wird ein Augenmerk auf die von Knott (1991, 100–104) und Hinnells (1997, 821–835) entwickelten Aspekte gelegt, um religiöse Transformationen beschreiben zu können. Aufgrund der erhobenen Daten werden diese Aspekte mit einer partiell unterschiedlichen Benennung und nicht in der von Knott und Hinnells etablierten Reihenfolge analysiert.[98]

Im Rahmen des Gemeinschaftsbildungsprozesses der Schweizer Jainas fanden Aushandlungen sowohl virtuell als auch an physischen Treffen statt. Dabei wurde der kleinste Nenner aller Strömungen eruiert und konstruiert, was sich an Themen wie Örtlichkeit, Essen oder Sprache aufzeigen lässt. Vertovec (2009, 155) spricht in diesem Zusammenhang von Homogenisierung von Strömungen.

Da die Schweizer Jainas an unterschiedlichen Orten in der Schweiz wohnen, stellte sich zu Beginn des Gemeinschaftsbildungsprozesses die Frage, wo man sich trifft. Die *Samaṇīs* besuchten bei ihren Besuchen sowohl die West- als auch die Deutschschweiz, aufgrund der Reisezeit bot sich dies für gemeinsame Treffen nicht an.

96 GG 2013, 09.02. und GG 2013, 24.03.

97 GG 2012, 05.05. und GG 2012, 07.06.

98 Vgl. dazu Kapitel 4.2.4. Einzig der Aspekt (2) (die Vorstellung des neuen Landes, welche die Migrierten mitbringen) von Hinnells' (1997, 821–835) Definition wird nicht behandelt, da die erhobenen Daten keine Auskunft darüber geben.

So fanden anlässlich des *Mahāvīra Jayantī* im Jahr 2011 Diskussionen über die möglichen Örtlichkeiten statt. Mehrere Personen stellten sich zur Verfügung, die Feierlichkeiten in ihrer Region zu organisieren. Es wurde in einer Online-Diskussion gemeinsam bestimmt, dass es am einfachsten sei, sich an einem zentral gelegenen Ort zu treffen. Aus diesem Grund fiel die Wahl auf Bern, das sowohl von Basel und Zürich als auch Genf innerhalb von zwei Stunden erreichbar ist.[99] Ab diesem Zeitpunkt wurden die nationalen Treffen mehrheitlich in der (nahen Umgebung) der Bundesstadt abgehalten.

Ein weiterer Aushandlungsaspekt betraf das Essen, was sich exemplarisch an *Mahāvīra Jayantī* im Jahr 2010 aufzeigen lässt. An diesem ersten gemeinsamen nationalen Fest forderte Marudevi die Teilnehmenden auf, »Jain food« mitzubringen.[100] Dabei präzisierte sie, dass kein Wurzelgemüse (inklusive Aubergine) verwendet werden solle. Dies stieß auf Widerstand, weshalb sie kurz darauf in der Google-Gruppe kommunizierte, jeder könne das Essen mitbringen, das er/sie für passend erachte. Dadurch wurde von der Schweizer Jaina-Gemeinschaft bestimmt, dass das jainistische Verbot des Konsums von Wurzelgemüse an gemeinsamen Treffen in der Schweiz (auch an religiösen Feiertagen) nicht strikt aufrechterhalten wird. Das Essen an nationalen Zusammenkünften war aber immer vegetarisch und oft ohne Eier zubereitet. An diesem Beispiel zeigt sich exemplarisch, wie sich das Verhalten der Beteiligten aufgrund der traditionalen Zusammengehörigkeit aneinander orientierte, was in einer Vergemeinschaftung mündete.[101]

Ein dritter Aspekt des Aushandlungsprozesses betraf die Sprache. Die in der Schweiz lebenden Jainas verfügen über die unterschiedlichsten kulturellen und sprachlichen Hintergründe. Es gibt Jainas, die in der Schweiz aufgewachsen sind, während andere entweder aus unterschiedlichen Regionen Indiens oder aus anderen Ländern in die Schweiz migriert sind. Dies bedeutet, dass die unterschiedlichsten Sprachen und Dialekte gesprochen werden. Erschwerend kommt hinzu, dass sich einige Familien in der Westschweiz

99 GG 2011, 24.02. und GG 2011, 25.02.
100 GG 2010, 16.03 und GG 2010, 22.03.
101 Vgl. dazu Weber (1984, 71f.).

und andere in der Deutschschweiz niedergelassen haben. Aus diesem Grund musste eine gemeinsame Kommunikationssprache gefunden werden. In der Google-Gruppe und an nationalen Treffen wurde von Beginn an Englisch gesprochen. So wurde eine ›lingua franca‹ bestimmt, in der alle problemlos kommunizieren konnten. Komplizierter gestaltete es sich bei Einladungen anderer Diaspora-Gemeinschaften oder bei der Ritualsprache: Im Frühjahr 2015 wurde bspw. eine Anzeige der britischen Mahavir Foundation in der Google-Gruppe geteilt, in der Werbung für die Vorträge eines Gurus auf Gujarati gemacht wurde. Eine Jaina antwortete darauf in der virtuellen Gruppe, das Programm klinge zwar sehr spannend, aber ihre Familie würde kein Gujarati verstehen. In dieser Situation wurde die sprachliche und kulturelle Heterogenität der Schweizer Jainas exemplarisch ersichtlich. Herausforderungen zeigten sich auch bei der Verwendung der Ritualsprachen (Prakrit und Sanskrit). Bei nationalen Treffen wurde ausschließlich beim *namaskāra-* und *pratikramaṇa-*Mantra konsequent Prakrit verwendet. Wenn Gedichte oder Verse aus den Jaina-Schriften vorgetragen wurden, bestand stets der Konsens, dass diese sprachlich (und inhaltlich) zu anspruchsvoll seien und ins Englische übersetzt werden müssten, so letztmals an *Dīvālī* im Jahr 2015. Marudevi versuchte wahrscheinlich aus diesem Grund, die Genfer Jainas zu motivieren, das *pratikramaṇa* während *Paryuṣaṇa* bei ihr zu Hause auf Englisch zu rezitieren, anstatt es in Prakrit bei Himal aufzusagen. Jedoch kamen ihre Konkurrenz-Veranstaltungen mangels Teilnehmenden nicht zustande. Die Sprache war laut den Protokollen auch ein Thema bei den Besuchen der *Samaṇīs* im Jahr 2008. Im Protokoll ist vermerkt, Prakrit sei laut den *Samaṇīs* die Sprache der Götter. Ob die Nonnen tatsächlich den Begriff »gods« verwendet haben, kann in Frage gestellt werden, es zeigt aber, dass die Bedeutung der Ritualsprache diskutiert wurde. Dass einzig beim *namaskāra-* und beim *pratikramaṇa-*Mantra auf nationaler (und regionaler) Ebene das Prakrit gepflegt wird, führt dazu, dass jüngere oder in der Schweiz geborene Jainas bei den gemeinsamen Treffen nur einen sehr beschränkten Zugang zu den Ritualsprachen (Prakrit und Sanskrit) erhielten. Dieser Umstand kann in Zukunft zu religiösen Transformationen führen, wenn diese Sprachen nicht mehr verstanden werden – umso mehr, da die gemeinsame Sprache gemäß Hinnells (1997, 826) ein ausschlaggebendes Element sowohl der Gruppen- als auch der individuellen Identität darstellt.[102]

Im nationalen Gemeinschaftsbildungsprozess wurden keine Unterschiede zwischen den Strömungen, *jātis, varṇas* und *gacchas* gemacht und Einladungen an sämtliche in der Schweiz wohnhaften Jainas gesandt. An den gesamtschweizerischen Treffen wurden die Strömungen marginalisiert und die Gemeinsamkeiten betont, was in einem strömungsübergreifenden Jainismus mündete. Beide Aspekte lassen sich einerseits an der Online-Diskussion Anfang August 2012 und andererseits an nationalen Treffen exemplarisch aufzeigen: Von Marudevi wurden zum damaligen Zeitpunkt die Daten religiöser Feste in der Google-Gruppe veröffentlicht, worauf ein Mitglied darauf hinwies, dass es sich dabei nur um die Daten einer Strömung handle, und darum bat, auch die Termine anderer Traditionen zu veröffentlichen. Die Antwort lautete folgendermaßen (GG 2012, 01.08.):

> »I've stopped saying that I am Derawasi or Sthanakwasi as it's of no importance. I am a Jain, trying to observe the principles and teachings and that is all that matters.«

Dass Marudevi nicht als einzige diese Auffassung vertrat, zeigte sich in den darauffolgenden Beiträgen. So wurde von zwei weiteren Personen betont, wie wichtig es sei, sich zugunsten eines gemeinsamen Austausches nicht auf das Trennende, sondern auf die gemeinsame Basis und das Jaina-Sein zu fokussieren. Diese Meinung setzte sich durch, was sich u. a. daran erkennen lässt, dass die anfangs intervenierende Person trotz ihrer Einwände eines der aktivsten Mitglieder der Gruppe blieb und bspw. weiterhin an den gemeinsamen Anlässen teilnahm. Auch wenn anschließend weiterhin nur die Daten einer spezifischen Strömung veröffentlicht wurden, war dies später kein Diskussionspunkt mehr.

Die Betonung der Gemeinsamkeiten aller Strömungen kann auch anlässlich *Mahāvīra Jayantīs* im Jahr 2011 beobachtet werden. Eine Interviewpartnerin führte aus, dass beim Vortragen des *namaskāra*-Mantras einige Jainas nach fünf Versen mit dem Rezitieren aufge-

102 Dabei kann es sich sowohl um klassische heilige Sprachen als auch Umgangssprachen handeln.

hört hätten, während andere alle sieben Strophen vortrugen.[103] Nach einem Moment der Unsicherheit, wie mit diesem strömungsspezifischen Unterschied umgegangen werden soll, sei der allgemeine Konsens gewesen, man könne die Strömungen (sowie Unterschiede) vernachlässigen und der Fokus müsse auf den Gemeinsamkeiten liegen.[104] An zukünftigen Treffen wurde das *namaskāra*-Mantra schließlich weiterhin gemeinsam rezitiert, wobei die anwesenden Jainas je nach Strömung die letzten beiden Strophen vortrugen oder wegließen. Dieser Aushandlungsprozess führte dazu, dass die unterschiedlichen Praktiken verschiedener Strömungen gleichzeitig nebeneinander stattfinden konnten, ganz im Sinne von Wilkes (2003) Konzept der Traditionenverdichtung. Diese Traditionenverdichtung ist nicht nur im Rahmen von physischen Treffen erkennbar, sondern auch beim virtuellen Austausch in der Google-Gruppe. So wurden bspw. online an unterschiedlichen Tagen – je nach Strömung – *micchāmi dukkaḍaṃ* gewünscht. Es stellt sich nun die Frage, wie der etablierte, strömungsübergreifende Jainismus von der Schweizer Jaina-Gemeinschaft ausdifferenziert wurde.

7.4.6.1 Vom strömungsübergreifenden zum universellen Jainismus

Die Feierlichkeiten rund um das *Mahāvīra Jayantī* fanden im Jahr 2016 in einem kirchlichen Mehrzweckraum statt. Dies führte dazu, dass zeitweise ein reformierter Pfarrer anwesend war. Am Ende eines Gastvortrages fragte dieser, wie die Anwesenden den Jainismus aus emischer Sicht bezeichnen würden. Die Antwort im Plenum lautete, dass es sich beim Jainismus gar nicht um eine Religion, sondern um einen Lebensstil handeln würde. Bereits auf regionaler Ebene wurde der Jainismus in den *Pāṭhśālās* als Lebensweise oder Philosophie kon-

103 Da dieser Umstand nicht bereits bei den *Pāṭhśālā*-Treffen auffiel, lässt sich vermuten, dass an den regionalen Treffen nur *Śvetāmbaras* teilnahmen.

104 Die *Digambaras* rezitieren fünf, die *Śvetāmbara* sieben Verse des *namaskāra*-Mantras. T2: 358-394.

zipiert.[105] Jedoch gehen die Jainas auf gesamtschweizerischer Ebene noch weiter. So fand an nationalen Treffen zusätzlich eine Abgrenzung zum Begriff ›Religion‹ statt.[106] Es stellt sich nun die Frage, weshalb sich die Schweizer Jainas vom Wort ›Religion‹ abgrenzen wollten und was sie unter ›Religion‹ oder ›Lebensstil‹ verstehen.

Den Begriff ›Religion‹ verwendeten die Schweizer Jainas in Verbindung mit (blindem Folgen von) Ritualen und starren Dogmen, dabei wurde ›Religion‹ sämtliche Reflexion abgesprochen, was auf regionaler Ebene nicht der Fall war.[107] Unter einem jainistischen Lebensstil wurden das Umsetzen jainistischer Prinzipien im Alltag, das Verstehen von jenen, bewusste Entscheidungen und moralisches Handeln verstanden.[108] So wurde die jainistische Lebensweise als reflektierte Haltung und bewusstes Agieren im Einklang mit religiösen Prinzipien definiert. Dies führte dazu, dass laut den Schweizer Jainas ein reflektiertes, jainistisches Handeln verdienstvoller als das unreflektierte Ausführen von Ritualen ist.[109] Der Jainismus wurde also aufgewertet, indem er vom Begriff ›Religion‹ abgegrenzt wurde.

Eine Marginalisierung von Ritualen war analog zum regionalen Aushandlungsprozess auch an nationalen Treffen ersichtlich, wobei auch im nationalen Kontext unter Ritualen hauptsächlich *pūjās* verstanden wurden, doch gehörte das Rezitieren des *namaskāra*-Mantras bspw. zum konstanten Ablauf der schweizweiten Treffen. In Zusammenhang mit Ritualen wurde zudem oft auf Indien verwiesen, da dort der Fokus auf dem (automatisierten) Ausführen von Ritualen liege, anstatt jainistische Inhalte zu reflektieren und im Alltag umzusetzen.[110] Die Etablierung eines Antagonismus von Religion

105 Vgl. dazu Kapitel 7.3.2. In diesem Zusammenhang kann auch das Zitat eines Schweizer Jainas »Jainism is just not a religion, but it's a way of living life« gesehen werden. GG 2012, 09.06.

106 Auch in der Google-Gruppe wurde oft in Zusammenhang mit dem Jainismus von einem »way of life« gesprochen. Vgl. dazu GG 2015, 15.11.

107 GG 2013, 06.02.; I1: 50; I5: 32; I7: 51; T3: 724 und T4: 225.

108 I1: 8f.; I4: 135; I6: 23-25; I7: 43, 51; I8: 56; I11: 62; I12: 42; T3: 21-23 und T4: 225.

109 GG 2011, 16.04.; GG 2013, 01.05.; GG 2015, 15.11; I1: 8; I4: 54, 135; I5: 91; I7: 35-51; I9: 4; I11: 62; I12: 44; T3: 21-27; T4: 195, 276 und T5: 381. Dies entspricht der von Shah (2014, 526) beschriebenen kataphatischen Haltung.

110 I7: 43; T2: 754 und T4: 276.

und einem (religiösen) Lebensstil ist keine Tendenz, die ausschließlich bei den Schweizer Jainas ersichtlich ist. So lässt sich Ähnliches auch für Hindus und Buddhisten in der Schweiz[111] oder gar als globale Entwicklung u. a. der beiden genannten Religionen aufzeigen.[112] Kind und Lauer (2014, 201) sprechen in ihrer Forschung über Schweizer Buddhisten der zweiten Generation bei dieser Tendenz von einer Intellektualisierung der eigenen Religiosität, die durch das Abstandnehmen von rituellen Handlungen bei gleichzeitiger Verlagerung zur philosophischen Weltanschauung gekennzeichnet ist.

Die im Rahmen der Gemeinschaftsbildung vonstattengegangene Fokusverschiebung vom Jainismus als Religion hin zu einem Lebensstil lässt sich auch anhand der besprochenen Themen an den nationalen Zusammenkünften erkennen. Das Vermitteln von theoretischem jainistischem Wissen stand bei den ersten schweizweiten Treffen noch im Vordergrund. So wurden bspw. Themen wie Karma, das Verbrennen von Karma oder die Bedeutung und der Ablauf des *pratikramaṇas* besprochen. Es ist ersichtlich, dass ab 2011 an gemeinsamen Treffen bei den Teilnehmenden eine Verschiebung der Interessen und damit auch der Themen stattfand. So lag der Fokus nun nicht mehr auf der theoretischen Auseinandersetzung mit der jainistischen Lehre, sondern auf der Umsetzung jener im Alltag. Neu wurden Diskussionen darüber geführt, wie eine jainistische Lebensführung aussehen sollte und welches Jaina-Werte sind, die man im Alltag umsetzen möchte. So wurde in der virtuellen Gruppe bspw. darüber diskutiert, ob man als Jaina verpflichtet sei, seine Organe zu spenden,[113] oder es wurde an Treffen besprochen, wie man durch eine jainistische Lebenshaltung zu einer besseren Person werden könne.[114]

An den Diskussionen im Rahmen der nationalen Treffen zeigt sich, dass ein Begriff unmittelbar mit einem jainistischen Lebensstil und den Lehren *Mahāvīras* verknüpft wurde, nämlich *ahiṃsā*. Wenn von *ahiṃsā* gesprochen wurde, dann wurden die folgenden drei Kon-

111 Vgl. dazu Beltz et al. (2004, 64) sowie Kind und Lauer (2014, 201).
112 Vgl. dazu Chakravarti (2001), Gariyali (2013) oder Ross Wilson (1981) und Gyatso (2012).
113 GG 2012, 09.06.; GG 2012, 10.06. und GG 2012, 11.06.
114 GG 2011, 16.04.; GG 2013, 01.05. und GG 2015, 15.11.

notationen dieses Konzepts unmittelbar betont: Vegetarismus, Umweltschutz und Gewaltlosigkeit.[115] Diese drei Aspekte sind keine ausschließlich jainistischen Anliegen, sondern globale Themen, da sie weltweit eine gewisse Akzeptanz und Unterstützung genießen. Dass es sich beim Vegetarismus um ein globales Phänomen handelt, ist bspw. an der »Veggie Pride« ersichtlich, einem internationalen Demonstrationsumzug von Menschen, die sich für einen vegetarischen Lebensstil einsetzen. An der Genfer »Veggie Pride« nahmen im Mai 2013 Schweizer Jainas teil, um sich für den Vegetarismus einzusetzen. Auch beim Umweltschutz handelt es sich um ein globales Anliegen, was sich beispielsweise an den Klimazielen 2050 zeigt. Umweltanliegen wurden von Schweizer Jainas bei mehreren Gelegenheiten besprochen. So wurde bspw. an *Mahāvīra Jayantī* im Jahr 2012[116] betont, dass ein jainistischer Lebensstil aufgrund der Lehren *Mahāvīras* und aufgrund von *ahiṃsā* umweltfreundlich und ökologisch sein müsse.[117] Dies beinhaltete auch den Appell, sich für den Umweltschutz einzusetzen. Auch die Gewaltlosigkeit, die laut den Schweizer Jainas durch die Sprache, Taten und Gedanken gelebt werden soll, ist ein globales Anliegen, was sich beispielsweise am internationalen Tag der Gewaltlosigkeit manifestiert.

Es kann zusammenfassend gesagt werden, dass der von der Schweizer Jaina-Gemeinschaft konzipierte strömungsübergreifende Jainismus als Lebensstil definiert wurde, weshalb eine Verschiebung vom Text-Studium hin zur Praxis stattfand. Auffallend war dabei, dass sich der Fokus weg von der Gemeinschaft (und dem gemeinschaftlichen Lernen) hin zum Individuum und dessen Umsetzung eines jainistischen Lebensstils verschob. Zusätzlich wurde *ahiṃsā* als das ausschlaggebende Element eines jainistischen Lebensstils etabliert, worunter universelle Anliegen wie Vegetarismus, Umweltschutz und Gewaltlosigkeit verstanden werden. Dies mündete in der Etablierung eines universellen Jainismus, der die genannten Aspekte um-

115 Gewaltlosigkeit: u. a. GG 2009, 27.02. und GG 2009, 11.7.; Vegetarismus: u. a. GG 2013, 20.7. und GG 2012, 28.05.; Umweltschutz: u. a. GG 2012, 5.5. und GG 2017, 27.07.

116 GG 2012, 5.5.; I1: 106-108 und I7: 35-51.

117 Dass eine Neuinterpretation der Lehren *Mahāvīras* aufgrund der aktuellen Umweltschutzdebatten stattfand, wurde bereits im Kapitel 3.2.3.2 besprochen.

fasst.[118] Dieser stellt die Grundlage der individuellen wie auch kollektiven Schweizer Jaina-Identität dar, wie im Folgenden dargelegt wird.

7.4.6.2 ›Jaina-Sein‹ – Kollektive Jaina-Identitäten

Folkert und Cort (1997, 364f.) schreiben, dass eine kollektive Jaina-Identität in der Diaspora nicht mehr auf der Identifikation mit einer spezifischen Strömung beruht. Diese Entwicklung ist auch in der Schweiz ersichtlich. So wurde bspw. bei der Benennung der nationalen Google-Gruppe ›Swiss Jains‹ keine Referenz auf eine bestimmte jainistische Strömung gemacht, sondern die Identifikation mit dem Jainismus als Ganzes in den Vordergrund gerückt. Dies lässt sich anhand der früher beschriebenen Aushandlungsprozesse auf nationaler Ebene nachvollziehen. Es ist zu beachten, dass die kollektive Jaina-Identität hauptsächlich an gemeinsamen Treffen oder im Austausch mit anderen (Religionen) zum Zuge kommt.[119] So wurden die Schweizer Jainas bspw. auch von außen als homogene (und strömungsfreie) Gruppe identifiziert, wenn sie als ›Swiss Jains‹ kontaktiert wurden.[120] Die kollektive Jaina-Identität basiert in der Schweiz aber nicht nur auf einem strömungsübergreifenden Element, sondern auch auf weiteren Aspekten des in der Schweiz etablierten universellen Jainismus.

Folkert und Cort (1997, 364f.) beobachteten, dass die neuen Pfeiler einer Jaina-Identität in der Diaspora oft die drei Grundlagen von *ahiṃsā* sind, nämlich Gewaltlosigkeit, Vegetarismus und ökologische Harmonie. Dies trifft auch auf die kollektive Identität der Schweizer Jainas zu, jedoch in anderer Reihenfolge und Ausprägung. Als Hauptaspekt einer kollektiven Schweizer Jaina-Identität kann der Ve-

118 Gemäß Johnson (2008) wird der Jainismus durch westliche Jainas aufgrund von *ahiṃsā* als universelle Religion definiert. Er kritisiert dabei aber, dass *ahiṃsā* nicht universell (durch alle Menschen) anwendbar sei, da dieses jainistische Gelübde nur von Asketen/innen in seiner ganzen Konsequenz gelebt werden kann.

119 Ansonsten steht die individuelle Identität im Vordergrund, welche sich von der kollektiven Identität unterscheiden kann.

120 Vgl. dazu nachfolgend Kapitel 7.4.7.

getarismus genannt werden,[121] gefolgt von ökologischen Anliegen und der Gewaltlosigkeit.[122] Laut der Schweizer Jaina-Gemeinschaft ist es nicht möglich, Jaina zu sein, ohne einen vegetarischen Lebensstil zu pflegen.[123] So war dies der einzige Aspekt, der an nationalen Treffen nie in Frage gestellt und immer vorausgesetzt wurde (bspw. bei den mitgebrachten Speisen). Die Identifikation mit dem Vegetarismus stellt also das zwingende Element einer kollektiven Schweizer Jaina-Identität dar. Dadurch wird eine Hierarchie zwischen den drei Aspekten getroffen, da die anderen beiden zwar ein Faktor der kollektiven Identität sind, aber nicht in derselben Ausprägung wie der Vegetarismus.

Durch die Identifikation mit globalen Anliegen, wie Vegetarismus, Umweltschutz oder Gewaltlosigkeit, an nationalen Treffen fand eine Identifizierung sowohl mit globalen als auch mit kulturellen (*ahiṃsā*) Identitätsmarkern statt, weshalb die kollektive Identität der Schweizer Jainas gemäß Welsch (2017, 17) als transkulturelle Identität definiert werden kann.

7.4.6.3 Individuelle Jaina-Identitäten

Laut Cohen (1985, 110) ist die Gemeinschaft der Kompass der individuellen Identität, wobei die individuelle Identität auch von der kollektiven Identität abweichen kann. Im Schweizer Kontext war beides sichtbar. Alle befragten Jainas waren sich einig, dass eine individuelle Jaina-Identität zwingend auf *ahiṃsā* beruhen muss.[124] Was unter *ahiṃsā* verstanden wird, kann zwar in Nuancen variieren, jedoch wird *ahiṃsā* immer mit Vegetarismus in Verbindung gebracht. Die überragende Bedeutung von *ahiṃsā* zeigt sich auch an anderer Stelle. So wird eine vegetarische Lebensweise meist als das ausschlaggeben-

121 GG 2010, 16.03.; GG 2010, 22.03.; I1: 10; I4: 63; I5: 32; I6: 27; I7: 35; I8: 24; I9: 12; I10: 33; I11: 35 und I12: 22.

122 GG 2012, 05.05.; I1: 106-108 und I7: 35-51.

123 Alle kontaktierten Jainas leben vegetarisch und äußerten sich auch zu diesem Punkt. Aufgrund der Reaktion von Takshil auf die Frage, ob er Vegetarier sei, könnte es aber sein, dass er eine Ausnahme darstellt und nicht vegetarisch lebt. Er bejahte die Frage, brach danach aber das Interview ab.

124 I1: 10, 46; I3: 116, 149; I4: 54, 139, 152; I8: 24, 50; I10: 51; I11: 15 und T5: 577.

de Element bei Heiratsentscheidungen oder der Kindererziehung genannt.[125] In einem zweiten Schritt wird *ahiṃsā* mit der Gewaltlosigkeit in Verbindung gebracht, sowohl im Sinne des Nicht-Tötens von Lebewesen (bspw. Käfern oder Mücken) als auch des Nicht-Verletzens durch Aussagen oder Handlungen. Nebst den gemeinsamen Aspekten gibt es aber auch trennende Faktoren, die der individuellen Identität zugrunde liegen.

Gestützt auf die erhobenen Daten können die Schweizer Jainas, welche am Gemeinschaftsbildungsprozess teilgenommen haben, in Bezug auf ihre individuellen Identitäten grob in zwei Gruppen eingeteilt werden:

(1) Eine Gruppe von Jainas, deren individuelle Identität auf dem expliziten Bezug zu einer Strömung basiert.[126]

(2) Jainas, bei denen die Zugehörigkeit zu einer religiösen Tradition keinen Aspekt ihrer individuellen Identität darstellt.

Dabei ist zu beachten, dass es sich um eine etische Einteilung der Gruppen handelt und es vereinzelt zu Vermischungen und Überschneidungen kommen kann.

(1) Eine Gruppe von Jainas, die am Gemeinschaftsbildungsprozess teilgenommen hat, fühlt sich klar einer spezifischen Strömung zugehörig und identifiziert sich in einem individuellen Kontext mit dieser. Diese Jainas nehmen in den Interviews und/oder in der Google-Gruppe explizit Bezug auf ihre Strömung und ihre Herkunft[127] und haben eine genaue Vorstellung davon, was in ihrer Tradition als korrekt gilt und was nicht. Dies spiegelt sich in ihrer Ausübung der Religion wider.[128] Sie führen zu Hause entsprechend ihrer Strömung Rituale durch, wie z. B. *pūjās* oder *āratīs* und besitzen aus diesem Grund einen Hausaltar.[129] In religiösen Belangen suchen

125 I4: 152-156; I8: 50 und I12: 42.
126 Vgl. dazu auch Abbildung 7.
127 Bspw. I3: 21, 151-153; I4: 81, 109-111, 122 und I8: 44.
128 Bspw. I3: 3, 21, 153-157; I4: 81, 92, 109, 148, 242; I5: 67 und I8: 44.
129 Bspw. I5: 1.

sie die direkte Verbindung zu Vertretern ihrer spezifischen Strömung, sei dies in Indien oder anderen Diaspora-Ländern. Dies kann durch Videokonferenzen mit Asketen/innen oder via Familienmitglieder geschehen.[130] Im Rahmen ihrer Religionsausübung spielt der Bezug zu Indien eine wichtigere Rolle als der Bezug zur schweizerischen Form des Jainismus.

In Heiratsfragen ist es ihnen wichtig, entweder eine/n Jaina derselben Strömung oder derselben kulturellen Herkunft (z. B. Maharashtra-Hindu) zu wählen, da beides elementare Aspekte ihrer individuellen Identität sind. Heiratspartner/Innen müssen zwingend vegetarisch leben. Bei dieser Gruppe sind Gender-Unterschiede in der individuellen Ausübung der Religion ersichtlich, so werden *pūjās* oft vom Hausherrn durchgeführt.[131] An regionalen oder schweizweiten Jaina-Treffen rücken diese Jainas die individuelle Identifikation mit einer spezifischen Strömung zugunsten einer universellen Jaina-Identität vorübergehend in den Hintergrund.

Die von Waardenburg (1990, 28) etablierten Optionen einer religiösen Identität lassen sich nur teilweise auf diese Gruppe übertragen. So besitzen diese Jainas zwar eine religiöse Jaina-Identität, was der religiösen Option Waardenburgs entsprechen würde, jedoch verneint er bei dieser Option die Bedeutung von kulturellen Aspekten innerhalb der Identität. Dies passt nicht zu dieser Gruppe, da ihre (kulturelle) Herkunft einen grundlegenden Aspekt ihrer individuellen Identität darstellt. Die Beschreibung von Vertovec (2009, 155) passt in diesem Zusammenhang besser, wenn er davon spricht, dass in der Diaspora der Bezug zu Subströmungen intakt bleiben könne. Dies trifft auf die individuelle Identität dieser Jainas zu. Die Aussage Vertovecs, der enge Bezug zu religiösen Subströmungen führe in der Konsequenz zur Segmentierung von Gemeinschaften, lässt sich im Schweizer Kontext aber nicht aufrechterhalten, da an nationalen Treffen jeweils die indivi-

130 Bspw. I1: 50; I4: 81, 124, 189; I5: 118 und I12: 28.
131 I5: 1, 78.

duelle Identität zugunsten der kollektiven universellen Identität in den Hintergrund gerückt wird. Ihr Glaube kann auch nicht den von Banks (1992, 196–217) etablierten Kategorien zugeteilt werden. So verfügen sie, aufgrund der Identifikation mit einer bestimmten asketischen Linie und der Durchführung von *pūjās*, am ehesten über einen orthodoxen Glauben. Jedoch haben sie aufgrund der äußeren Umstände gar nicht die Möglichkeit, täglich einen Tempel zu besuchen, genauso wie sie sich nicht strikt an Essensregeln halten und Rituale durchaus hinterfragen.

(2) Für eine andere Gruppe von Jainas, die am Gemeinschaftsbildungsprozess teilgenommen hat, stellt die Zugehörigkeit zu einer bestimmten Strömung keine Relevanz für ihre individuelle Identität dar. Diese Jainas beziehen sich weder in Gesprächen noch im Alltag auf ihre spezifische religiöse Tradition. Einige Jainas dieser Gruppe können ihre Strömung zwar noch (grob) benennen, anderen gelingt dies nicht. Letztere kennen oft die Unterschiede der verschiedenen Strömungen nicht.[132]

Diese Gruppe von Jainas identifiziert sich mit ›dem Jainismus‹, einer strömungsübergreifenden Lebensweise, die auf Aspekten wie Vegetarismus, Umweltschutz und Gewaltlosigkeit beruht[133]. Sie betonen dabei die »wissenschaftlichen« und »rationalen Aspekte« des Jainismus. Rituale, worunter sie *pūjās* verstehen, lehnen sie als irrelevant ab, wobei einige von ihnen auch nicht über das nötige Wissen verfügen, um diese durchführen zu können. Sie können sich aber durchaus für Yoga oder Meditation interessieren und diese Praktiken in ihren Alltag integrieren.[134] Des Weiteren leben sie den Jainismus in Form einer moralischen Lebenshaltung.[135] So fühlen sie sich verpflichtet, bestimmte Inhalte des Jainismus (bspw.

132 Bspw. I6: 71; I4: 189 und T4: 913.
133 Bspw. I2: 33; I4: 54; I7: 35; I10: 53; I12: 28, 32 und T4: 53, 647.
134 Bspw. I1: 94 und I7: 47.
135 Bspw. I1: 46; I2: 31-33; I4: 165-167 und I8: 50.

Vegetarismus, Umweltschutz oder Gewaltlosigkeit) im Alltag umzusetzen. Bei dieser Gruppe sind keine Gender-Unterschiede in der individuellen Ausübung der Religion ersichtlich. Wenn sie bei Gelegenheit religiöse Spezialisten/innen aufsuchen, dann spielt deren Zugehörigkeit zu einer spezifischen Strömung keine Rolle und sie sprechen allen Gurus dieselbe Autorität zu. Ihre individuelle Identität basiert auf einer universellen Jaina-Identität, und zwar nicht nur im Rahmen von nationalen Treffen, sondern auch in ihrem Alltag. Es lässt sich sagen, dass sie die an nationalen Treffen etablierte universelle Jaina-Identität verinnerlicht haben und ihre individuelle Identität mit der kollektiven Identität äquivalent ist.

Die Jainas dieser Gruppe haben die von Waardenburg (1990, 28) beschriebene Verhaltensoption übernommen, da das moralische Verhalten die ausschlaggebende Komponente ihrer individuellen Identität darstellt. Sie fühlen sich als Jainas, indem sie einen »jainistischen Lebensstil« führen und aus diesem Grund bspw. vegetarisch leben. Die von Waardenburg etablierte Verhaltensoption enthält aber auch die Möglichkeit, die individuelle Identität durch Rituale auszudrücken. Dieser Aspekt trifft nur teilweise auf diese Jaina-Gruppe zu, da sie bestimmte Rituale (*pūjās*) zugunsten eines philosophischen Jainismus ablehnen, andere (wie z. B. Yoga-Praktiken) aber durchführen. Keine der von Vertovec (2009, 155) etablierten Kategorien hinsichtlich der Identifikation mit einer Strömung passt zur dieser Jaina-Gruppe, obwohl Aspekte der Universalisierung, Homogenisierung und Ökumene durchaus vorkommen. Laut Vertovecs (2009, 155) Definition beinhaltet die Universalisierung, dass eine spezifische Strömung ausgeweitet und allumfassend wird. Im Schweizer Kontext wurde aber nicht eine Strömung verallgemeinert, sondern eine Art neue Religion etabliert, die Aspekte aus unterschiedlichen Traditionen beinhaltet und verdichtet, weshalb dieses Konzept nicht passt. Obwohl teilweise eine Art Homogenisierung der unterschiedlichen Traditionen stattgefunden hat, greift auch dieses Konzept zu kurz, da an gemeinsamen

Treffen der Schweizer Jainas unterschiedliche Praktiken nebeneinander existieren können.[136] Bei ihnen findet auch keine Ökumene unter einem Dachverband statt, da es keinen Dachverband und keine Dachorganisation gibt, welche die einzelnen Strömungen umfasst. Vielmehr wird die individuelle Identität von der Zugehörigkeit zu einer Strömung losgelöst und durch die Schaffung eines strömungsübergreifenden Jainismus, der auf universellen moralischen Verhaltensnormen basiert, ersetzt. Auch die von Banks (1992, 196–217) etablierten Kategorien des Glaubens passen nur beschränkt auf die individuelle Identität dieser Gruppe. Sie fokussieren sich zwar auf die »wissenschaftlichen« und »rationalen Aspekte« des Jainismus und verfügen über eine strömungsübergreifende Identität, was zur Neo-Orthodoxie passen würde. Jedoch nehmen sie auf keine Konversionserlebnisse Bezug, sind nur teilweise anti-ritualistisch, da sie Praktiken wie Yoga oder Meditationen durchführen (wobei diese aus ihrer Sicht ja keine Rituale sind), und beschreiben Jaina-Asketen/innen nicht als engstirnig und auf Rituale fixiert.[137]

Nebst den beiden beschriebenen Gruppen gibt es noch zwei weitere. Dabei handelt es sich um Jainas, die nicht Teil des Gemeinschaftsbildungsprozesses waren:

(3) Eine Gruppe von Jainas wollte aus einer bewussten Entscheidung heraus nicht am Gemeinschaftsbildungsprozess teilnehmen.

(4) Eine andere Gruppe, welche nach dem Jahr 2016 in die Schweiz eingereist ist, konnte nicht mehr am Prozess teilnehmen.[138]

136 Dies ist u. a. am Beispiel des gemeinsamen Rezitierens des *namaskāra*-Mantras ersichtlich. Vgl. dazu Kapitel 7.4.6.

137 I5: 90, 160; I7: 35-39; I8: 28; T1: 302-330; T4: 881-888 und T5: 383-409, 467.

138 Seit 2016 wurden bis auf den Besuch der *Samaṇīs* keine gemeinsamen Treffen mehr durchgeführt.

Beide Gruppen unterscheiden sich hinsichtlich ihrer individuellen Jaina-Identität:

(3) Es gibt Jainas, die vor 2016 in die Schweiz eingereist sind und sich bewusst gegen die Teilnahme am Gemeinschaftsbildungsprozess entschieden haben. Sie wurden zwar von der Swiss Jain-Gruppe angeschrieben, reagierten jedoch nur ganz vereinzelt auf Informationen oder nahmen höchstens einmal an einer Veranstaltung teil. Sie identifizieren sich dennoch mit dem Jainismus und leben aufgrund ihrer Religion vegetarisch, jedoch betonen sie die Bedeutung eines säkularen Lebens.[139] Religiöse Praktiken spielen in ihrem Alltag keine elementare Rolle, auch wenn sie sporadisch meditieren oder aufgrund äußerer Umständen *pūjās* beiwohnen. Der Jainismus ist also Teil ihrer individuellen Identität, jedoch äußert sich dies hauptsächlich im vegetarischen Lebenswandel. In Heiratsangelegenheiten spielt es für sie keine Rolle, ob der/die zukünftige Partner/in Jaina ist oder nicht, wobei grundsätzlich eine leichte Präferenz für Jainas festzustellen ist. Das Führen einer fleischlosen Lebensweise ist bei der Partnersuche keine zwingende Voraussetzung, aber erwünscht. Ihnen selbst ist es jedoch wichtig, weiterhin ein vegetarisches Leben zu führen.

Mit Waardenburgs (1990, 27–29) Kategorien gesprochen, haben diese Jainas grundsätzlich eine säkulare Identität übernommen, jedoch halten sie an der vegetarischen Ernährung fest, was sie u. a. religiös begründen. Mit den von Vertovec (2009, 155) beschriebenen Kategorien lässt sich diese Gruppe nicht beschreiben, da sie sämtliche Bezüge zu spezifischen religiösen Strömungen gelöst hat.

(4) Einige Jainas migrierten nach 2016 in die Schweiz, wobei das Jahr 2016 einen Wendepunkt im schweizerischen Gemeinschaftsbildungsprozess markiert, da nach 2016 keine gemeinsamen schweizweiten Treffen mehr stattgefunden haben. Aus

139 Bspw. I6: 25, 27 und I9: 12, 78.

diesem Grund hatten diese Jainas nicht die Möglichkeit, am Gemeinschaftsbildungsprozess teilzunehmen. Anhand der Interviews mit Dharin und Munir konnten folgende Unterschiede in Bezug auf die individuelle Identität eruiert werden:[140]

a. Munir identifiziert sich mit einer spezifischen Strömung und seine individuelle Identität basiert auf dieser. Er führt selbständig Rituale (*pūjās*) im privaten Rahmen durch und steht mit Vertreter/innen seiner Religion in Indien und anderen (Diaspora-)Ländern in Kontakt. Er ist mit einer Jaina derselben Strömung verheiratet. Seine individuelle Identität weist eine große Überschneidung mit derjenigen der Gruppe (1) an Jainas auf, welche am Gemeinschaftsbildungsprozess teilgenommen haben, jedoch unterscheidet er sich in der Migrations- und Integrationsphase: Er befindet sich in einer ersten Phase (›Ankunft und Sich-Zurechtfinden‹), in der er sich hauptsächlich auf seine berufliche Tätigkeit konzentriert. Er befürchtet, unbewusst Eier oder Alkohol zu konsumieren, weshalb er sämtliche Essens- und Trinkenseinladungen ablehnt, sofern dies seine berufliche Tätigkeit nicht erfordert.[141] Es wird sich in Zukunft zeigen, inwiefern seine individuelle Identität als Jaina durch das Leben in der Schweiz beeinflusst wird.

b. Dharin ist sich seiner Strömung zwar bewusst, erachtet diese aber als nicht relevant. Für ihn ist der persönliche Bezug zu einer spezifischen Strömung kein Aspekt seiner individuellen Identität, obwohl er sich als Jaina definiert. Er identifiziert sich vielmehr mit einem strömungsübergreifenden Jainismus und betont dabei Aspekte wie Ve-

140 Da der Fokus dieser Forschungsarbeit auf Jainas lag, welche am Gemeinschaftsbildungsprozess teilnahmen, handelt es sich bei diesen Kategorien um Tendenzen, die in einer zukünftigen Forschungsarbeit noch vertiefter untersucht werden müssten.

141 Bspw. I5: 56, 76, 114-117 und I10: 9, 35.

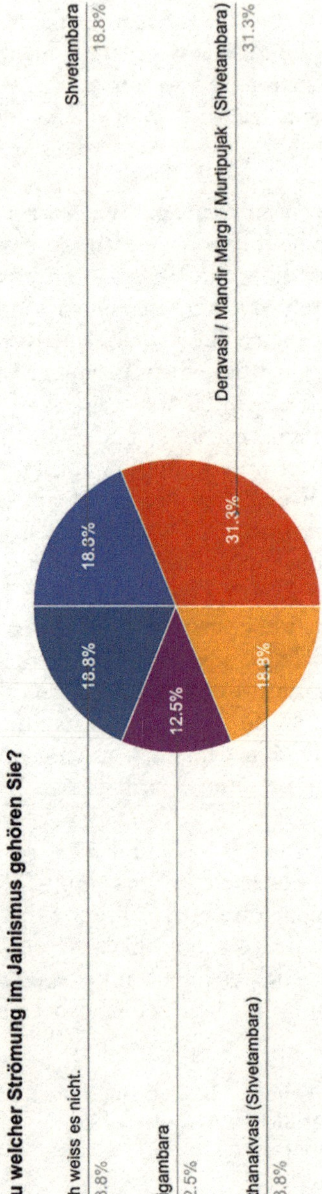

Abbildung 7: Zugehörigkeit zu einer Strömung – Selbstbeschreibung

> getarismus. Bei ihm handelt es sich um einen ›Expatriate‹, der sich als Weltbürger sieht und je nach Jobangebot migriert.[142] Er ist mit einer Jaina derselben Strömung verheiratet. In Bezug auf seine individuelle Identität lässt er sich teilweise mit der Gruppe (2) der Jainas, die am Gemeinschaftsbildungsprozess teilgenommen haben, vergleichen. Er hat einen anderen Bezug zu Ritualen und *pūjās* im Speziellen, da er *pūjās* nicht grundsätzlich ablehnt und er diese im familiären Kontext regelmäßig durchführt.

Die individuelle(n) Jaina-Identität(en), welche durch den nationalen Gemeinschaftsbildungsprozess geprägt ist/sind, haben einen Einfluss auf die Marginalisierung der Schweizer Jaina-Gemeinschaft.[143]

7.4.6.4 Individualisierung der Religionsausübung in Bezug auf die individuellen Identitäten

Bei allen befragten Jainas fanden Aushandlungsprozesse nicht nur auf kollektiver, sondern auch auf individueller Ebene darüber statt, was der Jainismus ist und wie diese Religion in der Schweiz gelebt werden soll. Auf individueller Ebene führte dies zu einer Individualisierung der Religion, was bspw. an Munirs Aussage ersichtlich ist (I10: 13):

> »B14: Um, normally Jainism says not to eat anything underground, right? But for me::, I do eat, (unverständlich) onions. But once a year we have this, umm, festival, *Paryuṣaṇ[a]*, you know, right? It just went last month, right? So, I follow both. *Śvetāmbar[a]* and *Digambar[a]*, both. So, for those eighteen days, ensure that I ate authentic Jain food. (I: mhm) No eating in the night. So, that, eighteen to twenty days, me and my wife, my kids, we ensure that at least within that year, for those twenty days, we follow Jainism, (I: mhm) strictly. (I: mhm) So, and also like, um, two days in fourth night, which is the eighth and the fourteenth day of the moon (I: mh) try to stick to the Jain food.«

142 Bspw. I11: 56.
143 Vgl. dazu Kapitel 7.5.2.

Munir hält an speziellen Tagen, wie *Paryuṣaṇa*, (im Gegensatz zum restlichen Jahr) die jainistischen Regeln strikt ein. Die Tendenz, für eine zeitlich begrenzte Phase (meist *Paryuṣaṇa*) den Jainismus regelgetreu zu leben, zeigt sich auch bei anderen Schweizer Jainas[144] und entspricht der von Shah (2014, 526) beschriebenen Situation junger Jainas in Großbritannien und den USA. So findet bei einer Mehrheit der Schweizer Jainas zu bestimmten Zeitpunkten des Jahres für eine gewisse Zeit eine Re-Traditionalisierung statt. Im Alltag aber verzichten sie auf eine strenge Einhaltung der Regeln. An Munirs Aussagen ist zudem ersichtlich, dass eine solche individualisierte Form des Jainismus auch eine Mischung verschiedener Strömungen beinhalten kann. Er versucht nicht nur die zehn Tage von *Daśalakṣaṇa* einzuhalten, was seiner Strömung entsprechen würde, sondern er beginnt bereits acht Tage früher, während des *Śvetāmbara*-Fests *Paryuṣaṇa*. So kann er über achtzehn Tage dem Jainismus »strikt« folgen, wie er es nennt. Es ist auffällig, dass eine Mehrheit der Schweizer Jainas *Paryuṣaṇa/Daśalakṣaṇa* zum Anlass nimmt, sich vertiefter mit dem Jainismus zu befassen, sei dies durch Fasten, das Einhalten von Essensregeln oder das Text-Studium.

Die Individualisierung des Jainismus ist aber nicht nur am Beispiel von *Paryuṣaṇa/Daśalakṣaṇa* ersichtlich. So wird oft erwähnt, dass durch die Diaspora-Situation gezwungenermaßen Adaptionen gemacht werden müssten. So hält keiner der befragten Jainas die Regel ein, nicht nach Sonnenuntergang zu essen. Gemäß ihren Ausführungen ist dies einerseits aufgrund ihrer Arbeitstätigkeiten nicht umsetzbar und andererseits in der heutigen Zeit auch nicht mehr erforderlich: Sie führten aus, dass diese Regel auf zwei Anliegen beruhe, nämlich in der Dunkelheit nicht unwissentlich Mikroorganismen zu töten und dem Körper Zeit zum Verdauen zu geben. Da man heutzutage über elektrisches Licht verfüge, sei jederzeit sichergestellt, dass keine Kleinstlebewesen während des Abendessens getötet werden. Des Weiteren halte man diese Regel auch ein, wenn man sich nicht unmittelbar nach dem Essen schlafen lege.[145] Dassel-

144 U. a. I1: 14-16; I5: 86; I7: 51; I10: 89 und I12: 16.

145 U. a. I7: 41; I8: 28 und T2: 725. Es zeigt sich hier zudem, dass das, was unter ›Wissenschaft‹ verstanden wird, meist nicht mit einer europäischen Auffassung davon übereinstimmt.

be Erklärungsmuster zeigt sich am folgenden Beispiel: So halten die interviewten Jainas die Regel, während *Paryuṣaṇa* nur getrocknete Hülsenfrüchte zu essen, oft nicht ein, da in der Schweiz keine Monsunzeit ist. Frisches Gemüse sei während *Paryuṣaṇa* in Indien aufgrund der Monsunzeit mit Mikroorganismen behaftet und deshalb verboten, was aber nicht auf die Schweiz zutreffe.[146] Bei einer Mehrheit der befragten Jainas (sowohl der Gruppe (1) als auch (2)) herrscht die Überzeugung, dass jede jainistische Regel auf einem rationalen und wissenschaftlichen Grund beruhe und man deshalb die Regeln anpassen könne, wenn die Gründe durch geänderte Umstände wegfallen. Dies begünstigt die Individualisierung des Jainismus.[147]

7.4.6.5 Strategien des Wissenserwerbs in der Diaspora

Als Hauptziele der nationalen Treffen wurden, wie bereits ausgeführt, folgende drei Punkte genannt: das Wissen über den Jainismus zu vertiefen, den Kindern den Jainismus zu vermitteln und religiöse Feiertage gemeinsam zu begehen. Bei der vertieften Auseinandersetzung mit religiösen Inhalten geht es darum, einen Wissensgewinn und -transfer zu generieren. Aufgrund der Diaspora-Situation sind aber keine religiösen Spezialisten/innen, die für die Wissensvermittlung elementar und unabdingbar sind, permanent in der Schweiz anwesend. So haben die Schweizer Jainas nach neuen Wegen der Wissensvermittlung gesucht. Es zeigt sich, dass im Rahmen der nationalen Treffen vier Strategien angewendet werden, um trotz der erschwerten Situation einen Wissensaustausch und -transfer zu generieren:

1. Religiöse Laien vermitteln anderen Laien Wissen, wenn keine religiösen Spezialisten/innen oder Gastreferierende anwesend sind. Dabei bereiten sie sich im Vorhinein auf ein bestimmtes Thema vor, das sie an am gemeinsamen Treffen präsentieren. Ergeben sich durch die Präsentationen an den Veranstaltungen Fragen, so werden Websites wie Wikipedia konsultiert oder

146 U. a. I5: 58 und I7: 51.

147 U. a. I5: 90; I7: 35, 120-122; I11: 64, 98; T1: 304; T4: 885 und T5: 383, 409.

im Nachhinein Personen mit mutmaßlicher Fachkunde angeschrieben.

2. Informationen über die jainistische Lehre werden in der Google-Gruppe ausgetauscht, wobei Informationen unterschiedlicher Quellen (z. B. von JAINA, JVB, der *Śrīmad Rājacandra*-Bewegung etc.) geteilt werden.[148]

3. Die in der Schweiz lebenden Jainas suchen den Kontakt zu Personen, welche ihnen den Jainismus vertiefter darlegen können. So werden zu nationalen Treffen sowohl religiöse Spezialisten/innen (*Samaṇīs*) als auch Gastreferierende eingeladen. Die *Samaṇīs* führten anlässlich von sechs Reisen religiöse Unterweisungen in der Schweiz durch. Bei zwei Gelegenheiten wurden Gastreferierende eingeladen. Einmal wurde ein Gespräch mit einem *sādhu* per Internet-Telefonie (Skype) geführt.[149]

4. Jainas suchen auf individueller Basis den religiösen Austausch mit Verwandten in Indien oder wenden sich mittels neuer Medien wie Skype, WhatsApp und Facebook sporadisch an religiöse Spezialisten/innen.

Bei gemeinsamen Treffen in der Schweiz übernehmen also Laien die Rolle von religiösen Spezialisten/innen und vermitteln Wissen über den Jainismus. Dadurch ist der Wissenstransfer nicht mehr anerkannten Autoritäten vorbehalten, welche über eine fundierte Ausbildung verfügen. Des Weiteren gibt es dadurch keine Kontrolle, welche Art von Wissen weitervermittelt wird. Es fällt auf, dass den einzelnen Laien beim Vortragen von Inhalten (bis auf Himal) dieselbe Autorität zugesprochen wird und dass somit alle einen Beitrag entsprechend ihren Fähigkeiten leisten können. So werden von verschiedenen Jainas unterschiedlichen Alters und verschiedener Strömungen *ślokas* vorgetragen, Quiz vorbereitet, Geschichten erzählt oder Referate gehalten.

Es ist ersichtlich, dass Informationen und religiöse Inhalte, welche an den nationalen Treffen und in der Google-Gruppe wei-

148 Vgl. dazu Kapitel 6.3.4.

149 GG 2012, 28.05. Es fand ein Gespräch mit *śrī* Uday Muniji Maharaj statt.

tergegeben und rezipiert werden,[150] aus unterschiedlichen Jaina-Traditionen stammen und von Jainas verschiedener Strömungen weitergeleitet werden. Dabei werden einerseits Inhalte geteilt, die Ansichten einer bestimmen Jaina-Tradition vermitteln, und andererseits Informationen von Gruppen weiterverbreitet, die einen strömungsübergreifenden Jainismus postulieren. So werden in der Google-Gruppe die Meinungen spezifischer Strömungen vermittelt, wenn bspw. eine *prekṣā*-Meditationsanleitung (*Terāpanthī*), der Ablauf von *Daśalakṣaṇa parvan* (*Digambara*) oder ein Text über die Bedeutung der *prāṇapratiṣṭhā*-Zeremonie in der *Śvetāmbara*-Tradition geteilt werden. Auffallend ist dabei, dass die Inhalte der einzelnen Beiträge zwar in unterschiedlichen Traditionen stehen, sie aber, ohne Unterschiede zu machen und ohne Verweis auf die entsprechende Strömung, gleichwertig in der Google-Gruppe verbreitet werden. Dabei kommt es vor, dass eine *Terāpanthī*-Jaina Informationen über *Daśalakṣaṇa parvan* weiterleitet oder ein *Digambara*-Jaina Veranstaltungen der *Śrīmad Rājacandra*-Bewegung teilt. So entsteht in Anlehnung an Wilkes (2003) Traditionenverdichtung zusätzlich eine Art Informationsverdichtung. Es ist davon auszugehen, dass nicht allen Schweizer Jainas die Heterogenität der von ihnen geteilten und konsumierten Beiträge bewusst ist, da einige von ihnen die Unterschiede zwischen den Strömungen nicht kennen (und sich ihrer eigenen Strömung nicht bewusst sind).[151]

Es werden in der Google-Gruppe aber auch Texte von JAINA oder dem Institute of Jainology versandt, die die Überwindung der einzelnen Strömungen explizit postulieren. Diese Entwicklung zeigt sich auch im Rahmen der eingeladenen Gastreferierenden, welche dem Institute of Jainology angehören. Sie führten an *Mahāvīra Jayantī* im Jahr 2016 aus, dass man die unterschiedlichen Strömungen vernachlässigen könne, denn das Zentrale sei die Lehre von *Mahāvīra*. Dies stand aber im Widerspruch zur Rezitation des *namaskāra*-Mantras durch die Gastreferierenden, da sämtliche Strophen vorgetragen wurden, ganz im Sinne der *Śvetāmbara*-Tradition. Es stellte sich die Frage, inwiefern sich die Gastreferierenden dieses

150 Dass Jainas die Inhalte jeweils rezipierten, zeigt sich in den Interviews, da immer wieder Bezug auf geteilte Beiträge genommen wurde.

151 I1: 50; I3: 151 und T3: 614. Vgl. dazu auch Kapitel 7.4.6.3.

Widerspruchs bewusst waren, da es sich bei ihnen auch um Laien handelt. Bei den anwesenden Jainas führte dies jedenfalls nicht zu wahrnehmbaren Irritationen.

7.4.7 Intervenierende Bedingungen – Verschiedene Autoritäten

Während der beschriebenen Phasen des Gemeinschaftsbildungsprozesses zeigte sich, dass es unter den Jainas auf sowohl regionaler als auch schweizweiter Ebene verschiedene Autoritäten gibt. Dabei fallen hauptsächlich Himal und Marudevi auf. Sie gehören zu den aktivsten Mitgliedern der Jaina-Gruppe, was sich auch an der Anzahl der von ihnen veröffentlichten Online-Beiträge aufzeigen lässt.[152] Die beiden dominieren den Diskurs der Schweizer Jainas in dem Sinne, als dass sie Informationen für Schweizer Jainas bereitstellen.

Himal wird von den Schweizer Jainas auch »wise man of the village«[153] oder einfach »Onkel« genannt, ohne dass verwandtschaftliche Beziehungen bestehen. Zudem wird er als die religiöseste Person der Schweizer Jainas beschrieben,[154] was seine besondere Stellung verdeutlicht. Er fungiert oft als Verbindungsglied, sei dies, weil er in Kontakt mit den *Samaṇīs* steht oder weil er von Jainas, die der Gruppe beitreten wollten, angeschrieben wird. In den Interviews, welche bei ihm zu Hause geführt wurden, erwähnten zwei Interviewpartner/innen, dass Himal die Autorität habe, Jainas zu mobilisieren.[155] Auffallend ist zudem, dass *Paryuṣaṇa* ausschließlich bei ihm zu Hause gefeiert wird. Seinen Einfluss auf die Jaina-Gemeinschaft sieht man daran, dass er an nationalen Treffen oft Vorträge hält oder dass seine Meinung oft als maßgebend angesehen wird. So wurde bspw. im August 2012 in der Online-Gruppe darüber diskutiert, ob die Daten der Feiertage der unterschiedlichen Strömungen angegeben werden müssen oder ob es genüge, wenn man diejenigen der *Śvetāmbara*-Tradition veröffentlicht.[156] Nachdem sich drei

152 Vgl. Tabelle 3.
153 I1: 6.
154 I1: 6 und I2: 11.
155 I2: 7 und I4: 230.
156 GG 2012, 01.08.

Jainas mit unterschiedlichen Meinungen dazu geäußert hatten, meldete sich Himal. Er ging dabei nicht auf die eigentliche Diskussion ein, sondern erläuterte, dass in der Schweiz ein gemeinsames Treffen an *Paryuṣaṇa* stattfinden solle (und nicht mehrere), und kommunizierte das Datum. Das von ihm veröffentlichte Datum entsprach der *Śvetāmbara*-Tradition, jedoch war damit die Diskussion beendet. Himal ist es also, der (meist) über das letzte Wort verfügt. An diesem Beispiel ist zudem ersichtlich, dass sich durch Himal eine Strömung, nämlich die der *Śvetāmbaras* (und insbesondere die *Terāpanthīs)*, mit der Bestimmung des Datums durchsetzen konnte.[157]

Nur ein einziges Mal wurde Himals Vorschlag nicht gefolgt: Die *Pāṭhśālā*-Gruppe beschloss im Juli 2008 an einem Treffen, an dem Himal nicht teilnehmen konnte, das Datum für die nächste Zusammenkunft. Himal bat via Google-Gruppe darum, das Datum zu verschieben, da es auf *Paryuṣaṇa* falle und er während dieser acht Tage am Abend *pratikramaṇa* praktiziere. Sein alternatives Datum wurde von der Gruppe abgelehnt und man traf sich ausnahmsweise ohne ihn.[158]

Innerhalb der Schweizer Jaina-Gemeinschaft nimmt (nebst Himal) Marudevi eine besondere Stellung ein, da sie als Moderatorin der (Online-)Gruppe die gemeinsamen Treffen koordiniert. An einem der ersten gemeinsamen Treffen wurde sie durch die *Pāṭhśālā*-Gruppe zur Moderatorin gewählt. Diese Rolle übernahm sie auch auf nationaler Ebene, da sie oft die Treffen initiierte. Dies bedeutet nicht, dass sie sämtliche Zusammenkünfte organisiert und durchgeführt hat, oft waren es weitere Jainas wie Vaishali und Sangar, die diesen Teil übernommen haben. Marudevi oblag vielmehr die Aufgabe, die Schweizer Jainas anzuschreiben und zu informieren. Obwohl zu Beginn ausschließlich Himal den Kontakt mit dem *Samaṇīs* pflegte, war es ab 2011 Marudevi, die diese Rolle übernahm (und direkt mit den *Samaṇīs* kommunizierte).[159] Wenn Himal im Ausland weilte, leitete er jeweils die Anfragen direkt an Marudevi weiter. Sie

157 Nicht alle *Śvetāmbara*-Strömungen feiern *Paryuṣaṇa* zur selben Zeit, die *Sthānakavāsī* beginnen bspw. erst einen Tag später als die anderen *Śvetāmbara*-Traditionen.

158 GG 2008, 17.08 und GG 2008, 18.08.

159 GG 2011, 05.05.; GG 2011, 01.11. und GG 2013, 17.03.

zog 2016 aus der Schweiz weg, weshalb Himal nach einer neuen Koordinatorin suchte und Jainas via Google-Gruppe mit diesem Anliegen anschrieb.

Obwohl Himal und Marudevi eine besondere Stellung innerhalb der Schweizer Jaina-Gemeinschaft eingenommen haben, bedeutet dies nicht, dass sie im Rahmen des Aushandlungsprozesses immer die entscheidenden Beschlüsse trafen. Dies ist vielmehr im Kollektiv durch Rückmeldungen erfolgt. So wurde bspw. Marudevis Entschluss, dass keine Gerichte mit Wurzelgemüsen zum ersten nationalen Treffen mitgebracht werden dürfen, aufgrund der Rückmeldungen revidiert.[160] Die Gemeinschaft als Ganzes konnte also Einfluss auf die Entscheidungen nehmen, auch entgegen vorgefasster Meinungen von Himal und Marudevi.

Es ist auffällig, dass abgesehen von den punktuellen Einflüssen der *Samaṇīs* (und den *Terāpanthīs*) keine Strömung im Rahmen des Gemeinschaftsbildungsprozesses überwog oder intervenierend wirkte. Dies kann mit der ausgeglichenen Anzahl an Jainas verschiedener Traditionen begründet werden und auf die kollektive Jaina-Identität sowie auf das fehlende Wissen bzgl. strömungsspezifischer Unterschiede zurückgeführt werden.

7.4.8 Transnationale Beziehungen der Schweizer Jainas

Transnationale Beziehungen der Schweizer Jainas zeigen sich in allen beschriebenen Phasen des Gemeinschaftsbildungsprozesses sowohl auf individueller als auch auf gemeinschaftlicher (regionaler und nationaler) Ebene. In einem individuellen Kontext sind transnationale Verbindungen zu Verwandten, Freunden und Familienangehörigen sowohl in Indien als auch in anderen Diaspora-Ländern ersichtlich. Solche Kontakte werden durch neue Medien aufrechterhalten, genauso wie durch regelmäßige Besuche. So reisen in der Schweiz lebende Jainas oft mehrmals pro Jahr nach Indien.

Individuelle transnationale Verbindungen zeigen sich auch bei Hochzeiten. So sind Marudevi, Vaishali, Bindu, Aleika, Chiti und Miti aufgrund ihrer Heirat in die Schweiz eingereist, wo ihre Män-

160 GG 2010, 16.03.

ner bereits (seit mehreren Jahren) lebten.[161] Es ist davon auszugehen, dass es sich bei solchen Verbindungen oft um arrangierte Ehen handelt. Mukti erwähnt in einem anderen Zusammenhang im Interview, dass ihr Sohn, der in der Schweiz aufgewachsen und zur Schule gegangen ist, im letzten Jahr eine indische Frau geheiratet habe, die daraufhin in die Schweiz eingereist sei. Es zeigt sich also, dass es auch in der Schweiz aufgewachsene Jainas gibt, die auf diesem Weg eine/n Ehepartner/in kennenlernen. So bietet bspw. der nordamerikanische Dachverband JAINA einen Online-Service an, um Hochzeitspartner/innen zu finden.

Weitere transnationale Verbindungen zeigen sich auch in religiösen Belangen. So gibt es Jainas, welche im Austausch mit ihren Familien stehen, um u. a. bei religiösen Fragen Antworten zu erhalten oder um die Inhalte der täglichen Unterweisungen im Tempel zusammengefasst vermittelt zu bekommen. Sporadisch werden auch Anrufe an religiöse Asketen/innen getätigt, um so in direktem Kontakt mit religiösen Lehrern/innen stehen zu können. Es werden zudem die *Samaṇīs* in London besucht, um religiöse Unterweisungen zu erhalten. Des Weiteren gibt es eine Jaina, die am nationalen Kongress von JAINA in Nordamerika und an *prekṣā*-Meditations-Camps des *Terāpanthī*-Ordens in Indien teilgenommen hat. Auch finanziell werden religiöse Anliegen von Einzelpersonen unterstützt. So finanzierte z. B. Chetak mit seiner Frau aus Anlass der Geburt ihrer gemeinsamen Tochter die englische Übersetzung eines religiösen Kinderbuchs in Indien.

Auch auf gesellschaftlicher Ebene lassen sich zahlreiche transnationale Verbindungen finden. In der Google-Gruppe ›Swiss Jains‹ werden Informationen von unterschiedlichen jainistischen Gruppen und Institutionen geteilt, weitergeleitet und rezipiert.[162] So werden u. a. Informationen und Lehrmittel von JAINA, Veranstaltungshinweise des JVB in London und Neuigkeiten von der indischen Website jainnews.in geteilt. Anhand dieses Informationsaustausches zeigt

161 Shanti und Daya sind in der Schweiz aufgewachsen und nicht verheiratet, Harjot war bereits mit Himal verheiratet, als sie in die Schweiz einreisten, Arushi ist nicht verheiratet und Rekha äußert sich nicht dazu, wie sie ihren Mann kennengelernt hat.

162 Vgl. dazu auch Kapitel 6.3.4.

sich, dass von der ›Swiss Jains‹-Gruppe sowohl Kontakte zu Jainas in anderen Diaspora-Ländern (USA, Großbritannien etc.) als auch zu Jaina-Organisationen in Indien (jainnews.in) bestehen. Solche transnationalen Verbindungen können durch finanzielle Beiträge bekräftigt werden, was sich mit den beiden Spenden für den JVB in London und Ladnun in den Jahren 2009 und 2011 belegen lässt. Auch Besuche von religiösen Spezialisten/innen, die laut Vertovec (2000a, 25) in Anlehnung an Riccio einen elementaren Aspekt des Transnationalismus darstellen, sind für die Schweiz zu verzeichnen. So besuchten die *Samaṇīs,* deren Ordensgründung darauf beruht, als religiöse Spezialisten transnational agieren zu können, zwischen 2008 und 2020 die Schweiz sechsmal. Es wurden aber nicht nur die *Samaṇīs,* sondern auch Vinod Kapashi (2013) und zwei Rednerinnen vom Institute of Jainology in London (2016) in die Schweiz eingeladen.

Es lässt sich abschließend sagen, dass die in der Schweiz lebenden Jainas auf vielfältige Art und Weise transnationale Beziehungen auf individueller und auf gemeinschaftlicher Ebene zu Jainas in anderen Diaspora-Ländern und in Indien führen und pflegen.

7.5 Phase 4: Auflösung der nationalen Jaina-Gemeinschaft

Seit der Eröffnung der Google-Gruppe im Jahr 2008 sind die Beiträge von 103 Mitteilungen im Spitzenjahr 2012 auf je 13 Beiträge in den Jahren 2018 und 2019 gesunken.[163] Des Weiteren werden seit 2016 auf nationaler Ebene keine gemeinsamen Treffen mehr durchgeführt, abgesehen von einem Besuch der *Samaṇīs* im Jahr 2017, der auf deren Wunsch und Initiative hin stattfand. Dadurch ist ersichtlich, dass nach einer Phase der Gemeinschaftskonsolidierung, die bis 2016 andauerte, eine Phase der Segmentierung begonnen hat. Diese Erkenntnis deckt sich mit den theoretischen Ausführungen von Kennedy und Roudometof (2002, 9–11), wonach insbesondere in der Diaspora-Situation die Zugehörigkeit zu einer Gemeinschaft freiwillig und unbeständig ist und der Fortbestand einer Gemeinschaft nicht garantiert ist. Weiter konnte aufgezeigt werden, dass die Mitgliedschaft im Speziellen in der

163 Vgl. dazu Tabelle 2.

Diaspora sowohl physisch als auch virtuell sein kann. Bei den Schweizer Jainas scheint es, dass sowohl die physische als auch virtuelle Zugehörigkeit zur nationalen Jaina-Gemeinschaft aufgelöst wurde bzw. dabei ist, sich aufzulösen. Im Folgenden wird vertiefter besprochen, wie es zur Auflösung der Schweizer Jaina-Gemeinschaft kam.

7.5.1 Adaption und Akkulturation der 2. Generation

Für einige Jainas waren die gemeinsamen Treffen wichtig, um den Kindern den Jainismus vermitteln zu können und ihnen zu zeigen, dass es auch in der Schweiz Jainas gibt. Diese Feststellung deckt sich mit Carrithers und Humphrey (1991, 6f.), wonach die Weitergabe (der Religion) an die nächste Generation für eine Gemeinschaft elementar ist, da eine Gruppe fähig sein muss, sich zu reproduzieren, um als Gemeinschaft funktionieren zu können. Die Schweizer Jainas haben auf nationaler Ebene versucht, Kinder und Jugendliche miteinzubeziehen. So hielten diese oft Vorträge oder halfen bei der Organisation von Festen mit. Diese Versuche waren aber nicht nachhaltig. Dies lässt sich damit belegen, dass an *Mahāvīra Jayantī* im Jahr 2016 keine Kinder oder Jugendlichen mehr teilnahmen. Dafür lassen sich zwei Gründe aufzeigen: Einerseits führte die Übernahme einer universellen und individuellen Jaina-Identität bei Jainas der zweiten Generation dazu, dass der Gemeinschaft keine große Bedeutung (mehr) beigemessen wird. Andererseits sind sie in der Schweiz aufgewachsen, haben das hiesige Bildungssystem durchlaufen und sich darin zurechtgefunden, weshalb davon ausgegangen werden kann, dass sie bereits »a Colour of the Rainbow« geworden sind, wie dies Baumann (2004a, 90f.) für Migrierte in der fünfte Phase seines Migrations- und Integrationsmodells beobachtet. Bei Schweizer Jainas der zweiten Generation kann eine fortschreitende Adaption und Akkulturation, wie sie Baumann (2004a, 90f.) beschreibt, beobachtet werden. Sie unterscheiden sich von den Schweizer/innen lediglich darin, dass sie sich selbst als Jainas bezeichnen. Wie dargestellt, beinhaltet das Jaina-Sein für sie hauptsächlich eine vegetarische, umweltbewusste und gewaltfreie Lebensweise.[164] Mit diesen universellen Werten können sich aber

164 Vgl. dazu Gruppe (2) in Kapitel 7.4.6.3.

grundsätzlich auch viele Schweizer/innen identifizieren und sie stellen keine Alleinstellungsmerkale der Gemeinschaft dar. Die Adaption und Akkulturation ist also so weit fortgeschritten, dass für die Jainas der zweiten Generation die Schweizer Jaina-Gemeinschaft keine große Bedeutung (mehr) hat und diese nicht mehr benötigt wird. Dies lässt sich exemplarisch an der folgenden Aussage einer Interviewpartnerin, die zu den aktivsten Jainas der Gruppe zählte, aufzeigen: »I think it's a good thing, that we [Swiss Jains] are meeting now, because we share things, but it doesn't make a difference, I would say in my daily life.«[165] Für Jainas der zweiten Generation spielen also die gemeinsamen Treffen keine elementare Rolle (mehr) in ihrem Leben.

7.5.2 Universeller Jainismus

Wie dargelegt, führte der Gemeinschaftsbildungsprozess zur Etablierung eines universellen Jainismus, der die unterschiedlichen Strömungen unter gemeinsamen globalen Anliegen (Vegetarismus, Umweltschutz oder Gewaltlosigkeit) zusammenfasst. Im Zuge dessen wurde der Jainismus als ein Lebensstil definiert und der Fokus auf die individuelle Umsetzung moralischer Aspekte gelegt, und die gemeinsame Auseinandersetzung mit der jainistischen Lehre rückte in den Hintergrund. Der Schwerpunkt verlagerte sich weg von der Gemeinschaft hin zum Individuum. Dies zeigte sich auch im Rahmen der individuellen Jaina-Identitäten von Personen, die am Gemeinschaftsbildungsprozess teilgenommen haben. Obwohl die Ausprägungen der individuellen Identitäten variieren können, ist allen Jainas, die an den Aushandlungsprozessen teilgenommen haben, gemeinsam, dass für sie die Schweizer Gemeinschaft an Bedeutung verloren hat:

Für die Jainas, (1) welche sich ihrer Strömung bewusst sind und sich mit dieser auf individueller Ebene identifizieren,[166] sind die gemeinsamen Treffen in der Schweiz hauptsächlich im Rahmen der Kindererziehung wichtig. So kann den Kindern gezeigt werden, dass es in der Schweiz eine Jaina-Gemeinschaft gibt und sie nicht alleine sind. Werden die Kinder aber größer, rückt dieser Faktor in den Hin-

165 I1: 8.
166 Vgl. dazu Kapitel 7.4.6.3.

tergrund, was bei einigen aktiveren Jainas der ersten Generation der Fall ist. Die Schweizer Jaina-Gemeinschaft und die kollektive Identität spielt für diese Gruppe im Rahmen ihrer individuellen Identität keine entscheidende Rolle, suchen diese Jainas vielmehr die direkte Anbindung zu Vertreten/innen ihrer Strömung im Ausland, auch wenn sie bereits viele Jahre in der Schweiz leben. Durch neue Kommunikationsmittel fällt ihnen dies heute (im Gegensatz zu den 1970er Jahren, als die ersten Jainas einreisten) nicht allzu schwer.[167] Lediglich ein Jaina dieser Gruppe hegt den Wunsch, sich erneut mit anderen Jainas zu vernetzen, da er einen Tempel errichten möchte.[168]

Die andere Gruppe von Jainas, (2) für welche die Identifizierung mit einer spezifischen Strömung keinen relevanten Aspekt ihrer individuellen Identität darstellt und die sich sowohl im individuellen Kontext als auch bei gemeinsamen Treffen mit einem universellen Jainismus identifiziert, besucht Zusammenkünfte, um ab und an mit anderen Jainas in Kontakt zu kommen. Bei ihnen liegt der Fokus aber hauptsächlich auf dem individuellen, moralischen Ausleben der Religion im Alltag, weshalb der Gemeinschaft keine elementare Bedeutung zugeschrieben wird.

Bei den Jainas, (3) die sich bewusst dafür entschieden haben, nicht am Gemeinschaftsbildungsprozess teilzunehmen, hat die Schweizer Jaina-Gemeinschaft nie eine elementare Rolle in ihrem Leben gespielt.

Bei den Jainas, die nicht am Gemeinschaftsbildung teilnehmen konnten, sieht die Situation anders aus. Unabhängig davon, ob sie sich mit einer spezifischen Strömung auf individueller Ebene identifizieren (4a) oder nicht (4b), wünschen sich beide Gruppen den Kontakt und den Austausch mit anderen Schweizer Jainas. Sie konnten bis heute aber noch keine vertieften Kontakte herstellen, auch wenn sie bereits seit einigen Jahren in der Schweiz leben. Diese Jainas befinden sich noch in einer ersten Migrations- und Integrationsphase, sodass ihr Hauptanliegen ist, sich in der Schweiz zurechtzufinden.

167 Je nach Strömung dürfen Asketen/innen keine modernen Kommunikationsmittel benutzen. In diesen Fällen wird der Austausch mit der eigenen Strömung mittels Kontaktpersonen (Laien) aufrechterhalten, die die Inhalte der Asketen/innen weiterleiten.

168 I5: 28-38, 53.

Aus diesem Grund ist es umso verständlicher, dass sie den Austausch mit anderen Jainas wünschen. Inwiefern es den neu zugezogenen Jainas gelingen wird, einen neuen Gemeinschaftsbildungsprozess anzustoßen, lässt sich im Moment nicht sagen. Fest steht, dass sie den Wunsch hegen, sich zu vernetzen, aber nicht über die entsprechenden Kontakte verfügen. Sicherlich gibt es auch Jainas, welche in den letzten vier Jahren in die Schweiz migriert und nicht daran interessiert sind, sich mit anderen Jainas zu vernetzen, jedoch gab es keine Möglichkeit, mit diesen in Kontakt zu treten.

7.5.3 Erschwerter Zugang zu Wissen

Der Zugang zu jainistischem Wissen ist in der Schweiz nur unter erschwerten Voraussetzungen möglich, da nur punktuell auf religiöse Spezialisten/innen zurückgegriffen werden kann. Zudem sind die in der Schweiz lebenden Jainas bei der Vertiefung ihres religiösen Wissens vorwiegend auf sich selbst gestellt, da keine institutionalisierten Strukturen der Wissensvermittlung etabliert werden konnten. Bei mehreren Gelegenheiten zeigte sich, dass die Schweizer Jainas mit ihrem Wunsch, mehr über den Jainismus zu lernen, an ihre Grenzen stießen.[169] An *Mahāvīra Jayantī* 2012 konnte bspw. niemand die Frage beantworten, weshalb *Pārśvanāthas* Statue blau oder schwarz ist,[170] und bei zwei weiteren Gelegenheiten, als *ślokas* gesprochen wurden, lautete das Fazit, dass dies zu anspruchsvoll für die Schweizer Jaina-Gemeinschaft sei.[171]

Auch im individuellen Kontext stoßen die Schweizer Jainas gemäß eigenen Ausführungen immer wieder an ihre Grenzen. So gibt es Jainas, welche im Selbststudium versuchten, sich mit dem Jainismus vertiefter auseinanderzusetzen. Sie empfanden aber die Bücher entweder als zu anspruchsvoll oder als zu simpel, sodass ihre Motivation nach kurzer Zeit sank und sie das Selbststudium wieder aufgaben. Einige Jainas versuchen den erschwerten Zugang zu Wissen oder zu religiösen Spezialisten/innen durch direkte Kontakte nach

169 Für Beispiele auf regionaler Ebene vgl. Kapitel 7.3.2.
170 GG 2012, 05.05.
171 GG 2013, 10.11. und GG 2015, 15.05.

Indien zu überwinden. Eine Jaina, Bindu, welche in den letzten Jahren in die Schweiz eingereist ist, telefoniert jeden Tag mit ihrer Familie in Indien, welche ihr die täglichen religiösen Unterweisungen zusammenfasst. Sporadisch werden religiöse Spezialisten/innen via Verwandte in Indien auch direkt kontaktiert.

Die Interaktion mit Asketen/innen ist im Jainismus grundlegend, da sie die Vermittler/innen des religiösen Wissens und von religiösem Verdienst (*puṇya*) sind. Das Fehlen permanent anwesender Asketen/innen verhindert, dass sich die Schweizer Jainas in religiösen Belangen stärker von Indien abwenden und sich am Schweizer Kontext orientieren. So reisen viele Jainas mehrmals im Jahr nach Indien und verweilen dort für längere Zeit, um dort u. a. ihren Laienpflichten nachzukommen.

Zusammenfassend kann festgehalten werden, dass durch die fehlende permanente Anwesenheit von religiösen Spezialisten/innen und das Fehlen formaler Strukturen der Wissensvermittlung nur ein erschwerter Zugang zu Wissen möglich ist. Dies führt oft zu Stagnation, Frustration und einer sinkenden Motivation, sich vertieft mit dem Thema ›Jainismus‹ auseinanderzusetzen. Da dieser Umstand auch an gemeinsamen Treffen nicht behoben werden kann und aufgrund des mangelnden Wissens kein Wissenszuwachs stattfindet, kann das Hauptziel der gemeinsamen Zusammenkünfte, nämlich der Wissensgewinn und -transfer, nicht erfüllt werden. Aus diesem Grund wurde die Bedeutung der Gemeinschaft stetig geschmälert. Darin ist ein Hauptgrund der Auflösung der Gemeinschaft zu erkennen.

7.5.4 Fluktuation und Fehlen einer formalen Organisationsstruktur

Die Swiss Jain Group verlor seit 2016 durch einen Wegzug und einen Todesfall zwei ihrer aktivsten Mitglieder. So zog Marudevi aus persönlichen Gründen aus der Schweiz weg und Vaishali verstarb. Die Schweizer Jaina-Gemeinschaft schaffte es nicht, diese Lücken zu schließen. Dies ist am Aufruf von Himal ersichtlich, der auf der Suche nach einer Person war, welche die Koordination der gemeinsamen

Treffen nach dem Wegzug von Marudevi übernimmt.[172] Sein Aufruf blieb unbeantwortet, da niemand diese Aufgabe übernehmen wollte. Einerseits lässt sich dies sicherlich mit der hohen Arbeitsbelastung der Schweizer Jainas erklären, die Arbeitsstellen in Leitungsfunktionen innehaben. Andererseits ist davon auszugehen, dass die gemeinsamen Treffen keinen so hohen Stellenwert im Leben der Schweizer Jainas einnehmen, als dass man bereit wäre, besagtes Engagement zu übernehmen, was sich wiederum mit der übernommenen universellen Jaina-Identität vieler Schweizer Jainas erklären lässt.

An dieser Thematik zeigen sich aber auch die strukturellen Schwierigkeiten der Schweizer Jaina-Gemeinschaft. Zu keinem Zeitpunkt des Gemeinschaftsbildungsprozesses gab es eine formale Organisationsstruktur. Diese hätte eine Kontinuität ermöglicht, indem vorausschauend neue Personen für die einzelnen Aufgaben gewonnen und das vorhandene Wissen bzgl. der Organisation, Verwaltung von Kontakten sowie der Betreuung der Online-Plattformen weitergegeben worden wäre. Dadurch hätte die formale Organisationsstruktur ein Gerüst der Schweizer Jaina-Gemeinschaft gebildet und somit dem Verlust von Kontakten und Wissen entgegengewirkt, was die Herausforderungen der großen Fluktuation innerhalb der Jaina-Gemeinschaft abgeschwächt hätte. Das Fehlen dieser Struktur unterstützte maßgeblich den Auflösungsprozess.

172 GG 2017, 07.07.

8 Grounded Theory

8.1 Die Schweizer Jaina-Gemeinschaft im Vergleich

Im Rahmen der Gemeinschaftsbildungsprozesse, welche zuerst auf regionaler, später auf nationaler Ebene stattfanden, wurde in der Schweiz ein strömungsübergreifender Jainismus etabliert, indem die gemeinsame Basis ›des Jainismus‹ betont wurde und an den Treffen sowohl *Digambaras* als auch *Śvetāmbaras* teilnahmen. Vertovec (2009, 155) beschreibt eine solche Entwicklung als Homogenisierung der Strömungen, da der kleinste gemeinsame Nenner gesucht wird. Im Gegensatz zu der von Vertovec beschriebenen Homogenisierung findet aber im Schweizer Kontext nicht eine umfassende Vereinheitlichung statt, da an gemeinsamen Treffen unterschiedliche Praktiken nebeneinander bestehen können.[1]

Im Vergleich mit anderen Diaspora-Ländern zeigt sich, dass es sich bei der Etablierung eines strömungsübergreifenden Jainismus nicht um eine spezifisch schweizerische Entwicklung handelt. So fanden ähnliche Entwicklungen beispielsweise in Kenia (Jain 2011, 90), Kanada (Radford 2004, 44), Großbritannien und den USA (Shah 2011, 12f.; Vallely 2004, 6; Jain 1998, 295 und Kumar 1996a, 105) statt.[2] In Kanada und Großbritannien kam es nach der Bildung einer strömungsübergreifenden Gemeinschaft aber wieder zur Trennung der Gemeinschaft in die verschiedenen Strömungen. In Kanada bildete im Jahr 2003 eine Gruppe von *Digambara*-Jainas ihren eigenen Tempel, da sie sich von der strömungsübergreifenden Gemeinschaft nicht repräsentiert fühlten, wie Radford (2004, 44)

1 Vgl. dazu Kapitel 7.4.6.

2 Eine Ausnahme bildet Antwerpen, wo diese Tendenz nicht stattfand. Vgl. dazu Helmer (2009).

ausführt. In Großbritannien hingegen fand die Trennung der Jaina-Gemeinschaft u. a. aufgrund von finanziellen Streitigkeiten und weiteren unüberwindbaren Differenzen statt, so Banks (1991, 244f.). Wie sich die Situation in den USA weiterentwickelt, wird sich in Zukunft zeigen. So wurde in jüngster Zeit vermehrt die Tendenz einer Segmentation zwischen den Strömungen wahrgenommen, da es in einigen US-Bundesstaaten Bestrebungen gibt, Tempel zu bauen, die in einer spezifischen Tradition stehen. Vergleicht man aber die noch bestehende, strömungsübergreifende Jaina-Gemeinschaft der USA mit derjenigen der Schweiz, so fällt auf, dass in den USA Tempel von verschiedenen Jaina-Gemeinschaften zwar gemeinsam genutzt werden, Rituale aber je nach Strömung getrennt stattfinden. Dies steht klar im Gegensatz zur Schweiz. Obwohl es im Schweizer Kontext zu Beginn keine gemeinsamen Praktiken gab, wurden solche im Rahmen der Aushandlungen im Gemeinschaftsbildungsprozess etabliert, was sich u. a. beim Rezitieren des *namaskāra*-Mantras auf nationaler Ebene zeigt. Im Vergleich mit anderen Diaspora-Ländern ist somit ersichtlich, dass im Moment einzig in den USA und der Schweiz ein strömungsübergreifender Jainismus existiert.[3] Die in der Schweiz etablierte strömungsübergreifende Gemeinschaft geht aber weiter als diejenige in den USA, da die Zugehörigkeit zu einer bestimmten Strömung so weit marginalisiert wird, dass gemeinsame Rituale, wie das Vortragen von Gebeten, durchgeführt werden können. Des Weiteren ist die Schweizer Jaina-Gemeinschaft (genauso wie diejenige in den USA) nicht nur strömungsübergreifend, sondern auch universell.

Die Schweizer Jaina-Gemeinschaft definierte den strömungsübergreifenden Jainismus zudem als auf *ahiṃsā* beruhend, worunter universelle Aspekte wie Vegetarismus, Umweltschutz und Gewaltlosigkeit verstanden werden. Dies mündete in der Etablierung eines universellen Jainismus. Laut Folkert und Cort (1997, 364f.) handelt es sich beim universellen Jainismus um ein Diaspora-Phänomen, da dort das familiäre und das kulturelle Milieu wegfallen, die ihrer Meinung nach für eine Jaina-Identität wichtig sind. So werde in der Dia-

3 Wie genau die Situation in Kenia aussieht, wo es auch eine strömungsübergreifende Gemeinschaft gibt, kann aufgrund der fehlenden Quellenlage nicht beurteilt werden.

spora der Jainismus auf den drei Pfeilern von *ahiṃsā* verankert, nämlich der Gewaltlosigkeit, Vegetarismus und ökologischen Harmonie. Diese Tendenz ist auch bei Jainas der zweiten Generation in den USA ersichtlich, wie Vallely (2002a, 195–205) darlegt. Sie führt dies auf das Fehlen von Asketen/innen zurück. Auffallend ist, dass die Inhalte des in der Schweiz etablierten universellen Jainismus größtenteils mit denen in den USA übereinstimmen, wo Vegetarismus, Tierrechte, Umweltschutz und Meditation betont werden. Obwohl auch einzelne Schweizer Jainas die Aspekte Meditation und Tierrechte betonen, spielen sie auf nationaler Ebene im Gegensatz zur Gewaltlosigkeit eine untergeordnete Rolle. Für die Schweiz und teilweise für die USA mag die Theorie, wonach in der Diaspora ein universeller Jainismus begründet und gelebt wurde, zutreffen.[4] An den Beispielen von Großbritannien, Kanada und Antwerpen lässt sich aber exemplarisch zeigen, dass dies nicht in sämtlichen Diaspora-Gemeinschaften der Fall ist und somit nicht als generelle Feststellung taugt.

Bei der Betonung von Aspekten wie Vegetarismus und Umweltschutz handelt es sich um ein neueres Phänomen, was sich exemplarisch aufzeigen lässt. So wird der Vegetarismus zu einem Schlüsselaspekt einer Jaina-Identität in der Schweiz und das vegetarische Leben zur religiösen Praxis, analog zu den Beobachtungen von Shah (2011, 8–10) in den USA. Dabei wird der Vegetarismus explizit mit *ahimsā* verknüpft, was zu einer Neuinterpretation der Jaina-Identität führt, da in klassischen Texten *ahimsā* mit der Karma-Lehre und nicht direkt mit dem Vegetarismus verbunden ist.[5] So war der Vegetarismus beispielsweise nicht immer ein zwingendes Element einer Jaina-Identität, weshalb Jainas in Kenia zu Beginn des 20. Jahrhunderts oftmals Fleisch konsumierten. Auch beim Umweltschutz handelt es sich um eine Neuinterpretation des Jaina-Seins, wie dies Dundas (2002b), Cort (2002b), Pániker (2010, 283f.) und Folkert (1997, 364) anhand von Textbeispielen adäquat aufzeigen. Es zeigt sich also, dass die in den USA beschriebenen Aspekte der Universalisierung des Jainismus durchaus auch auf die Schweiz zutreffen, auch wenn die Ausprägung von *ahimsā* leicht variiert.

4 Vgl. dazu Folkert und Cort (1997, 364f.).
5 Vgl. dazu Shah (2011, 8–10).

Die Schweizer Jainas waren, wie Jainas aus anderen Diaspora-Ländern, von Beginn an mit dem erschwerten Zugang zu jainistischem Wissen konfrontiert. So konnten sie nur punktuell auf das Wissen religiöser Spezialisten/innen zurückgreifen, was zur Etablierung von vier neuen Arten der Wissensvermittlung führte: Laien vermitteln jainistisches Wissen, Informationen werden via Google-Gruppe verbreitet, Gastreferierende werden eingeladen und der Kontakt zu Vertreter/innen der eigenen Strömung außerhalb der Schweiz wird gesucht. Die erste Strategie lässt sich mit dem von Pániker (2010, 323f.) und Flügel (2012b, 103) beschriebenen wissenschaftlich legitimierten Laienscholastizismus vergleichen, da gebildete Laien die Rolle der Asketen/innen übernehmen und die Bedeutung der Texte und Riten erklären, ohne dass dies mit asketischen Praktiken einhergeht. Obwohl auch in anderen Diaspora-Ländern der Zugang zu jainistischem Wissen erschwert ist, gibt es in Großbritannien, Belgien und Nordamerika – im Gegensatz zur Schweiz – die Möglichkeit, religiöse Spezialisten/innen im eigenen Land aufzusuchen. Zudem sind die Gemeinschaften in diesen Ländern so organisiert, dass der Zugang zu Tempeln oder zu *Pāṭhśālā*-Gruppen unterschiedlicher Niveaus gewährleistet ist und man so an Informationen über den Jainismus gelangen kann. Dies in der Schweiz nicht der Fall.

Die Auflösung der Jaina-Gemeinschaft ist ein Alleinstellungsmerkmal der Schweizer Jaina-Diaspora. Auch wenn sich bspw. in Großbritannien oder Kanada strömungsübergreifende Gemeinschaften aufgelöst haben, so waren sie als strömungsspezifische Gruppen weiterhin aktiv. In der Schweiz fand aber seit 2016 weder ein strömungsübergreifender noch ein strömungsspezifischer Austausch statt. Aus diesem Grund stellt sich die Frage, welche spezifischen Faktoren die Auflösung im schweizerischen Kontext begünstigt haben.

8.2 Faktoren der Gemeinschaftsauflösung

In den oben vorgestellten Theorien zur Entwicklung von Diaspora-Gemeinschaften wird auch immer wieder die Möglichkeit des Scheiterns der Vergemeinschaftungsbemühungen erwähnt. So ist bspw. die Zugehörigkeit zu einer Gemeinschaft gemäß Kennedy und Roudometof (2002, 9–11) immer freiwillig und unbeständig, weshalb das Fortbestehen einer Gemeinschaft nicht garantiert ist. Am Beispiel der Schweizer Jainas konnte nun auch empirisch Material dazu erhoben werden. Dabei wurden folgende Punkte dargelegt, die zur Auflösung der Jaina-Gemeinschaft führten: die Adaption und Akkulturation der zweiten Generation, u. a. beruhend auf einer individuellen universellen Jaina-Identität, der erschwerte Zugang zu Wissen sowie das Fehlen einer formalen Organisationsstruktur. Diese Einzelprozesse sind aber auch in anderen Kontexten beobachtbar, ohne dass es dort zu vergleichbaren Auflösungserscheinungen gekommen wäre. In den USA gibt es bspw. innerhalb der Jaina-Gemeinschaft ähnliche Universalisierungstendenzen wie in der Schweiz, ohne dass sich dort die Gemeinschaft aufgelöst hat. Dies lässt sich damit erklären, dass die Universalisierung des Jainismus in der Schweiz weiter fortgeschritten ist und Teil einer Jaina-Identität wurde. In den USA hingegen zeigen sich beim Erreichen einer ›kritischen Masse‹ an Jainas Segmentierungstendenzen und die Rückbesinnung auf die eigene Strömungszugehörigkeit. Demgegenüber wurde in der Schweiz der etablierte universelle Jainismus Teil der individuellen Jaina-Identität, gerade auch bei Jainas der zweiten und dritten Generation. Da der Jainismus intellektualisiert wurde, verlor die Gemeinschaft an Bedeutung. Es kann also gesagt werden, dass eine internalisierte Universalisierung der Religion zur Marginalisierung der Gemeinschaft führen kann.

Im Gegensatz zu anderen Diaspora-Ländern besteht in der Schweiz nicht die Möglichkeit, regelmäßig und persönlich mit religiösen Spezialisten/innen in Kontakt zu treten oder auf Strukturen der Wissensvermittlung (wie bspw. *Pāṭhśālās*) zurückzugreifen. Dies ist sicherlich eine Besonderheit des Jainismus, da die Gelübde der Asketen/innen streng sind und Mönche und Nonnen in der Diaspora nur in Ausnahmefällen (bspw. die *Samaṇīs*) als Interaktionspartner/innen für die Laien zur Verfügung stehen. Diese Interaktion ist aber für die religiösen Aktivitäten der Laien zentral. Dies führt zu einer verstärkten Rückbindung an Indien, was die Hinwendung zum aktuellen Wohnort erschwert.[6] Eine weitere Folge davon ist, dass Wissen über den Jainismus fehlt. Auch durch den Einsatz neuer Medien kann diese Wissenslücke im spezifischen Fall des Jainismus nicht

6 Vgl. dazu 4.2.3.

überbrückt werden.[7] Das Fehlen von Wissen führte bei den Schweizer Jainas zu Frustration und einer sinkenden Motivation, sich weiterhin mit der Religion auseinanderzusetzen, und mündete in der Marginalisierung der Gemeinschaft. Es ist ersichtlich, dass die niederschwellige Zugänglichkeit von Wissen einen elementaren Aspekt des Fortbestehens einer religiösen Gemeinschaft darstellt.

Im Schweizer Kontext wurden zu keinem Zeitpunkt gesellschaftliche, schulische und religiöse Institutionen gegründet, wie dies Baumann (2004a, 88–90) in seinem Phasenmodell für Hindus auf Trinidad beschreibt. Von den Schweizer Jainas wurden keine formalen Organisationsstrukturen aufgebaut. So konnte keine Kontinuität erzeugt werden, die eventuell den Nachteilen der großen Fluktuation unter den Schweizer Jainas sowie der geringen Anzahl an Jainas hätte entgegenwirken können. Eine formale Organisationsstruktur wäre aus diesen Gründen unabdingbar, gerade bei Gemeinschaften, die klein sind und eine hohe Fluktuation aufweisen.

Für das Fortbestehen einer Gemeinschaft sind dementsprechend das Weiterführen religiöser Praktiken, der einfache Zugang zu religiösem Wissen sowie das Etablieren formaler Organisationsstrukturen zentral. Voraussetzung für das Gelingen dürfte dabei auch das Erreichen einer gewissen kritischen Masse sein, die mit rund 120 über die ganze Schweiz verstreuten Jainas nicht erreicht sein dürfte.

7 Es ist auch hier davon auszugehen, dass der Jainismus in dieser Thematik einen Spezialfall darstellt, da eine große Mehrheit an religiösen Spezialisten/innen die Verwendung neuer Medien ablehnt, da die Herstellung technischer Geräte mit *hiṃsā* einhergeht. So ist das Aufzeichnen von Unterweisungen genauso wie das In-Kontakt-Treten mit religiösen Spezialisten/innen oftmals nicht erlaubt.

9 Fazit und Ausblick

Bei der vorliegenden Arbeit handelt es sich um die erste Forschungsarbeit mit einem vertieften Fokus auf der Schweizer Jaina-Gemeinschaft. Dabei konnte gezeigt werden, dass seit den 1970er Jahren Jainas nachweislich in der Schweiz leben und dass ab dem Jahr 2008 Bestrebungen bestanden, eine Jaina-Gemeinschaft zu bilden. Da einige der Schweizer Jainas den Wunsch hegten, gemeinsam Feste zu begehen, den Kindern den Jainismus weiterzugeben, das Wissen über diese Religion zu vertiefen und sich mit anderen auszutauschen, konnte ein Gemeinschaftsbildungsprozess beobachtet werden. Dieser startete auf regionaler Ebene, indem die Westschweizer Jainas begannen, *Pāṭhśālās* durchzuführen. Durch den Besuch der *Samaṇīs*, initiiert durch die Westschweizer Jainas, wurde der Gemeinschaftsbildungsprozess auf die gesamte Schweiz ausgeweitet. Auf dem Höhepunkt der nationalen Gemeinschaftsbildung (2010 bis 2013) war es das Ziel, sich mindestens zweimal im Jahr zu treffen.

Ein weiterer Aspekt dieser Arbeit lag auf den Aushandlungsprozessen und religiösen Transformationen, die mit dem Gemeinschaftsbildungsprozess einhergingen. An nationalen Treffen der Jainas nahmen Anhänger sämtlicher Strömungen teil, was zu einer Verdichtung von Traditionen führte. Im Vordergrund der Zusammenkünfte stand das Jaina-Sein, weshalb die Strömungen in den Hintergrund rückten. An den Treffen wurden Gemeinsamkeiten betont und Unterschiede marginalisiert und ein Fokus auf die allen Strömungen zugrunde liegenden Anliegen wie *ahiṃsā* gelegt. Durch die Betonung globaler Anliegen wie Vegetarismus, Umweltschutz und Gewaltlosigkeit hat die Schweizer Jaina-Gemeinschaft einen universellen Jaina-Lebensstil etabliert. Dies führte dazu, dass von den anwesenden Jainas im Rahmen der nationalen Treffen eine universelle Jaina-Identität übernommen wurde.

Die erhobenen Daten haben Hinweise geliefert, weshalb die Gemeinschaftsbildung schließlich nicht nachhaltig war und es zu einer Auflösung der Schweizer Jaina-Gemeinschaft gekommen ist. Durch die Etablierung der universellen Jaina-Identität im Rahmen der nationalen Aushandlungsprozesse verlor die Gemeinschaft immer mehr an Bedeutung. Der Fokus der Jainas, welche sich mit einer universellen Jaina-Identität identifizieren, liegt hauptsächlich auf dem individuellen, moralischen Ausleben der Religion im Alltag. Aus diesem Grund schreiben sie der Gemeinschaft keine elementare Bedeutung (mehr) zu. Für die Jainas, die sich auf individueller Ebene weiterhin mit der eigenen Strömung identifizieren, spielte die Schweizer Jaina-Gemeinschaft nie eine zentrale Rolle.

Des Weiteren mussten neue Wege des Wissenserwerbs und der -vertiefung gefunden werden, da es in der Schweiz keine ständig anwesenden religiösen Spezialisten/innen gibt. So wurden bspw. religiöse Spezialisten/innen eingeladen und Laien begannen, an Treffen ihr eigenes Wissen über den Jainismus an andere zu vermitteln. Keine der etablierten Strategien der Wissensgenerierung führte aber zum gewünschten Ziel, einem nachhaltigen Wissenszuwachs, was die Bedeutung der gemeinsamen Treffen schmälerte. Dies zeigt sich sowohl auf regionaler als auch auf nationaler Ebene. Die beiden genannten Gründe, genauso wie weitere Faktoren (bspw. das Wegfallen engagierter Mitglieder der Jaina-Gemeinschaft oder der fehlende Einbezug der nächsten Generation) führten schließlich zur Auflösung der Schweizer Jaina-Gemeinschaft.

Die erworbenen Kenntnisse darüber, wie es zur Auflösung der Gemeinschaft kam (die Übernahme einer universellen Jaina-Identität, der schwierige Zugang zu religiösem Wissen sowie das Fehlen einer formalen Organisationstruktur), bieten Anhaltspunkte für die Untersuchung weiterer Gemeinschaften, die sich in einem Gemeinschaftsbildungsprozess befinden.

Es stellt sich zum Schluss die Frage, inwiefern Jainas, welche nicht am Gemeinschaftsbildungsprozess beteiligt waren und erst in den letzten vier Jahren in die Schweiz eingereist sind, einen neuen Gemeinschaftsbildungsprozess anstoßen können und wollen. Bis jetzt fiel es den neu zugezogenen Jainas schwer, den Kontakt zu den bereits länger in der Schweiz wohnenden Jainas herzustellen. Jedoch könnte eine Vernetzung unter ihnen stattfinden und ein neuer Gemeinschaftsbildungsprozess initiiert werden. Allenfalls könnte gar die im Moment inaktive Schweizer Jaina-Gemeinschaft durch neue Inputs reaktiviert werden. Es besteht aber auch die Möglichkeit, dass der Bezug zur eigenen Strömung bei den neu zugezogenen Jainas mit der Zeit nachlässt, wie dies auch bei einigen schon länger in der Schweiz wohnhaften Jainas ersichtlich ist. Diese Fragen lassen sich im Moment nicht beantworten und könnten allenfalls Gegenstand zukünftiger Forschungen sein.

Des Weiteren bleibt die Frage offen, ob in Zukunft Kontakte nach Indien intensiviert werden, da die neu in die Schweiz eingereisten Jainas sich teilweise stark mit der eigenen Strömung identifizieren und es dank neuer Medien technisch immer einfacher wird, transnationale Beziehungen aufrechtzuerhalten. Zu dieser Entwicklung passt auch, dass in den unterschiedlichen Strömungen in Indien vermehrt darüber diskutiert wird, inwiefern religiöse Spezialisten/innen moderne Kommunikationsmittel benutzen dürfen oder religiöse Unterweisungen aufgezeichnet werden sollen.

10 Bibliographie

Acharya Tulsi Janm Shatabdi Samaroh Samiti. 2013. *Global Voice. Acharya Tulsi's Work Beyond Borders.* https://www.youtube.com/watch?time_continue=681&v=kE4YmgO 0m2k&feature=emb_logo (zugegriffen: 28. Januar 2020).

Alsdorf, Ludwig. 1938. Zur Geschichte der Jaina-Kosmographie und -Mythologie. *Zeitschrift der Deutschen Morgenländischen Gesellschaft* 92, Nr. 3/4: 464–493.

–. 1961. Beiträge zur Geschichte von Vegetarismus und Rinderverehrung in Indien. *Abhandlungen der Geistes- und Sozialwissenschaftlichen Klasse* 1: 557–625.

–. 1966. *Les études Jaina. État présent et taches futures.* Limoges: Bontemps.

Angehrn, Emil. 1994. Kultur. Begriff und Funktion. *Uni Nova: Wissenschaftsmagazin der Universität Basel* 70: 4–7.

Aukland, Knut. 2010. *The Cult of Nākoḍā Bhairava. Deity Worship and Possession in Jainism.* Unveröffentlichte Masterarbeit. University of Oslo.

–. 2013. Understanding Possession in Jainism. A Study of Oracular Possession in Nakoda. *Modern Asian Studies* 47, Nr. 1: 109–134.

–. 2015. Is the Earth Round? Traditional Cosmography and Modern Science in Jainism. In: *Asian Religions, Technology and Science*, hg. von István Keul, 74–101. New York: Routledge.

–. 2016. The Scientization and Academization of Jainism. *Journal of the American Academy of Religion* 84, Nr. 1: 192–233.

Babb, Lawrence. 1993. Monks and Miracles. Religious Symbols and Images of Origin among Osvāl Jains. *The Journal of Asian Studies* 52, Nr. 1: 3–21.

–. 1994. The Great Choice. Worldly Values in a Jain Ritual Culture. *History of Religions* 34, Nr. 1: 15–38.

–. 1996. *Absent Lord. Ascetics and Kings in a Jain Ritual Culture*. Berkeley: University of California Press.

Balasubramanyam, Vudayagi. 1984. *The Economy of India*. London: Weidenfeld and Nicolson.

Ballard, Roger, Hrsg. 1994. *Desh Pardesh. The South Asian Presence in Britain*. London: Hurst.

Banks, Marcus. 1984. Caste, Sect and Property. Relations in the Jain Community of Jamnagar, Gujarat. *The Cambridge Journal of Anthropology* 9, Nr. 3: 34–49.

–. 1986. Defining Division. An Historical Overview of Jain Social Organization. *Modern Asian Studies* 20, Nr. 3: 447–460.

–. 1991. Orthodoxy and Dissent. Varieties of Religious Belief among Immigrant Gujarati Jains in Britain. In: *The Assembly of Listeners. Jains in Society*, hg. von Michael Carrithers und Caroline Humphrey, 241–260. Cambridge: Cambridge University Press.

–. 1992. *Organizing Jainism in India and England*. Oxford: Clarendon Press.

Banks Findly, Ellison. 1997. "Jain Ideology and Early Mughal Trade with Europeans." *International Journal of Hindu Studies* 1 (2): 288–313.

Baumann, Martin. 1998. *Qualitative Methoden in der Religionswissenschaft. Hinweise zur religionswissenschaftlichen Feldforschung*. 2., überarb. und erw. Aufl. Marburg: Religionswissenschaftlicher Medien- und Informations-Dienst.

–. 2000. Genealogies of Semantics and Transcultural Comparison. *Numen* 47, Nr. 3: 313–337.

–. 2003. *Alte Götter in neuer Heimat. Religionswissenschaftliche Analyse zu Diaspora am Beispiel von Hindus auf Trinidad*. Marburg: Diagonal.

–. 2004a. Becoming a Colour of the Rainbow. The Social Integration of Indian Hindus in Trinidad, Analysed Along a Phase Model of Diaspora. In: *South Asians in the Diaspora. Histories and Religious Traditions*, hg. von Knut A. Jacobsen und P. Pratap Kumar, 77–96. Leiden: Brill.

–. 2004b. The Significance of Religion and Hindu Trinidadians. In: *Diaspora, Identity and Religion. New Directions in Theory and Research*, hg. von Waltraud Kokot, Khachig Tölölyan und Carolin Alfonso, 170–188. London: Routledge.

Baumann, Martin, Brigitte Luchesi und Annette Wilke, Hrsg. 2003. Einleitung. Kontinuität und Wandel von Religion in fremdkultureller Umwelt. In: *Tempel und Tamilen in zweiter Heimat. Hindus aus Sri Lanka im deutschsprachigen und skandinavischen Raum*, 3–40. Würzburg: Ergon.

Bell, Catherine. 1992. *Ritual Theory, Ritual Practice*. New York: Oxford University Press.

Belliger, Andréa und David Krieger, Hrsg. 2013. *Ritualtheorien. Ein einführendes Handbuch*. 5., aktual. Aufl. Wiesbaden: Springer.

Beltz, Johannes, Hrsg. 2004. *Hindu-ABC*. Zürich: Präsidialdepartement der Stadt Zürich.

Benadi, Ajit. 2008. *Jain Diaspora. A German View*. Unveröffentlichtes PDF-Dokument, per E-Mail erhalten.

Bender, Ernst. 1976. An Early Nineteenth Century Study of the Jains. *Journal of the American Oriental Society* 96, Nr. 1: 114–119.

Bhachu, Parminder. 1986. *Twice Migrants: East African Sikh Settlers in Britain*. London: Tavistock.

Bharati, Agehananda. 1965. A Social Survey. In: *Portrait of a Minority. Asians in East Africa*, hg. von Dharam Ghai, 13–63. Bombay: Oxford University Press.

Bhatt, Bansidhar. 1985. Evaluation of Jainism. *Annals of the Bhandarkar Oriental Research Institute* 66, Nr. 1: 85–95.

Bhattacharyya, Narendra. 1976. *Jain Philosophy. Historical Outline*. New Delhi: Munshiram Manoharlal Publishers.

Birks, Melanie und Jane Mills. 2015. *Grounded Theory. A Practical Guide*. 2. Aufl. Los Angeles: SAGE.

Boltanski, Luc und Laurent Thévenot. 2007. *Über die Rechtfertigung. Eine Soziologie der kritischen Urteilskraft*. Übers. von Andreas Pfeuffer. Hamburg: Hamburger Edition.

Bourdieu, Pierre. 2015a. *Sozialer Sinn. Kritik der theoretischen Vernunft*. Übers. von Günter Seib. 9. Aufl. Frankfurt am Main: Suhrkamp.

–. 2015b. *Die verborgenen Mechanismen der Macht*, hg. von Margareta Steinrücke. Übers. von Jürgen Bolder. Hamburg: VSA.

Bourdieu, Pierre und Loïc Wacquant. 1996. *Reflexive Anthropologie*. Übers. von Hella Beister. Frankfurt am Main: Suhrkamp.

Breuer, Franz, Barbara Dieris und Antje Lettau. 2010. *Reflexive Grounded Theory. Eine Einführung für die Forschungspraxis*. 2. Aufl. Wiesbaden: VS Verlag.

Breuer, Franz, Petra Muckel und Barbara Dieris. 2017. *Reflexive Grounded Theory*. Wiesbaden: Springer.

Brosius, Christiane, Axel Michaels und Paula Schrode, Hrsg. 2013. *Ritual und Ritualdynamik. Schlüsselbegriffe, Theorien, Diskussionen*. Göttingen: Vandenhoeck & Ruprecht.

Brubaker, Rogers und Frederick Cooper. 2000. Beyond ›Identity‹. *Theory and Society*, Nr. 49: 1–47.

Bruhn, Klaus. 1979. Ludwig Alsdorf (1904–1978). *Zeitschrift der Deutschen Morgenländischen Gesellschaft* 129, Nr. 1: 1–7.

–. 1997. In Memoriam Chandrabhal B. Tripathi (19.9.1929–4.3.1996). *Zeitschrift der Deutschen Morgenländischen Gesellschaft* 147, Nr. 1: 1–6.

Bryant, Antony und Kathy Charmaz, Hrsg. 2011. *The SAGE Handbook of Grounded Theory*. Los Angeles: SAGE.

Bude, Heinz und Michael Dellwing. 2013. Blumers Rebellion 2.0. In: *Symbolischer Interaktionismus. Aufsätze zu einer Wissenschaft der Interpretation*, hg. von Heinz Bude und Heinz Dellwing, 7–26. Berlin: Suhrkamp.

Bundesamt für Statistik. 2016. *Persönlicher Fragebogen. Wirtschaftliche und soziale Situation der Bevölkerung.* https://www.bfs.admin.ch/bfs/de/home/statistiken/kataloge-datenbanken/publikationen.assetdetail.1687491.html (zugegriffen: 8. März 2020).

Carrithers, Michael. 1989. Naked Ascetics in Southern Digambar Jainism. *Man. New Series* 24, Nr. 2: 219–235.

–. 1991. The Foundations of Community Among Southern Digambar Jains. An Essay on Rhetoric Experience. In: *The Assembly of Listeners. Jains in Society*, hg. von Michael Carrithers und Caroline Humphrey, 261–286. Cambridge: Cambridge University Press.

–. 1996. Concretely Imaging the Southern Digambar Jain Community, 1899–1920. *Modern Asian Studies* 30, Nr. 3: 523–548.

–. 2000. On Polytropy. Or the Natural Condition of Spiritual Cosmopolitanism in India. The Digambar Jain Case. *Modern Asian Studies* 34, Nr. 4: 831–861.

Carrithers, Michael und Caroline Humphrey, Hrsg. 1991. *The Assembly of Listeners. Jains in Society*. Cambridge: Cambridge University Press.

Centre intercantonal d'information sur les croyances. (Hrsg.) 2016. *Carte interactive*. https://info-religions-geneve.ch/carte/ (zugegriffen: 28. Januar 2020).

Chakravarti, Appaswami. 1957. *The Religion of Ahimsa. The Essence of Jaina Philosophy and Ethics*. Bombay: Ratanchand Hirachand.

Chakravarti, Sitansu. 2001. *Hinduism. A Way of Life*. Delhi: Motilal Banarsidass Publishers.

Chapple, Christopher. 2000. Sources for the Study of Jaina Philosophy. A Bibliographic Essay. *Philosopy East and West* 50, Nr. 3: 408–411.

–. 2001. The Living Cosmos of Jainism. A Traditional Science Grounded in Environmental Ethics. *Daedalus* 130, Nr. 4: 207–224.

–, Hrsg. 2002. *Jainism and Ecology. Nonviolence in the Web of Life*. Cambridge, MA: Harvard University Press.

–. 2006. The Jain Bhavan in Buena Park, California. *Jinamañjari* 34, Nr. 2: 18–23.

–. 2008. Ascetism and the Environment. *Cross Currents* 57, Nr. 4: 514–525.

Charmaz, Kathy. 2000a. Grounded Theory in the 21st Century. Applications for Advancing Social Justice Studies. In: *The SAGE Handbook of Qualitative Research*, 3., durchges., korrigierte Aufl., hg. von Norman Denzin und Yvonna Lincoln, 507–535. Los Angeles: SAGE.

–. 2000b. Grounded Theory. Objectivist and Constructivist Methods. In: The SAGE *Handbook of Qualitative Research*, 2., durchges., korrigierte Aufl., hg. von Norman Denzin und Yvonna Lincoln, 509–535. Los Angeles: SAGE.

–. 2006. *Constructing Grounded Theory. A Practical Guide Through Qualitative Analysis*. London: SAGE.

–. 2008. Constructionism and the Grounded Theory Method. In: *Handbook of Constructionist Research*, hg. von James A. Holstein und Jaber F. Gubrium, 397–412. New York: Guilford Press.

–. 2011. Den Standpunkt verändern. Methoden der konstruktivistischen Grounded Theory. In: *Grounded Theory Reader*, hg. von Günter Mey und Katja Mruck, 181–205. 2., aktual. und erg. Aufl. Wiesbaden: VS Verlag.

–. 2017. The Power of Constructivist Grounded Theory for Critical Inquiry. *Qualitative Inquiry* 23, Nr. 1: 34–45.

Clarke, Adele. 2011. Von der Grounded-Theory-Methodologie zur Situationsanalyse. In: *Grounded Theory Reader*, hg. von Günter Mey und Katja Mruck, 207–229. Wiesbaden: VS Verlag.

–. 2012. *Situationsanalyse. Grounded Theory nach dem Postmodern Turn*. Übers. von Reiner Keller. Wiesbaden: Springer.

Clifford, James. 1994. Diasporas. *Cultural Anthropology* 9, Nr. 3: 302–338.

Cohen, Anthony. 1985. *The Symbolic Construction of Community*. London: Routledge.

Cohen, Robin. 2008. *Global Diasporas. An Introduction*. 2. Aufl. London: Routledge.

Cohn, Miriam. 2014. Teilnehmende Beobachtung. In: *Methoden der Kulturanthropologie*, hg. von Karoline Oehme-Jüngling, Walter Leimgruber, Stefan Bauernschmidt, Werner Bellwald, Christine Bischoff, Fritz Böhler, Miriam Cohn u. a., 71–85. Bern: Haupt Verlag.

Corbin, Juliet und Anselm Strauss. 1990. Grounded Theory Research. Procedures, Canons and Evaluative Criteria. *Zeitschrift für Soziologie* 19, Nr. 6: 418–427.

–. 2015. *Basics of Qualitative Research. Techniques and Procedures for Developing Grounded Theory*. 4. Aufl. Los Angeles: SAGE.

Cort, John. 1991. The Śvetāmbar Mūrtipūjak Jain Mendicant. *Man. New Sources* 26, Nr. 4: 651–671.

–. 1995a. Genres of Jain History. *Journal of Indian Philosophy* 23, Nr. 4: 469–506.

–. 1995b. The Jain Knowledge Warehouses. Traditional Libraries in India. *Journal of the American Oriental Society* 115, Nr. 1: 77–87.

–, Hrsg. 1998. *Open Boundaries. Jain Communities and Cultures in Indian History*. Delhi: Sri Satguru Publication.

–. 2000a. Defining Jainism. Reform in the Jaina Tradition. In: *Jain Doctrine and Practice. Academic Perspectives*, hg. von Joseph O'Connell, 165–191. Toronto: University of Toronto.

–. 2000b. ›Intellectual Ahiṃsā‹ Revisited. Jain Tolerance and Intolerance of Others. *Philosophy East and West* 50, Nr. 3: 324–347.

–. 2001. *Jains in the World. Religious Values and Ideology in India*. New York: Oxford University Press.

–. 2002a. Green Jainism? Notes and Queries Toward a Possible Jain Environmental Ethic. In: *Jainism and Ecology. Nonviolence in the Web of Life*, hg. von Christopher Chapple, 63–94. Cambridge, MA: Harvard University Press.

–. 2002b. Bhakti in Early Jain Tradition. Understanding Devotional Religion in South Asia. *History of Religions* 42, Nr. 1: 59–86.

–. 2002c. Singing the Glory of Asceticism. Devotion of Asceticism in Jainism. *Journal of the American Academy of Religion* 70, Nr. 4: 719–742.

Debrunner, Erich. 2019. *Kontinuität und Wandel der Jaina-Diaspora in Antwerpen und Leicester. Ein Vergleich*. Unveröffentlichte Masterarbeit. Universität Luzern.

Dundas, Paul. 2000a. The Jain Community. The Historical Background. In: *Steps to Liberation. 2,500 Years of Jain Art and Religion*, 15–22. Antwerpen: Ethnographisches Museum.

–. 2000b. The Meat at the Wedding Feasts. Kṛṣṇa, Vegetarianism and the Jain Dispute. In: *Jain Doctrine and Practice. Academic Perspectives*, hg. von Joseph O'Connell, 95–112. Toronto: University of Toronto.

–. 2002a. The Limits of a Jain Environmental Ethic. In: *Jainism and Ecology. Nonviolence in the Web of Life*, hg. von Christopher Chapple, 95–117. Cambridge, MA: Harvard University Press.

–. 2002b. *The Jains*. 2. Aufl. London: Routledge.

Durbin, Mridula. 1970. The Transformational Model of Linguistics and its Implications for an Ethnology of Religion. A Case Study of Jainism. *American Anthropologist* 72, Nr. 2: 334–342.

Durkheim, Émile. 2017. *Die elementaren Formen des religiösen Lebens*. Übers. von Ludwig Schmidts. 4. Aufl. Berlin: Verlag der Weltreligionen.

Dwyer, Claire, David Gilbert und Bindi Shah. 2013. Faith and Suburbia. Secularisation, Modernity and the Changing Geographies of Religion in London's Suburbs. *Transactions of the Institute of British Geographers* 38, Nr. 3: 403–419.

Eidgenössische Departement für auswärtige Angelegenheiten. 2019. *Umweltschutz hat Zukunft*. https://www.houseofswitzerland.org/de/swissstories/umwelt/umweltschutz-hat-zukunft (zugegriffen: 11. April 2020).

Faridi, M. 2010. *India, United Nations and the Post Cold War Era*. New Delhi: Manak Publications.

Flick, Uwe. 2007. *Qualitative Sozialforschung. Eine Einführung*. 7. Aufl., vollst. überarb. und erw. Neuausg. Reinbek: Rowohlt.

Flick, Uwe, Ernst von Kardorff und Ines Steinke, Hrsg. 2010. *Qualitative Forschung. Ein Handbuch*. 8. Aufl. Reinbek: Rowohlt.

Flügel, Peter. 1995. The Ritual Circle of the Terāpanth *Śvetāmbara* Jains. *Bulletin d'études indiennes* 13-14: 117–176.

–. 1999. Jainism and the Western World. Jinmuktisūri and Georg Bühler and Other Early Encounters. *Jain Journal* 34, Nr. 1: 1–11.

–. 2000. Protestantische und Post-Protestantische Jaina-Reformbewegungen. Zur Geschichte und Organisation der Sthānakavāsī 1. *Berliner Indologische Studien* 13/14: 37–103.

–. 2003a. Protestantische und Post-Protestantische Jaina-Reformbewegungen. Zur Geschichte und Organisation der Sthānakavāsī 2. *Berliner Indologische Studien* 15/16/17: 149–240.

–. 2003b. The Codes of Conduct of the Terāpanth Samaṇ Order. *South Asia Research* 23, Nr. 1: 7–53.

–. 2005. The Invention of Jainism. A Short History of Jaina Studies. *International Journal of Jaina Studies* 1, Nr. 1: 1–14.

–. 2007. Protestantische und Post-Protestantische Jaina-Reformbewegungen. Zur Geschichte und Organisation der Sthānakavāsī 3. *Berliner Indologische Studien* 18: 127–206.

–. 2011. Johannes Klatt's Jaina-Onomasticon. *Centre of Jaina Studies Newsletter*, Nr. 6: 58–61.

–. 2012a. *Askese und Devotion. Das rituelle System der Terāpanth Śvetāmbara Jains*. London: SOAS.

–. 2012b. Protestantische und Post-Protestantische Jaina-Reformbewegungen. Zur Geschichte und Organisation der Sthānakavāsī 4. *Berliner Indologische Studien* 20: 37–124.

–. 2016. A Jaina Mendicant Council. Proceedings of the 8th Sthānakavāsī Jaina Bṛhad Śramaṇa Saṅghīya Sādhu-Sādhvī Sammelana, Indore 20-29 March 2015. *Centre of Jaina Studies Newsletter*, Nr. 11: 28–31.

–. 2017. Klaus Bruhn (22.5.1928-9.5.2016). *Centre of Jaina Studies Newsletter* 12: 40–44.

Fohr, Sherry. 2006. Restrictions and Protection. Female Jain Renouncers. In: *Studies In Jaina History and Culture. Disputes and Dialogues*, hg. von Peter Flügel, 157–180. London: Routledge.

Folkert, Kendall und John E. Cort. 1993. *Scripture and Community. Collected Essays on the Jains.* Atlanta: Scholars Press.

–. 1997. Jainism. In: *A New Handbook of Living Religions*, hg. von John R. Hinnells, 340–368. Oxford: Blackwell Publishers.

Friebertshäuser, Barbara und Antje Langer. 2010. Interviewformen und Interviewpraxis. In: *Handbuch qualitative Forschungsmethoden in der Erziehungswissenschaft*, hg. von Barbara Friebertshäuser, Antje Langer und Annedore Prengel, 437–454. 3., vollst. überarb. Aufl. (Neuausg.). Weinheim: Juventa.

Fröhlich, Gerhard und Boike Rehbein. 2011. *Bourdieu-Handbuch. Leben. Werk. Wirkung.* Stuttgart: J. B. Metzler.

Froschauer, Ulrike und Manfred Lueger. 2003. *Das qualitative Interview. Zur Praxis interpretativer Analyse sozialer Systeme.* Wien: Facultas.

Fuß, Susanne und Ute Karbach. 2014. *Grundlagen der Transkription. Eine praktische Einführung.* Opladen: Verlag Barbara Budrich.

Gariyali, C. 2013. *Hindu Way of Life.* Delhi: B.R. Publishing Corporation.

Glaser, Barney. 1978. *Advances in the Methodology of Grounded Theory. Theoretical Sensitivity.* Mill Valley: Sociology Press.

–. 1992. *Emergence vs. Forcing. Basics of Grounded Theory Analysis.* Mill Valley: Sociology Press.

–. 2008. *Doing Quantitative Grounded Theory.* Mill Valley: Sociology Press.

–. 2011. Doing Formal Theory. In: *The SAGE Handbook of Grounded Theory*, hg. von Antony Bryant und Kathy Charmaz, 97–126. Los Angeles: SAGE.

Glaser, Barney und Judith Holton. 2004. Remodeling Grounded Theory. *Forum Qualitative Social Research Sozialforschung.* http://www.qualitative-research.net/index.php/fqs/article/view/607/1315#g33 (zugegriffen: 13. August 2018).

–. 2011. Der Umbau der Grounded-Theory-Methodologie. In: *Grounded Theory Reader*, hg. von Günter Mey und Katja Mruck, 137–161. 2., aktual. und erg. Aufl. Wiesbaden: VS Verlag.

Glaser, Barney und Anselm Strauss. 1993. Die Entdeckung gegenstandsbezogener Theorie. Eine Grundstrategie qualitativer Sozialforschung. In: *Qualitative Sozialforschung*, hg. von Christel Hopf und Elmar Weingarten, 91–111. 3. Aufl. Stuttgart: Klett-Cotta.

–. 2009. *The Discovery of Grounded Theory. Strategies for Qualitative Research.* 4. Aufl. New Brunswick: Aldine Transaction.

Government of India. 2011. *Religion Census 2011.* https://www.census2011.co.in/religion.php (zugegriffen: 20. Oktober 2019).

Granoff, Phyllis. 2000. Being in the Minority. Medieval Jain Reactions to Other Religious Groups. In: *Jain Doctrine and Practice. Academic Perspectives*, hg. von Joseph T. O'Connell, 136–164. Toronto: University of Toronto.

Gupta, Anirudha. 1975. India and the Asians in East Africa. In: *Expulsion of a Minority. Essays on Ugandan Asians*, hg. von Michael Twaddle, 125–140. London: Athlone Press.

Gyatso, Kelsang. 2012. *Introduction to Buddhism. An Explanation of the Buddhist Way of Life.* London: Tharpa.

Hall, Stuart. 1994. Cultural Identity and Diaspora. In: *Colonial Discourse and Post-Colonial Theory. A Reader*, hg. von Patrick Williams und Laura Chrisman, 222–237. London: Harvester Wheatsheaf.

Hall, Stuart, Ulrich Mehlem, Britta Grell und Dominique John. 1994. *Rassismus und kulturelle Identität.* Hamburg: Argument-Verlag.

Harth, Dietrich und Gerrit Schenk, Hrsg. 2004. *Ritualdynamik. Kulturübergreifende Studien zur Theorie und Geschichte rituellen Handelns.* Heidelberg: Synchron.

Harvard University. 2004. *Pluralism Project Archive. Statistics by Tradition (2004).* https://hwpi.harvard.edu/pluralismarchive/archived-statistics-tradition-2004 (zugegriffen: 2. August 2016).

Harvey, Graham. 2011. Field Research. Participant Observation. In: *The Routledge Handbook of Research Methods in the Study of Religion*, hg. von Michael Stausberg und Steven Engler, 245–255. London: Routledge.

Hauck, Gerhard. 2006. *Kultur. Zur Karriere eines sozialwissenschaftlichen Begriffs.* Münster: Westfälisches Dampfboot.

Hauser-Schäublin, Brigitta. 2003. Teilnehmende Beobachtung. In: *Methoden und Techniken der Feldforschung*, hg. von Bettina Beer, 33–54. Berlin: Reimer.

Helfferich, Cornelia. 2005. *Die Qualität qualitativer Daten. Manual für die Durchführung qualitativer Interviews.* 2. Aufl. Wiesbaden: VS Verlag.

Helmer, Gabriele. 2009. *Jaina in Antwerpen. Eine religionsgeschichtliche Studie.* München: AVM.

Helmut von Glasenapp Stiftung. 1994. 30 Jahre Helmut von Glasenapp-Stiftung 1964–1994. Eine Übersicht. *Zeitschrift der Deutschen Morgenländischen Gesellschaft* 144, Nr. 2: 1–9.

Hermanns, Harry. 2017. Interviewen als Tätigkeit. In: *Qualitative Forschung. Ein Handbuch*, hg. von Uwe Flick, Ernst von Kardorff und Ines Steinke, 360–368. 12. Aufl. Reinbek: Rowohlt.

Herzog, Hanna. 2012. Interview Location and Its Social Meaning. In: *The SAGE Handbook of Interview Research. The Complexity of the Craft*, hg. von Jaber F. Gubrium, James A. Holstein, Amir B. Marvasti und Karyn D. McKinney, 207–217. 2. Aufl. Los Angeles: SAGE.

Hinnells, John, Hrsg. 1997. The Study of Diaspora Religion. In: *A New Handbook of Living Religions*, hg. von John Hinnells, 682–689. Oxford: Blackwell Publishers.

Holton, Judith und Isabelle Walsh. 2017. *Classic Grounded Theory. Applications with Qualitative and Quantitative Data*. Los Angeles: SAGE.

Hopf, Christel. 1978. Die Pseudo-Exploration. Überlegungen zur Technik qualitativer Interviews in der Sozialforschung. *Zeitschrift für Soziologie* 7, Nr. 2: 97–115.

Hülst, Dirk. 2013. Grounded Theory. In: *Handbuch qualitative Forschungsmethoden in der Erziehungswissenschaft*, hg. von Barbara Friebertshäuser, Antje Langer, Annedore Prengel, Heike Boller und Sophia Richter, 281–300. 4. Aufl. Weinheim: Beltz Juventa.

Humphrey, Caroline. 1991a. Fairs and Miracles. At the Boundaries of the Jain Community in Rajasthan. In: *The Assembly of Listeners. Jains in Society*, hg. von Michael Carrithers und Caroline Humphrey, 201–228. Cambridge: Cambridge University Press.

–. 1991b. New Jain Institutions in India and Beyond. In: *The Assembly of Listeners. Jains in Society*, hg. von Michael Carrithers und Caroline Humphrey, 229–232. Cambridge: Cambridge University Press.

Humphrey, Caroline und James Laidlaw. 1994. *The Archetypal Actions of Ritual. A Theory of Ritual Illustrated by the Jain Rite of Worship*. Oxford: Clarendon Press.

Iseli, Mirjam. 2012. *Jainas in der Schweiz. Eine qualitative Untersuchung*. Unveröffentlichte Masterarbeit. Universität Bern.

Iyall Smith, Keri. und Patricia Leavy, Hrsg. 2009. *Hybrid Identities. Theoretical and Empirical Examinations*. Chicago: Haymarket Books.

Jacobi, Hermann. 1884. Über die Entstehung der Çvetambara und Digambara Sekten. *Zeitschrift der Deutschen Morgenländischen Gesellschaft* 38, Nr. 1: 1–42.

–. 1886. Zusätzliches zu meiner Abhandlung. Über die Entstehung der Çvetâmbara und Digambara Sekten. *Zeitschrift der Deutschen Morgenländischen Gesellschaft* 40, Nr. 1: 92–98.

–. 1920. Einteilung des Tages und Zeitmessung im alten Indien. *Zeitschrift der Deutschen Morgenländischen Gesellschaft* 74, Nr. 2/3: 247–263.

Jain, Bhagchandra. 2002. Ecology and Spirituality in the Jain Tradition. In: *Jainism and Ecology: Nonviolence in the Web of Life*, hg. von Christopher Chapple, 169–180. Cambridge, MA: Harvard University Press.

Jain, Jyoti. 2010. *Religion and Culture of the Jains*. New Delhi: Bharatiya Jnanpith Publication.

Jain, Prakash. 1990. *Racial Discrimination Against Overseas Indians. A Class Analysis*. New Delhi: Concept Pub. Co.

–. 1999. *Indians in South Africa. Political Economy of Race Relations*. Delhi: Kalinga Publications.

–, Hrsg. 2007. *Indian Diaspora in West Asia. A Reader*. New Delhi: Manohar Publishers & Distributors.

–. 2011. *Jains in India and Abroad. A Sociological Introduction*. New Delhi: International School for Jain Studies.

Jain, Sulekh. 1998. Evolution of Jainism in North America, Achievements and Challenges. In: *Jainism in a Global Perspective. A Compilation of the Papers Presented at the Parliament of World's Religions, Chicago (U.S.A.), 1993: Foreword by Ambassador Dr. N.P. Jain*, hg. von Sāgaramala Jaina, Śrīprakāśa Pāṇḍeya und *Pārśvanātha* Vidyāpīṭha, 293–300. Varanasi: *Pārśvanātha* Vidyāpīṭha.

Jaini, Jagmanderal. 1916. *Outlines of Jainism*. Cambridge: Cambridge University Press.

Jaini, Padmanabh. 1979. *The Jaina Path of Purification*. Delhi: Motilal Banarsidass Publishers.

–. 1991a. Is There a Popular Jainism? In: *The Assembly of Listeners. Jains in Society*, hg. von Michael Carrithers und Caroline Humphrey, 169–186. Cambridge: Cambridge University Press.

–. 1991b. *Gender and Salvation. Jaina Debates on the Spiritual Liberation of Women*. New Delhi: Munshiram Manoharlal Publishers.

–. 2000a. Ahiṃsā. A Jain Way of Spiritual Discipline. In: *Jain Doctrine and Practice. Academic Perspectives*, hg. von Joseph O'Connell, 1–17. Toronto: University of Toronto.

–, Hrsg. 2000b. *Collected Papers on Jaina Studies*. Delhi: Motilal Banarsidass Publishers.

–. 2002. Ecology, Economics, and Development in Jainism. In: *Jainism and Ecology. Nonviolence in the Web of Life*, hg. von Christopher Chapple, 141–156. Cambridge, MA: Harvard University Press.

James, William. 1909. *A Pluralistic Universe*. New York: Longman.

Jenkins, Richard. 2008. *Social Identity*. 3. Aufl. London: Routledge.

Johnson, William. 2000. Knowledge and Practice in the Jaina Religious Tradition. In: *Jain Doctrine and Practice. Academic Perspectives*, hg. von Joseph O'Connell, 18–49. Toronto: University of Toronto.

–. 2008. Are Jaina Ethics Really Universal? *International Journal of Jaina Studies. Vol. 1–3 (2005–2007)*, 41–59. Mumbai: Hindi Granth Karyalay.

Kapila, Uma. 2010. *Indian Economy since Independence*. New Delhi: Academic Foundation.

Kelle, Udo. 1994. *Empirisch begründete Theoriebildung. Zur Logik und Methodologie interpretativer Sozialforschung*. Weinheim: Deutscher Studien Verlag.

–, 2005. ›Emergence‹ vs. ›Forcing‹ of Empirical Data? A Crucial Problem of ›Grounded Theory‹ Reconsidered. *Forum Qualitative Sozialforschung*. http://www.qualitative-research.net/index.php/fqs/article/view/467/1000#g41 (zugegriffen: 14. August 2018).

–. 2007. The Development of Categories. Different Approaches in Grounded Theory. In: *The SAGE Handbook of Grounded Theory*, hg. von Antony Bryant und Kathy Charmaz, 191–213. London: SAGE.

Keller, Reiner. 2011. Für mich ist die Darstellung der Komplexität der entscheidende Punkt. Zur Begründung der Situationsanalyse. Adele Clarke im Gespräch mit Reiner Keller. In: *Grounded Theory Reader*, hg. von Günter Mey und Katja Mruck, 109–129. 2., aktual. und erg. Aufl. Wiesbaden: VS Verlag.

Kelting, Mary. 2001. *Singing to the Jinas. Jain Laywomen, Maṇḍaḷ Singing, and the Negotiations of Jain Devotion*. Oxford: Oxford University Press.

–. 2006. Thinking Collectively About Jain Satīs. The Use of Jain Satī Name Lists. In: *Studies in Jaina History and Culture. Disputes and Dialogues*, hg. von Peter Flügel, 181–207. London: Routledge.

–. 2009. *Heroic Wives. Rituals, Stories, and the Virtues of Jain Wifehood*. Oxford: Oxford University Press.

–. 2013. Jain Traditions. Practicing Tradition Today. In: *South Asian Religions. Tradition and Today*, hg. von Karen Pechilis und Selva Raj, 72–98. London: Routledge.

Kennedy, Paul und Victor Roudometof, Hrsg. 2002. *Communities Across Borders. New Immigrants and Transnational Cultures*. London: Routledge.

Kind, Marietta und Tina Lauer. 2014. Die zweite Generation und ihre Beziehung zu zentralen tibetischen Vereinen und Organisationen in der Schweiz. In: *Die zweite Generation der Tibeter in der Schweiz. Identitätsaushandlungen und Formen buddhistischer Religiosität*, hg. von Jens Schlieter, Marietta Kind und Tina Lauer, 61–127. Zürich: Seismo.

Knoblauch, Hubert. 2003. *Qualitative Religionsforschung. Religionsethnographie in der eigenen Gesellschaft*. Paderborn: Schöningh.

Knott, Kim. 1991. Bound to Change? The Religion of South Asians in Britain. In: *Aspects of the South Asian Diaspora*, hg. von Steven Vertovec, 86–111. Delhi: Oxford University Press.

Kokot, Waltraud, Khachig Tölölyan und Carolin Alfonso, Hrsg. 2004. *Diaspora, Identity and Religion. New Directions in Theory and Research*. London: Routledge.

Koller, John M. 2002. Jain Ecological Perspectives. In: *Jainism and Ecology. Nonviolence in the Web of Life*, hg. von Christopher Chapple, 19–34. Cambridge, MA: Harvard University Press.

Kruse, Jan und Christian Schmieder. 2014. *Qualitative Interviewforschung. Ein integrativer Ansatz*. Weinheim: Beltz Juventa.

Kumar, Bhuvanendra. 1996a. *Canadian Studies in Jainism*. Mississauga: Jain Humanities Press.

–. 1996b. *Jainism in America*. Mississauga: Jain Humanities Press.

–. 1996c. Jains and their Religion in America: A Social Survey. *Jain Journal* 31, Nr. 1: 34–45.

Kumar, Rajjan. 2004. Life Science and Jainism. *Jain Journal* 39, Nr. 1: 20–29.

Kumar, Satish. 2002. Jain Ecology. In: *Jainism and Ecology. Nonviolence in the Web of Life*, hg. von Christopher Chapple, 181–192. Cambridge, MA: Harvard University Press.

Laidlaw, James. 1995. *Riches and Renunciation. Religion, Economy, and Society among the Jains*. Oxford: Clarendon Press.

–. 2000. A Free Gift Makes no Friends. *The Journal of the Royal Anthropological Institute* 6, Nr. 4: 617–634.

Lamnek, Siegfried. 2005. *Qualitative Sozialforschung. Lehrbuch*. 4., vollst. überarb. Aufl. Weinheim: Beltz.

Lamnek, Siegfried und Claudia Krell. 2016. *Qualitative Sozialforschung. Mit Online-Material*. 6., überarb. Aufl. Weinheim: Beltz.

Lath, Mukund. 1991. Somadeva Suri and the Question of Jain Identity. In: *The Assembly of Listeners. Jains in Society*, hg. von Michael Carrithers und Caroline Humphrey, 19–30. Cambridge: Cambridge University Press.

Lehmann, Nicole Manon und Andrea Luithle. 2003. *Selbstopfer und Entsagung im Westen Indiens. Ethnologische Studien zum sati-Ritual und zu den Shvetambara Jaina*. Hamburg: Kovač.

Lempert, Lora. 2007. Asking Questions of the Data. Memo Writing in the Grounded Theory Tradition. In: *The SAGE Handbook of Grounded Theory*, hg. von Antony Bryant und Kathy Charmaz, 245–264. London: SAGE.

Long, Jeffrey. 2009. *Jainism. An Introduction*. London: I.B. Tauris.

Luithle-Hardenberg, Andrea. 2011. *Die Reise zum Ursprung. Die Pilgerschaft der Shvetambara-Jaina zum Berg Shatrunjaya in Gujarat, Indien*. München: Manya Verlag.

Mangat, Jagjit. 1969. *A History of the Asians in East Africa, ca. 1886 to 1945*. Oxford: Clarendon Press.

Mardia, Kantilal. 2007. *The Scientific Foundations of Jainism*. 2., durchges., korrigierte Aufl. Delhi: Motilal Banarsidass Publishers.

Matthes, Joachim. 1976. *Einführung in das Studium der Soziologie*. Reinbek: Rowohlt.

Mayring, Philipp. 2008. *Einführung in die qualitative Sozialforschung. Eine Anleitung zu qualitativem Denken*. 5. Aufl. Weinheim: Beltz.

Mead, George. 1929. Bishop Berkeley and His Message. *The Journal of Philosophy* 26, Nr. 16: 421–430.

Mehta, Venu. 2017. *An Ethnographic Study of Sectarian Negotiations among Diaspora Jains in the USA*. Unveröffentlichte MA-Arbeit. FIU Electronic Theses and Dissertations.

Merton, Robert. und Patricia Kendall. 1993. Das fokussierte Interview. In: *Qualitative Sozialforschung*, hg. von Christel Hopf und Elmar Weingarten, 171–204. 3. Aufl. Stuttgart: Klett-Cotta.

Mette, Adelheid. 1974. *Piṇḍ'esaṇā: Das Kapitel der Oha-Nijjutti über den Bettelgang*. Mainz: Franz Steiner Verlag.

–. 1991. *Durch Entsagung zum Heil: Eine Anthologie aus der Literatur der Jaina*. Zürich: Benziger.

–. 2010. *Die Erlösungslehre der Jaina: Legenden, Parabeln, Erzählungen*. Berlin: Verlag der Weltreligionen.

Mey, Günter und Katja Mruck. 2009. Methodologie und Methodik der Grounded Theory. In: *Forschungsmethoden der Psychologie. Zwischen naturwissenschaftlichem Experiment und sozialwissenschaftlicher Hermeneutik*, hg. von Wilhelm Kempf und Marcus Kiefer, 3:100–152. Berlin: Regener.

Morse, Janice. 2007. Sampling in Grounded Theory. In: *The SAGE Handbook of Grounded Theory*, hg. von Antony Bryant und Kathy Charmaz, 229–244. London: SAGE.

Mühlmeyer-Mentzel, Agnes. 2011. Das Datenkonzept von ATLAS. ti und sein Gewinn für ›Grounded Theory‹-Forschungsarbeiten. *Forum Qualitative Sozialforschung / Forum Qualitative Social Research* 12, Nr. 32: 1–74.

Munzer, Stephen. 2001. Heroism, Spiritual Development, and Triadic Bonds in Jain and Christian Mendicancy and Almsgiving. *Numen* 48, Nr. 1: 47–80.

Murray, Robin. 1978. The Chandrias. The Development of a Kenyan Multinational. In: *Readings on the Multinational Corporation in Kenya*, hg. von Raphael Kamplinski, 284–307. Nairobi: Oxford University Press.

Nahar, P. und K. Ghosh, Hrsg. 1996. *An Encyclopaedia of Jainism*. Delhi: Sri Sarguru Publications.

Neubert, Frank. 2016. *Die diskursive Konstitution von Religion*. Wiesbaden: Springer.

Nohl, Arnd-Michael. 2009. *Interview und dokumentarische Methode. Anleitungen für die Forschungspraxis*. 3. Aufl. Wiesbaden: VS Verlag.

Nölle, Wilfried. 1963. *Impact of Indian Thought on German Poets & Philosophers*. Aliganj: The World Jain Mission.

–. 1964. Helmut von Glasenapp (1891–1963). *Zeitschrift der Deutschen Morgenländischen Gesellschaft* 114, Nr. 1: 1–5.

Numen. 1964. In Memoriam Helmuth von Glasenapp. *Numen* 11, Nr. 1: 161–162.

Nyāyavijaya. 1998. *Jaina Philosophy and Religion*. Übers. von Nagini J. Shah. Delhi: Motilal Banarsidass Publishers.

O'Connell, Joseph. 2000. Jain Contribution to Current Ethical Discourse. In: *Jain Doctrine and Practice. Academic Perspectives*, hg. von Joseph O'Connell, 192–220. Toronto: University of Toronto.

Pániker, Agustín. 2010. *Jainism. History, Society, Philosophy, and Practice*. Delhi: Motilal Banarsidass Publishers.

Peirce, Charles. 2004. Aus den Pragmatismus-Vorlesungen. Vorlesung 6: Drei Typen des Schlussfolgerns. In: *Methodologie interpretativer Sozialforschung. klassische Grundlagentexte*, hg. von Jörg Strübing und Bernt Schnettler, 201–222. Konstanz: UVK.

Pogačnik, Anja. 2019. *Religious Change in Jain Diaspora. An Ethnographic Study of the Leicester Jain Community*. Edinburgh: University of Edinburgh.

Przyborski, Aglaja und Monika Wohlrab-Sahr. 2010. *Qualitative Sozialforschung. Ein Arbeitsbuch*. 3., korr. Aufl. München: Oldenbourg.

Qvarnström, Olle. 2004. Dharma in Jainism. A Preliminary Survey. *Journal of Indian Philosophy* 32, Nr. 5/6: 599–610.

Radford, Mikal. 2004. (Re)Creating Transnational Religious Identity within the Jaina Community in Toronto. In: *South Asians in the Diaspora. Histories and Religious Traditions*, hg. von Knut A. Jacobsen und P. Pratap Kumar, 23–51. Leiden: Brill.

Ramalho, Rodrigo, Peter Adams, Peter Huggard und Karen Hoare. 2015. Literature Review and Constructivist Grounded Theory Methodology. *Forum Qualitative Social Research Sozialforschung* 16, Nr. 3.

Reynell, Josephine. 1991. Women and the Reproduction of the Jaina Community. In: *The Assembly of Listeners. Jains in Society*, hg. von Michael Carrithers und Caroline Humphrey, 41–68. Cambridge: Cambridge University Press.

–. 2006. Religious Practice and the Creation of Personhood Among Śvetāmbar Mūrtipūjak Jain Women in Jaipur. In: *Studies in Jaina History and Culture. Disputes and Dialogues*, hg. von Peter Flügel, 208–238. London: Routledge.

Richardson, Stephen, Barbara Snell Dohrenwend und David Klein. 1993. ›Suggestivfrage‹. Erwartungen und Unterstellungen im Interview. In: *Qualitative Sozialforschung*, hg. von Christel Hopf und Elmar Wingarten, 205–232. 3. Aufl. Stuttgart: Klett-Cotta.

Rosenthal, Gabriele. 2015. *Interpretative Sozialforschung. Eine Einführung*. 5. aktualis. u. erg. Aufl. Weinheim: Beltz Juventa.

Ross Wilson, Nancy. 1981. *Buddhism, A Way of Life and Thought*. New York: Vintage Books.

Rothermund, Dietmar. 1985. *Indiens wirtschaftliche Entwicklung. Von der Kolonialherrschaft bis zur Gegenwart*. Paderborn: Schöningh.

Safran, William. 1991. Diasporas in Modern Societies. Myths of Homeland and Return. *Diaspora. A Journal of Transnational Studies* 1, Nr. 1: 83–99.

–. 2004. Deconstructing and Comparing Diasporas. In: *Diaspora, Identity and Religion. New Directions in Theory and Research*, hg. von Waltraud Kokot, Khachig Tölölyan und Carolin Alfonso, 9–29. London: Routledge.

Saldaña, Johnny. 2016. *The Coding Manual for Qualitative Researchers*. 3. Aufl. Los Angeles: SAGE.

Sangave, Vilas. 1991. Reform Movements Among Jains in Modern India. In: *The Assembly of Listeners. Jains in Society*, hg. von Michael Carrithers und Caroline Humphrey, 233–240. Cambridge: Cambridge University Press.

Schlieter, Jens. 2010. *Was ist Religion? Texte von Cicero bis Luhmann*. Stuttgart: Reclam.

Schlieter, Jens, Marietta Kind und Tina Lauer, Hrsg. 2014. *Die zweite Generation der Tibeter in der Schweiz. Identitätsaushandlungen und Formen buddhistischer Religiosität*. Zürich: Seismo.

Schubert, Hans-Joachim. 2009. Pragmatismus und Symbolischer Interaktionismus. In: *Handbuch Soziologische Theorien*, hg. von Georg Kneer und Markus Schroer, 345–367. Wiesbaden: VS Verlag.

Schubring, Walther. 1995. *The Doctrine of the Jainas. Described after the Old Sources*. Neuauflage, Delhi: Motilal Banarsidass Publishers.

Schwartz, Norbert. 1991. In welcher Reihenfolge fragen? Kontexteffekte in standardisierten Befragungen. *ZUMA Arbeitsbericht* 16: 1–14.

Shah, Bindi. 2011. Vegetarianism, Veganism and Animal Rights. The Practice of Ahimsā among Young Jains in the UK and USA. In: *Issues in Animal Rights and Ethics in Literature and Religion*, hg. von Manish A. Vyas, 1–13. New Delhi: PHI Learning.

–. 2014. Religion in the Everyday Lives of Second-Generation Jains in Britain and the USA: Resources Offered by a Dharma-Based South Asian Religion for the Construction of Religious Biographies, and Negotiating Risk and Uncertainty in Late Modern Societies. *The Sociological Review* 62: 512–529.

–. 2017. Religion, Ethnicity, and Citizenship. The Role of Jain Institutions in the Social Incorporation of Young Jains in Britain and the United States. *Journal of Contemporary Religion* 32, Nr. 2: 299–314.

–. 2019a. ›Helping People is Real Jainism‹. Class Privileged Diasporic Jains Affirm Citizenship and Multiple Belongings Through Transnational Philanthropy to a Jain Faith-Based Organisation in India. *South Asian Diaspora*: 1–16.

–. 2019b. Gendered Contours of Contemporary South Asian Religious Practices in the Context of Migration. Second-Generation Jain Women and Men in Britain and the US. *Journal of Contemporary Religion* 34, Nr. 2: 331–351.

Shalin, Dimitri. 1986. Pragmatism and Social Interactionism. *American Sociological Review* 51, Nr. 1: 9–29.

Shilapi, Sadhvi. 2002. The Environmental and Ecological Teachings of Tīrthaṅkara Mahāvīra. In: *Jainism and Ecology. Nonviolence in the Web of Life*, hg. von Christopher Chapple, 159–168. Cambridge, MA: Harvard University Press.

Shrimad Rajchandra Mission Dharampur. ohne Jahr. Life. *Shrimad Rajchandraji*. http://www.shrimadrajchandramission.org/inspiration/shrimad-rajchandraji/life-328.htm #lastyears (zugegriffen: 1. November 2019).

Singh, Anand. 2014. Ecological Consciousness in Jainism. Exploring Realities, Constraints, and Traditions. *Proceedings of the Indian History Congress* 75: 56–61.

Singh, Kumar, Hrsg. 2004. *People of India. Maharashtra, Part 3.* Bd. 30. Mumbai: Anthropological Survey of India.

Singh, Ramjee. 2010. *Jainism in the New Millennium.* New Delhi: Commonwealth Publishers.

Singhi, N. 1991. A Study of Jains in a Rajasthan Town. In: *The Assembly of Listeners. Jains in Society*, hg. von Michael Carrithers und Caroline Humphrey, 139–161. Cambridge: Cambridge University Press.

Smart, Ninian. 1987. The Importance of Diasporas. In: *Gilgul. Essays on Transformation, Revolution, and Permanence in the History of Religions, Dedicated to Zwi Werblowsky*, hg. von Zwi Werblowsky, Shaul Shaked, David Dean Shulman und Guy G. Stroumsa, 288–297. Leiden: E.J. Brill.

Sökefeld, Martin. 2007. Problematische Begriffe. ›Ethnizität‹, ›Rasse‹, ›Kultur‹, ›Minderheit‹. In: *Ethnizität und Migration. Einführung in Wissenschaft und Arbeitsfelder*, hg. von Brigitta Schmidt-Lauber, 31–50. Berlin: Reimer.

Staatssekretariat für Migration (SEM). ohne Jahr. Art. 23 AIG. *Grundlagen zur Arbeitsmarktzulassung von ausländischen Personen.* https://www.sem.admin.ch/sem/de/home/themen/arbeit/nicht-eu_efta-angehoerige/grundlagen_zur_arbeitsmarktzulassung.html (zugegriffen: 4. Dezember 2019).

Stevenson, Margaret. 1915. *The Heart of Jainism.* London: Oxford University Press.

Stewart, Pamela und Andrew Strathern. 2014. *Ritual. Key Concepts in Religion.* London: Bloomsbury.

Strauss, Anselm und Juliet Corbin. 1994. Grounded Theory Methodology. An Overview. In: *Handbook of Qualitative Research*, hg. von Norman Denzin und Yvonna Lincoln, 273–285. Los Angeles: SAGE.

–. 2010. *Grounded Theory. Grundlagen qualitativer Sozialforschung*. Unveränd. Nachdr. der letzten Aufl. Weinheim: Beltz.

Strübing, Jörg. 2007. Research as Pragmatic Problem-Solving. The Pragmatist Roots of Empirically-Grounded Theorizing. In: *The SAGE Handbook of Grounded Theory*, 580–601. London: SAGE.

–. 2014. *Grounded Theory. Zur sozialtheoretischen und epistemologischen Fundierung eines pragmatischen Forschungsstils*. Wiesbaden: Springer.

Taddicken, Monika. 2013. Online-Befragung. In: *Handbuch standardisierte Erhebungsverfahren in der Kommunikationswissenschaft*, hg. von Wiebke Möhring und Daniela Schlütz, 201–217. Wiesbaden: Springer.

Tatia, Nathmal. 2002. The Jain Worldview and Ecology. In: *Jainism and Ecology. Nonviolence in the Web of Life*, hg. von Christopher Chapple, 3–18. Cambridge, MA: Harvard University Press.

Tausendpfund, Markus. 2018. Datenerhebung. In: *Quantitative Methoden in der Politikwissenschaft*, hg. von Markus Tausendpfund, 237–289. Wiesbaden: Springer.

Titze, Kurt und Klaus Bruhn. 2001. *Jainism. A Pictorial Guide to the Religion of Non-Violence*. 2. überarb. Aufl. Delhi: Motilal Banarsidass Publishers.

Tölölyan, Khachig. 1991. The Nation-State and Its Others. In Lieu of a Preface. *Diaspora. A Journal of Transnational Studies* 1, Nr. 1: 3–7.

–. 1996. Rethinking Diaspora(s). Stateless Power in the Transnational Moment. *Diaspora. A Journal of Transnational Studies* 5, Nr. 1: 3–36.

Truschkat, Inga, Manuela Kaiser-Belz und Vera Volkmann. 2011. Theoretisches Sampling in Qualifikationsarbeiten. Die Grounded-Theory-Methodologie zwischen Programmatik und Forschungspraxis. In: *Grounded Theory Reader*, hg. von Günter Mey und Katja Mruck, 353–379. Wiesbaden: VS Verlag.

Twaddle, Michael. 1975. Was the Expulsion Inevitable? In: *Expulsion of a Minority. Essays on Ugandan Asians*, hg. von Michael Twaddle, 1–14. London: Athlone Press.

Vallauri, Mario. 1952. Jain Studies in Italy. *East and West* 3, Nr. 3: 108–111.

Vallely, Anne. 2002a. From Liberation to Ecology. Ethical Discourses among Orthodox and Diaspora Jains. In: *Jainism and Ecology. Nonviolence in the Web of Life*, hg. von Christopher Chapple, 193–216. Cambridge, MA: Harvard University Press.

–. 2002b. *Guardians of the Transcendent. An Ethnography of a Jain Ascetic Community*. Toronto: University of Toronto Press.

–. 2004. The Jain Plate. The Semiotics of the Diaspora Diet. In: *South Asians in the Diaspora: Histories and Religious Traditions*, hg. von Knut A. Jacobsen und P. Pratap Kumar, 3–22. Leiden: Brill.

van der Veer, Peter und Steven Vertovec. 1991. Brahmanism Abroad. On Caribbean Hinduism as an Ethnic Religion. *Ethnology* 30, Nr. 2: 149–166.

von Glasenapp, Helmuth. 1938. Hermann Jacobi. *Zeitschrift der Deutschen Morgenländischen Gesellschaft* 92, Nr. 1/2: 1–14.

–. 1984. *Der Jainismus. Eine indische Erlösungsreligion*. 2. Nachdr. Berlin 1925. Hildesheim: Olms.

von Rospatt, Alexander. 1998. Jainismus. In: *Religion in Geschichte und Gegenwart. Handwörterbuch für Theologie und Religionswissenschaft*, hg. von Hans Dieter Betz, 506–509. 4., völlig neu bearb. Aufl. Tübingen: Mohr.

Vekemans, Tine. 2014. Double-Clicking the Temple Bell. Devotional Aspects of Jainism Online. *Heidelberg Journal of Religions on the Internet* 6: 126–143.

–. 2015. Transnational Connections and Religious Development in the Jain Diaspora through an Exploration of the e-Diaspora. In: *Discovering Diaspora. A Multidisciplinary Approach*, hg. von Tine Vekemans und Natasha Miletic, 109–113. Oxford: Inter-Disciplinary Press.

Vekemans, Tine und Iris Vandevelde. 2018. Digital Derasars in Diaspora. A Critical Examination of Jain Ritual Online. In: *Religion and Technology in India. Spaces, Practices, and Authorities*, hg. von Knut A. Jacobsen und Kristina Myrvold. New York: Routledge.

Vertovec, Steven. 1997. Three Meanings of ›Diaspora‹, Exemplified among South Asian Religions. *Diaspora. A Journal of Transnational Studies* 6, Nr. 3: 277–299.

–. 2000a. *The Hindu Diaspora. Comparative Patterns*. London: Routledge.

–. 2000b. *Religion and Diaspora*. https://pure.mpg.de/rest/items/item_3012230_1/component/file_3012231/content (zugegriffen: 13. April 2020).

–. 2004. Cheap Calls. The Social Glue of Migrant Transnationalism. *Global Networks* 4, Nr. 2: 219–224.

–. 2009. *Transnationalism*. London: Routledge.

Vertovec, Steven und Robin Cohen, Hrsg. 1999. *Migration, Diasporas, and Transnationalism*. Cheltenham: Edward Elgar.

Waardenburg, Jacques. 1990. The Institutionalization of Islam in the Netherlands, 1961-86. In: *The New Islamic Presence in Western Europe. Papers from a Conference Held in Stockholm in June 1986 and Organized by the Centre for Research in International Migration and Ethnicity at the University of Stockholm and the Royal Swedish Academy of Letters, History, and Antiquities*, hg. von Tomas Gerholm und Yngve Georg Lithman, 8–31. Nachdr. London: Mansell.

Wagner, Pia und Linda Hering. 2014. Online-Befragung. In: *Handbuch Methoden der empirischen Sozialforschung*, hg. von Nina Baur und Jörg Blasius, 661–673. Wiesbaden: Springer.

Weber, Max. 1984. *Soziologische Grundbegriffe*. Tübingen: J.C.B. Mohr.

Welsch, Wolfgang. 2017. *Transkulturalität. Realität. Geschichte. Aufgabe*. Wien: New Academic Press.

Wiley, Kristi. 2002. The Nature of Nature. Jain Perspectives on the Natural World. In: *Jainism and Ecology. Nonviolence in the Web of Life*, hg. von Christopher Chapple, 35–59. Cambridge, MA: Harvard University Press.

–. 2004. *Historical Dictionary of Jainism*. Lanham: Scarecrow Press.

Wilke, Annette. 2003. ›Traditionenverdichtung‹ in der Diaspora. Hamm als Bühne der Neuaushandlung von Hindu-Traditionen. In: *Tempel und Tamilen in zweiter Heimat. Hindus aus Sri Lanka im deutschsprachigen und skandinavischen Raum*, hg. von Martin Baumann, Brigitte Luchesi und Annette Wilke, 125–168. Würzburg: Ergon.

Willer, Jörg. 1971. Die methodische Funktion von Modellen. *Philosophische Perspektiven* 3: 250–265.

Zarwan, John. 1976. Social Evolution of the Jains in Kenya. In: *History & Social Change in East Africa. Preceedings of the 1974 Conference of the Historical Association of Kenya*, hg. von Bethwell A. Ogot, 134–144. Nairobi: East African Literature Bureau.

Zydenbos, Robert. 2000. The Concept of Divinity in Jainism. In: *Jain Doctrine and Practice. Academic Perspectives*, hg. von Joseph O'Connell, 69–94. Toronto: University of Toronto.

–. 2006. *Jainism Today and its Future*. München: Manya.

11 Glossar

Sanskrit-Begriff	Bedeutung
ācārāṅga sūtra	Heilige Schrift, welche auf den Lehren von *Mahāvīra* beruht; ca. 500–100 v. u. Z verfasst
Ācārya	Titel eines religiösen Lehrers
adharma	Stillstand
āgama	›Schriften‹, zugleich Name der heiligen Schriften der *Śvetāmbaras*
aghātiyā	Nicht schädliches Karma
ahiṃsā	Gewaltlosigkeit; Gegenteil von *hiṃsā*
ākāśa	Raum
Akṣaya-tṛtīyā	Fest, um sich an die erste Gegebenheit des aktuellen absteigenden Zeitzyklus (*avasarpiṇī*) zu erinnern
aloka	Außerhalb des *loka* (Universum); dort existieren ausschließlich starke Winde
anekāntvāda	›Vielseitigkeit‹; Relativität der Auffassungen
aṇuvrata	Die fünf kleinen Gelübde eines Laien

Sanskrit-Begriff	Bedeutung
apabhraṃśa	Oberbegriff für indogermanische Sprachen, welche zeitlich zwischen Prakrit und den neuindoarischen Sprachen liegen
aparigraha	›Besitzlosigkeit‹; keine Anhaftung
āratī	Verehrung von *Tīrthaṅkara*-Statuen mit Lichtern
ardha-māgadhī	Dialekt des Prakrits
arhat vandana	Im Jahr 1968 durch *Ācārya* Tulsī etabliertes Gebet, das heute täglich von den Asketen/innen des *Terāpanthī*-Ordens gesungen wird
asteya	Wahrheitstreue
avasarpiṇī	Absteigende Weltperiode
banyā	Händler
bhajan	Religiöses Volkslied
bhakti	›Hingabe‹; Mythische Verehrung eines höheren Wesens
bhaṭṭāraka	*Digambara*-Mönch, der im Kloster lebt und die vollständige Nacktheit aufgegeben hat
Bhikṣu	Gründer des *Terāpanthī*-Ordens
Bīsapanthī	Eine Strömung der *Digambaras*
brahmacarya	Enthaltsamkeit
brāhmaṅa	Religiöser Spezialist in den Hindu-Religionen, gehört zu einer der vier *varṇas*
caturmāsa	Viermonatige Zeit, während der Asketen/innen aufgrund der Regenzeit an einem Ort verweilen und religiöse Unterweisungen durchführen

Sanskrit-Begriff	Bedeutung
caūvihār	Fastenart; Verzicht auf Essen und Getränke
darśana	›Betrachtung‹; Anschauen einer Statue oder einer religiös höherstehenden Person
Daśalakṣaṇa parvan	Wichtigstes Fest der *Digambaras*, das zehn Tage dauert; *Daśalakṣaṇa parvan* ist das Pendant zum *Śvetāmbara*-Fest *Paryuṣaṇa*, das acht Tage dauert
Derāvāsī	›Tempelbewohnende‹; anderer Name für *Mūrtipūjaka*-Jainas
dharma	›Bewegung‹; wird heute oft im Sinne von ›Religion‹ verwendet
Digambara	Strömung des Jainismus
dīkṣā	Initiation in eine bestimmte monastische Tradition
Dīvālī	Jainistisches Neujahrfest; gründet im Jainismus auf der Erlösung *Mahāvīras*
dūrdarśan	Staatlicher indischer Fernsehsender
gaccha	Asketische Abstammungslinie
Gaṇeśa-Catūrthi	Fest zur Geburt von *Gaṇeśa*
ghātiyā	Schädliches Karma
gujarāti	Indoarische Sprache, wird u. a. in Gujarat gesprochen
hiṃsā	›Gewalt‹; Gegenteil von *ahiṃsā*
hindī	Indoarische Sprache; aus dem Prakrit abgeleitet
Holī	Indisches Frühjahresfest
īṣatprāgbhāra	›Der leicht gekrümmte Ort‹

Sanskrit-Begriff	Bedeutung
jāti	Familie, Klan
jiṇa	›Der Siegreiche‹; Ehrentitel für *Mahāvīra*
jīva	›Lebenszelle‹; oft auch als ›Seele‹ (ohne christliche Konnotation) übersetzt
kalpa sūtra	Heiliger Text, schildert das Leben von *Mahāvīra* und *Pārśvanātha*; 500 u. Z. entstanden
kalyāṇaks	›Die fünf Wohlfahrt produzierenden Akte‹; fünf Aspekte, die im Leben aller *Tīrthaṅkaras* gleich sind
kāmāṇḍlu	Wasserbehälter
kannaḍa	Sprache der dravidischen Sprachfamilie
Karma	›Wirken‹, ›Tat‹; physische Substanz, die den *jīvas* anhaftet
kevalin	Individuum, das die Allwissenheit erlangt hat
Kṛṣṇa	Hindu-Gottheit
Kṣamāvaṇi	Letzter Tag von *Daśalakṣaṇa parvan* bei den *Digambaras;* es wird um Vergebung gebeten
kṣatriya	Krieger; eine der vier *varṇas*
loka	Universum
Lorikā Śāh	Mitbegründer der *Sthānakavāsī* -Bewegung
Mahāprajña	Von 1996 bis 2010 *Ācārya* des *Terāpanthī*-Ordens
mahārāṣṭrī	Dialekt des Prakrits

Sanskrit-Begriff	Bedeutung
Mahāśramaṇa	Von 2010 bis heute *Ācārya* des *Terāpanthī*-Ordens
Mahāvīra	Der 24. *Tīrthaṅkara*
Mahāvīra Jayantī	Feier zur Geburt von *Mahāvīra*
mahāvrata	Die fünf großen Gelübde der Asketen/innen
Mallinātha	19. *Tīrthaṅkara;* laut den *Digambaras* ein Mann, gemäß den *Śvetāmbaras* jedoch eine Frau namens *Mallī*
Mandirmārgī	›Anhänger/innen des Tempel-Pfades‹; anderer Begriff für *Derāvāsī*- oder *Mūrtipūjaka*-Jainas
mārvāṛī	Dialekt, der hauptsächlich im indischen Staat Rajasthan gesprochen wird, vereinzelt aber auch in den Nachbarstaaten Gujarat, Haryana und Ostpakistan
micchāmi dukkaḍaṃ	›Möge all das Böse, welches getan wurde, fruchtlos sein‹; Formulierung, um am letzten Tag von *Paryuṣaṇa* um Vergebung zu bitten
mokṣa	Befreiung aus dem Daseinskreislauf (*saṃsāra*)
mūrti	Bild/Abbildung einer Gottheit
Mūrtipūjaka	›Statuen-Verehrende‹; Strömung der *Śvetāmbaras* und *Digambaras*
namaskāra-Mantra	Wichtiges Gebet im Jainismus
nigoda	Mikroorganismen, verfügen über einen *jīva*
osvāl	Eine *jāti*

Sanskrit-Begriff	Bedeutung
paṇḍita	(Religiöser und säkularer) Gelehrter
Pārśva, auch *Pārśvanātha*	23. *Tīrthaṅkara*
Paryuṣaṇa	Wichtigstes jainistisches Fest der *Śvetāmbaras,* das acht Tage dauert; *Paryuṣaṇa* ist das Pendant zum *Digambara*-Fest *Daśalakṣaṇa parvan,* das zehn Tage dauert
Pāṭhśālā	›Unterrichtshalle‹, ›Schule‹, ›Kindergarten‹
pinchi	Besen aus Pfauenfedern
prākṛta	Mittelindische Sprache, die zwischen dem 6. Jh. v. u. Z. bis zum 11. Jh. u. Z. gesprochen wurde
prāṇapratiṣṭhā-Zeremonie	Zeremonie, bei der eine *mūrti* verehrt wird
pratikramaṇa	›Introspektion‹; Sühneriten, in denen man um die Sühne nicht verdienstvoller Taten bittet, welche man bewusst oder unbewusst in Handlungen, Gedanken oder Rede begangen hat; das *pratikramaṇa* ist u. a. Teil des *sāmāyika.*
prekṣā-Meditation	Meditationsart; wird v. a. von den *Terāpanthī*-Jainas praktiziert, um Selbsterkenntnis zu üben
pudgala	Atome
pūjā	Religiöse Verehrung
puṇya	Religiöser Verdienst
pūrvas	›Alte Texte‹; Kategorie der Jaina-Schriften

Sanskrit-Begriff	**Bedeutung**
Ṛṣabha	Laut der Jaina-Lehre der erste *Tīrthaṅkara* unserer kosmischen Zeitphase
sādhu	Asket
sādhvī	Asketin
sallekhanā	Freiwilliger Verzicht auf Nahrung bis zum Eintritt des Todes
samāj	Gemeinschaft
Samaṇa	Mönch aus der *Terāpanthī*-Tradition; darf im Unterschied zu anderen Asketen/in-nen Transportmittel benutzen und für ihn zubereitetes Essen zu sich nehmen
Samaṇī	Nonne aus der *Terāpanthī*-Tradition; darf im Unterschied zu anderen Asketen/in-nen Transportmittel benutzen und für sie zubereitetes Essen zu sich nehmen
samavasaraṇa	Heilige Versammlung der *Tīrthaṅkaras*
samaya	Synonym von *dharma* und ›wahrer Religion‹; unter *samaya* wird im Jainismus eine spezifische Auffassung von Überzeugungen, Lehren, Praktiken, Ritualen, Pflichten und Verhaltensnormen verstanden.
sāmāyika	›Gelassenheit‹; Meditationsform, um die wirkliche Natur des Selbst zu erfahren. Teil des *sāmāyika* ist das *pratikramaṇa*.
saṃsāra	Daseinskreislauf
saṃvatsarī	Letzter Tag von *Paryuṣaṇa*; es wird um Vergebung gebeten
satya	›Nicht-Stehlen‹

Sanskrit-Begriff	Bedeutung
śaūrasenī	Mittelindoarische Sprache
sevā	›Selbstlosigkeit‹, ›anderen helfen‹
śloka	Vierzeilige Strophe
śrāvaka	Männlicher Laienanhänger
śrāvikā	Weibliche Laienanhängerin
Śrīmad Rājacandra	Jaina-Dichter und Philosoph (1867 bis 1901), lehnte die verschiedenen Strömungen des Jainismus ab und wurde nie initiiert; heute einer der populärsten Jaina-Heiligen in Gujarat und in der Gujarati-Jaina-Diaspora
śrīmālī	Eine *jāti*
Sthānakavāsi	Strömung innerhalb der *Śvetāmbaras*
śūdrā	Handwerker, Bauer, Tagelöhner; eine der vier *varṇas*
sūtra	›Faden‹, ›Kette‹; kurze Lehrtexte in Versform
Svāmin	Religiöser Titel u. a. für Lehrer
Śvetāmbara	Strömung des Jainismus
tamil	Sprache der dravidischen Sprachfamilie
tapas	Hitze der Entbehrung; durch *tapas* kann Karma verbrannt werden.
Tāraṇapanthī	Strömung der *Digambaras*
Terāpanthī	Strömung sowohl innerhalb der *Śvetāmbaras* als auch der *Digambaras*

Sanskrit-Begriff	Bedeutung
tīrtha, tīrths	Jaina-Gemeinschaft; bestehend aus Nonnen (*sādhvīs*) und Mönchen (*sādhus*) sowie weiblichen (*śrāvikās*) und männlichen (*śrāvakas*) Laien
Tīrthaṅkara	Furtbereiter
tīrthyā	›Häretisch‹; Jacobi konnte beweisen, dass Jainas als *tīrthyā* bezeichnet wurden und es sich somit beim Jainismus um eine eigene Religion handelt
tivihār	Fastenart; Verzicht auf Essen bei gleichzeitigem Konsum von gekochtem Wasser, welches nur von 48 Minuten nach dem Sonnenaufgang bis zum Sonnenuntergang getrunken werden darf
Totāpanthī	Strömung innerhalb der *Digambaras*
Tulsī	Von 1936–1996 *Ācārya* des *Terāpanthī*-Ordens; unter ihm wurde der Orden der *Samaṇ* und *Samaṇī* eingeführt.
upāśraya	Asketische Unterkunft, die von Laien unterhalten wird
upvās	›Fasten‹
utsarpiṇī	Aufsteigende Weltperiode
vaiśya (m.), vaiśyā (f.)	Händler, Kaufleute; eine der vier *varṇas*
varṇa	›Farbe‹; es gibt vier verschiedene *varṇas*, die *brāhmaṅa, kṣatriyas, vaiśyas* und die *śūdrās*.

12 Anhang

12.1 Leitfaden Deutsch

- Bitte beschreiben Sie mir Ihren Zuzug in die Schweiz.
- Bitte erzählen Sie mir mehr über die Zeit, nachdem Sie in die Schweiz gezogen sind.
- Stellen Sie sich eine durchschnittliche Woche vor. Bitte beschreiben Sie mir nun einige Aktivitäten, denen Sie jeweils versuchen, Zeit zu widmen.
- Was verbinden Sie mit dem Begriff ›Jainismus‹?
- Was bedeutet für Sie *ahiṃsā*?
- Von meiner Seite aus wären dies alle Fragen. Würden Sie gerne noch etwas hinzufügen, auf das wir bis jetzt noch gar nicht zu sprechen gekommen sind?

Nach dem offenen Kodieren ergänzt:

- Sind Sie mit Schweizer Jainas in Kontakt gekommen? / Können Sie mir mehr darüber erzählen? / Würden Sie gerne mit Schweizer Jainas in Kontakt kommen?
- Haben Sie an einem Treffen der Schweizer Jainas teilgenommen? / Bitte erzählen Sie mir mehr darüber. / Was bedeutet es für Sie, an Jaina-Anlässen teilzunehmen?
- Bitte erzählen Sie mir, welche Rolle die Schweizer Jaina-Gemeinschaft in Ihrem Leben einnimmt.
- Was bedeutet es für Sie (… zu beten, eine *pūjā* durchzuführen)?
- Würden Sie lieber in einer Gemeinschaft (…beten, eine *pūjā* durchführen)? / Würde es für Sie einen Unterschied machen?

Nach dem axialen Kodieren ergänzt:

- Vergleichen Sie Ihren Alltag in der Schweiz mit dem Alltag in dem Land, in dem Sie vorher gelebt haben.
- Wenn Sie an Ihre Kinder denken, (Wenn Sie sich vorstellen, dass Sie Kinder hätten,) was würden Sie ihnen gerne über den Jainismus erzählen?

12.2 Leitfaden Englisch

- Please describe your arrival in Switzerland.
- Please tell me about the time after you had moved to Switzerland.
- Think about a normal week in your life; Please describe some activities for which you always try to dedicate some time.
- What do you associate with the word ›Jainism‹?
- What does *ahiṃsā* mean to you?
- From this end these were all the questions, would you like to mention something that we didn't have time for in the interview, but that you would like to talk about?

Nach dem offenen Kodieren ergänzt:

- Did you get in contact with Jains in Switzerland? / Can you tell me more about it? / Would you like to get in contact with Jains in Switzerland?
- Did you participate in Jain events in Switzerland? / Can you tell me more about it? / What does it mean to you to participate in such Jain events?
- Please describe the role of the Swiss Jain Community in your life.
- What does it mean to you (... praying, doing a *pūjā*)?
- Would you prefer to do it (... praying, doing a *pūjā*) in a community? / Would there be a difference?

Nach dem axialen Kodieren ergänzt:

- Please compare the everyday life after moving to Switzerland to the everyday life in your prior country.
- If you think about your children / (Imagine you had children), what would you tell them about Jainism?

12.3 Schriftlicher Fragebogen (Deutsch) für migrierte Personen

Name:
Alter:
Beruf:
Wohnort:
Herkunftsland:
Wann sind Sie in die Schweiz gezogen?

Höchster Schulabschluss (Bitte ankreuzen) x
□ Obligatorische Schulzeit
□ Berufslehre
□ Fachhochschulabschluss
□ Bachelorabschluss einer Universität
□ Masterabschluss einer Universität
□ Doktorat

Wie oft sind Sie im letzten Jahr nach Indien gereist? (Bitte ankreuzen) x
□ 0-1mal
□ 1-2mal
□ 3mal oder mehr

Zu welcher Strömung im Jainismus gehören Sie?
□ *Śvetāmbara*
  □ *Derāvāsī / Mandirmārgī / Mūrtipūjaka*
  □ *Sthānakavāsī*
  □ *Terāpanthī*
  □ andere: ____________________
□ *Digambara*
  □ *Terāpanthī*
  □ *Totāpanthī*
  □ *Tāraṇapanthī*
  □ *Bīsapanthī*
  □ andere: ____________________

Dürfte ich Sie bei weiteren Nachfragen per E-Mail kontaktieren?
□ Ja: E-Mail-Adresse: ____________________
□ Nein

Vielen Dank für das Ausfüllen

12.4 Schriftlicher Fragebogen (Englisch) für migrierte Personen

Name:
Age:
Profession:
Place of residence:
Country of origin:
When did you move to Switzerland?

Highest educational degree (Please mark with a cross) x

☐ Compulsory education
☐ Apprenticeship
☐ University of applied sciences
☐ Bachelor degree of a university
☐ Master degree of a university
☐ PhD

How many times did you travel to India last year? (Please mark with a cross) x

☐ 0-1 times
☐ 1-2 times
☐ 3 times or more

What branch of Jainism do you belong to?

☐ *Śvetāmbara*

- ☐ *Derāvāsī / Mandirmārgī / Mūrtipūjaka*
- ☐ *Sthānakavāsī*
- ☐ *Terāpanthī*
- ☐ others: ______________________________

☐ *Digambara*

- ☐ *Terāpanthī*
- ☐ *Totāpanthī*
- ☐ *Tāraṇapanthī*
- ☐ *Bīsapanthī*
- ☐ others: ______________________________

If I have some further questions would you allow me to contact you via E-Mail?

☐ Yes: e-mail address: ____________________
☐ No

Thank you for filling in the form

12.5 Schriftlicher Fragebogen (Deutsch) für in der Schweiz Aufgewachsene

Name:
Alter:
Beruf:
Wohnort:
Herkunftsland der Eltern:

Höchster Schulabschluss (Bitte ankreuzen) x

□ Obligatorische Schulzeit
□ Berufslehre
□ Fachhochschulabschluss
□ Bachelorabschluss einer Universität
□ Masterabschluss einer Universität
□ Doktorat

Wie oft sind Sie im letzten Jahr nach Indien gereist? (Bitte ankreuzen) x

□ 0-1mal
□ 1-2mal
□ 3mal oder mehr

Zu welcher Strömung im Jainismus gehören Sie?

□ *Śvetāmbara*

- □ *Derāvāsī / Mandirmārgī / Mūrtipūjaka*
- □ *Sthānakavāsī*
- □ *Terāpanthī*
- □ andere: ______________________________

□ *Digambara*

- □ *Terāpanthī*
- □ *Totāpanthī*
- □ *Tāraṇapanthī*
- □ *Bīsapanthī*
- □ andere: ______________________________

□ andere: ______________________________

Dürfte ich Sie bei weiteren Nachfragen per E-Mail kontaktieren?

□ Ja: E-Mail-Adresse: ______________________
□ Nein

Vielen Dank für das Ausfüllen

12.6 Schriftlicher Fragebogen (Englisch) für in der Schweiz Aufgewachsene

Name:
Age:
Profession:
Place of residence:
Country of origin of parents:

Highest educational degree (Please mark with a cross) x

☐ Compulsory education
☐ Apprenticeship
☐ University of applied sciences
☐ Bachelor degree of a university
☐ Master degree of a university
☐ PhD

How many times did you travel to India last year? (Please mark with a cross) x

☐ 0-1 times
☐ 1-2 times
☐ 3 times or more

What branch of Jainism do you belong to?

☐ *Śvetāmbara*

- ☐ *Derāvāsī / Mandirmārgī / Mūrtipūjaka*
- ☐ *Sthānakavāsī*
- ☐ *Terāpanthī*
- ☐ others: ____________________

Digambara

- ☐ *Terāpanthī*
- ☐ *Totāpanthī*
- ☐ *Tāraṇapanthī*
- ☐ *Bīsapanthī*
- ☐ others: ____________________

If I have some further questions would it be possible to contact you via E-Mail?

☐ Yes: e-mail address: ____________________
☐ No

Thank you for filling in the form

12.7 Ausschnitt aus einer E-Mail von A. Zeugin (März 2012)

»Vor 30 Jahren lebte ich als shramana (samana) und achtete darauf nicht einmal eine Ameise zu zertreten, usw. von einem Manaḥparyāyajñānin (Inhaber des Gedankenlesen-Wissens) erhielt ich den Auftrag in einer sehr speziellen Mission (zu schauen ob es noch 50 Gerechte in Europa gibt) zurück nach Europa zu gehen. Seither bin ich in dieser Mission vom ›obersten Jain‹ unterwegs und übe diese Religion aus, wie Sie an meinen Werken (Übersetzen von Schriften, Sanctuary, Verzicht, Leben als Einsiedler seit 18 Jahren, usw.) erkennen können. Wenn Sie möchten, kann ich Ihnen Angaben machen, wie das Ausüben dieser Religion der Gewaltlosigkeit in der Schweiz ist, auf welche Widerstände und Anfeindungen man stösst, staatliche Gesetze, die dem entgegenwirken, usw., ohne dass ich befürchten muss, aus der Schweiz ausgewiesen zu werden, da ich Schweizer bin und so keine Ausweisung befürchten muss.«

12.8 Wegleitung für Beherbergung der *Samaṇīs*

Beitrag aus der Google-Gruppe (2010, 09.04.)

»Dear All, Jai Jinendra,

I've got a list of questions to ask and wanted to see if others have similar ones to add. I've also included a guidance to host them.

Samaniji's schedule:

Wake up around 4am- They get up early and do their prayers, meditation/puja until 7.30am.

Breakfast between 7.30-8.30am. This can be a simple meal, cereal and cup of tea, upma, or anything Jain that you wish to make.

9-11am, talks, admin, reading, meditation, guidance, prayers-with others

11.30am-1.30pm-Ahar-Lunch- anyone who wishes to invite them can do so. Simple Jain lunch.

2-5pm, talks, reading, meditation, guidance etc.

5-7pm Ahar-dinner and Pratikaman on their own. - After this they do not eat at all

7-9.30pm Evening talks and workshops.

10pm Pratikaman and sleep.

Food that they can eat: all pulses, greens, milk and dahi, cereals.

What they can't eat: Any root vegetables-including ginger, garlic, onion, potatoes, carrots, turnips. No aubergines either.

Food should be simple and not too spicy.«

12.9 Ergebnisse der Online-Umfrage[1]

1 - Bitte geben Sie ihr Geschlecht an.

Option	Prozent	Anzahl
Männlich	47	8
Weiblich	53	9
Keine Angabe	0.00	0

2 - Bitte geben Sie Ihr Alter an.

Antworten
74
51
42
38
48
43
55
43
69
73
30
30yrs
30
36
37
29
35

1 Gerundet auf ganze Zahlen.

3 - Bitte geben Sie Ihren Wohnort an.

Antworten
Geneva
Gland
Vaud
Geneva
Aesch
Switzerland
Basel
Geneva
COLOGNY, Geneva
Geneva
Zurich
India
Winterthur
Adincourt
Vevey
Bern
Biel

4 - Bitte geben Sie Ihre Nationalität an.

Antworten
SWISS
French
Indian
Indian
Indian
Indian
Swiss
Swiss

Antworten
British and Swiss
Swiss
Indian
India
Schweiz
Indian
Indian
Schweiz

5 - Sind Sie in der Schweiz geboren?

Option	Prozent	Anzahl
Ja	20	3
Nein	73	11
Keine Angabe	7	1

6 - Aus welchem Land sind Sie in die Schweiz eingereist?

Antworten
India
India
India
India
England
United Kingdom
Kenya
India
India
India
India

7 - In welchem Jahr sind Sie in die Schweiz eingereist?

Antworten
1973
2010
2008
1992
1988
Kenya
2019
2020
2019
2012

8 - Aus welchen Gründen sind Sie in die Schweiz eingereist?

Antworten
Father's employment
Spouse trailing
Job
My husband's work
Business
Business
Job
Tourism and education
Job
To join my spouse who had been living in Switzerland for 10 years then

9 - Aus welchem Land sind Ihre Eltern?

Antworten
India
Schweiz

Antworten
Indien

10 - Bitte geben Sie Ihren Zivilstand an.

Option	Prozent	Anzahl
Ledig	33	5
Verheiratet	67	10
Geschieden	0	0
Verwitwet	0	0
Keine Angabe	0	0

11 - Sind Sie in einer Beziehung?

Option	Prozent	Anzahl
Ja	40	2
Nein	40	2
Keine Angaben	20	1

12 - Ist Ihr/Ihre Partner/in Jaina?

Option	Prozent	Anzahl
Ja	50	6
Nein	50	6
Keine Angaben	0	0

13 - Gehört Ihr/Ihre Partner/in derselben Strömung (Shvetambara, Digambara etc.) an, wie Sie?

Option	Prozent	Anzahl
Ja	83	5
Nein	17	1
Keine Angaben	0	0

14 - Wie viele Personen leben in Ihrem Haushalt, Sie selbst eingeschlossen.

Option	Prozent	Anzahl
1 Person	27	4
2 Personen	20	3
3 Personen	27	4
4 Personen	20	3
5 Personen	0	0
Keine Angabe	7	1

15 - Sind die Personen in Ihrem Haushalt mit Ihnen verwandt?

-

16 - Welches ist der höchste Schulabschluss, den Sie besitzen?

Option	Prozent	Anzahl
Obligatorische Schulzeit	0	0
Berufslehre	7	1
Bachelor einer Fachhochschule	20	3
Master einer Fachhochschule	7	1
Bachelorabschluss einer Universität	13	2
Masterabschluss einer Universität	40	6
Doktorat	7	1
Keine Angabe	7	1

17 - Welche Berufsausbildung haben Sie?

Option	Prozent	Anzahl
Obligatorische Schulzeit	17	4
Vorlehre, Berufswahlschule, 10. oder 12. Schuljahr, Sprachaufenthalt, Au-pair	9	2
Berufliche Grundbildung, eidg. Berufsattest	0	0
Berufliche Grundbildung, eidg. Fähigkeitszeugnis	4	1

Option	Prozent	Anzahl
Dilpommittelschule DMS, Fachmittelschule FMS	4	1
Berufsmaturität	4	1
Maturität (Gymnasium)	4	1
Höhere Berufsbildung mit eidg. Fachausweis (HF)	0	0
Fachhochschule (FH)	9	2
Pädagogische Hochschule (PH)	0	0
Universität, ETH	26	6
Keine Angabe	22	5

18 - Welchen Beruf üben Sie im Moment aus?

Antworten
Retired
Management
Microbiologist
Software programmer-Analyst
Housewife
Doctor
Businessman
None
Business analyst
Doctor
Sachbearbeiter
IT
International Tax
UX Designer

19 - Bitte geben Sie Ihr durchschnittliches Brutto-Jahreseinkommen an.

Option	Prozent	Anzahl
Weniger als 20'000 Franken	0	0
Zwischen 20'000 und 50'000 Franken	13	2
Zwischen 50'000 und 80'000 Franken	0	0
Zwischen 80'000 und 120'000 Franken	20	3
120'000 Franken oder mehr	7	1
Keine Angaben	60	9

20 - Wie oft sind Sie im letzten Jahr nach Indien gereist?

Option	Prozent	Anzahl
0- bis 1-mal	47	7
2-mal	33	5
3 mal oder mehr	7	1
Keine Angabe	13	2

21 - Zu welcher Strömung im Jainismus gehören Sie?

Option	Prozent	Anzahl
Shvetambara	19	3
Deravasi / Mandir Margi / Murtipujak (Shvetambara)	31	5
Sthanakvasi (Shvetambara)	19	3
Terapanthi (Shvetambara)	0	0
Digambara	13	2
Terapanthi (Digambara)	0	0
Totapanth (Digambara)	0	0
Taranpanth (Digambara)	0	0
Bisanpanth (Digambara)	0	0